エリア・スタディーズ 54

ボリビアを知るための65章

【第3版】

大島正裕（編著）

明石書店

ボリビアの地図

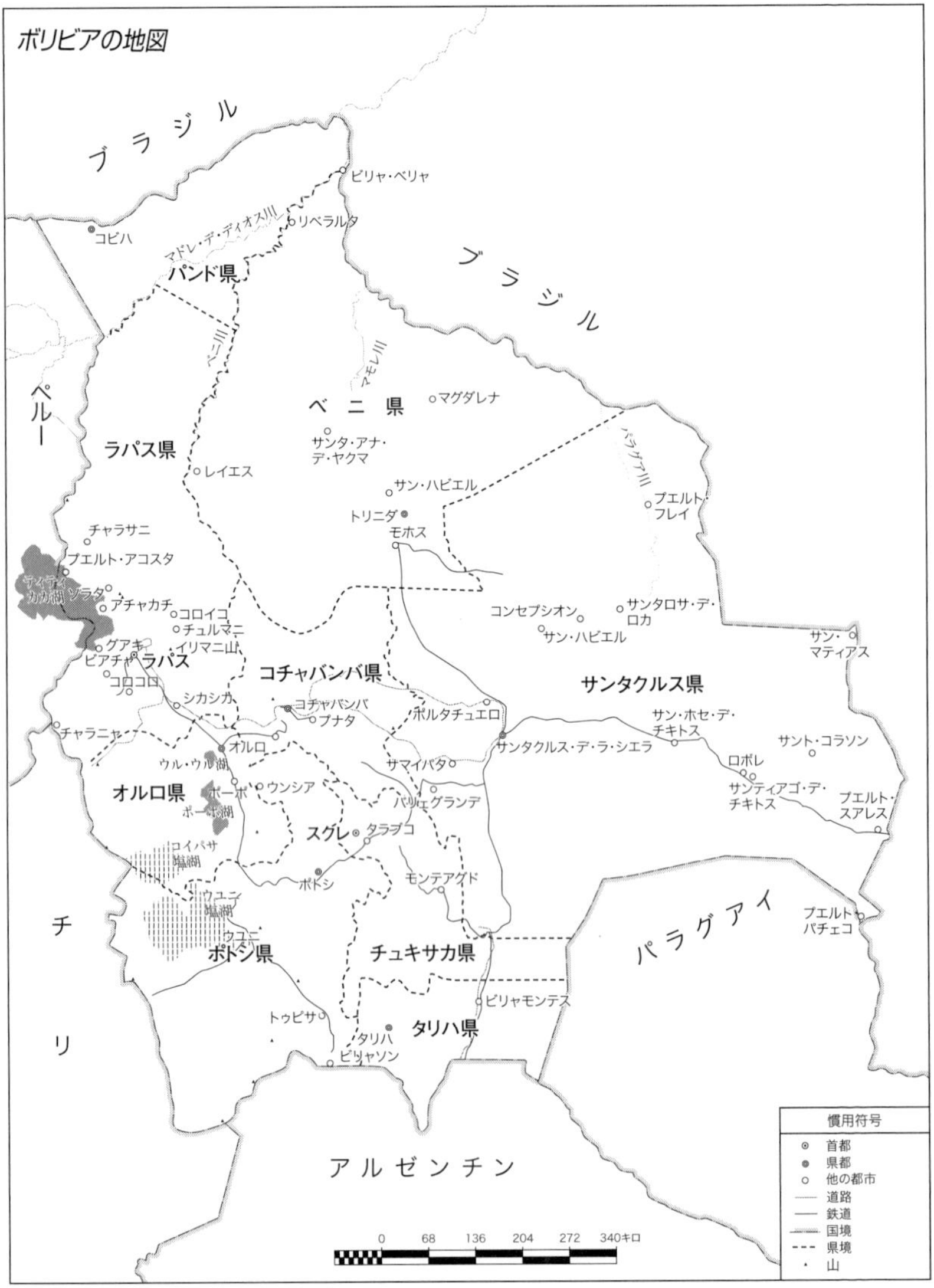

ブラジル
ブラジル
ペルー
チリ
パラグアイ
アルゼンチン
パンド県
ベニ県
ラパス県
コチャバンバ県
サンタクルス県
オルロ県
ポトシ県
チュキサカ県
タリハ県
ピリャ・ベリャ
リベラルタ
コビハ
マドレ・デ・ディオス川
ベニ川
マモレ川
パラグアイ川
マグダレナ
サンタ・アナ・デ・ヤクマ
レイエス
サン・ハビエル
トリニダ
モホス
プエルト・フレイ
チャラサニ
プエルト・アコスタ
ティティカカ湖
ソラタ
アチャカチ
コロイコ
チュルマニ
イリマニ山
グアキ
ビアチャ
ラパス
コロコロ
シカシカ
チャラニャ
コチャバンバ
プナタ
ポルタチュエロ
オルロ
ウル・ウル湖
ポーポ
ポーポ湖
ウンシア
サマイパタ
パリェグランデ
スクレ
タラブコ
コイパサ塩湖
ウユニ塩湖
ウユニ
ポトシ
モンテアグド
コンセプシオン
サンタロサ・デ・ロカ
サン・ハビエル
サン・マティアス
サンタクルス・デ・ラ・シエラ
サン・ホセ・デ・チキトス
サント・コラソン
ロボレ
サンティアゴ・デ・チキトス
プエルト・スアレス
プエルト・パチェコ
ビリャモンテス
トゥピサ
タリハ
ビリャソン
慣用符号
首都
県都
他の都市
道路
鉄道
国境
県境
山
0
68
136
204
272
340キロ

はじめに

ボリビアと聞いて、多くの読者はこの国について何を思い浮かべるだろうか。「コンドルは飛んでいく」のメロディから連想するアンデス文化のイメージだろうか。今や日本人観光客に大人気のウユニ塩湖だろうか。湖面に映し出された青い空は、地球の中でちっぽけな自分と自然の偉大さを思い起こさせてくれるだろう。環境に関心が高い読者は、アマゾンを思い浮かべるかもしれない。ここ数年の報道でアマゾン火災について日本でもよく報道されるようになった。アンデス、ウユニ塩湖、アマゾンといった世界的に有名な自然を抱えている国、それがボリビアである。

この国の複雑な地形と自然は、実に多様な文化を育んできた。先住民とひとくくりにされているひとびとの中にも多様性があり、彼らを一括して語ることはできない。スペインの植民地時代は約300年に及んだが、その間もひとびとの多様性は形を変えながらも継続し、独立以降は支配体制の国民統合政策に抗うようにしぶとく生き残った。そして遂に2006年先住民出身のエボ・モラレス政権が誕生し、2009年には新憲法下でそれまでの「ボリビア共和国」から「ボリビア多民族国(Estado Plurinacional de Bolivia)という多様性を国是に掲げる国名に変更した。しかし課題は多く、苦難は続く。2019年の深刻な政変は、この国の現状が簡単ではないことを改めて教えてくれた。ただ、「多民族国」として独自の立ち位置を占めているこの国が今後どのような道を進むのか非常に興味深い。

個人的な体験を少し語りたい。

私がこの国を初めて訪れたのは1997年、まだ「ボリビア共和国」の時代であった。当時、私は大学院生で、研究対象としていたペルーを訪問するため、友人2人とブラジルからボリビアを経由して、ペルーを目指していたが、旅の途中に立ち寄ったボリビアにすっかり魅せられてしまった。帰国後、すぐに研究対象をペルーからボリビアに変え修士論文に取り掛かり、論文の資料集めのため1999年にボリビアを再訪した。当時はまだ日本にボリビアの書籍が少なく、上智大学イベロアメリカ研究所にもアジア経済研究所にもわずかな書籍はあったが、歴史学の研究に不可欠な一次史料の入手は国内では困難な時代だった。再訪したラパスの文書館を訪問したときだったか。窓口で資料の申請手続きをしていたところ、サンアンドレス大学の史学専攻の女子学生に話しかけられた。彼女は、私が修士論文の資料を収集していることを聞くとこう言った。「何のためにボリビアの歴史なんて、日本人のあなたが研究しているの」。そのとき何と答えたのか、おそらくたどたどしく何かを答えたのだろう。しかし彼女も私自身も満足すべき答えでなかったことだけは確かだった。

外国史を研究対象にするのはそれほど珍しくはない。欧米史や東アジア史を対象にしている研究者であれば、そうした質問もあまりされないかもしれない。私の場合、純粋に学問的にボリビアのことを知りたいという好奇心と、自分の立ち位置からボリビアのような国を研究した場合、当たり前と思うことが逆さまに見えてきたり、あるいは全く違う世界観を学べるのではないか、そうした期待からだった。

私はボリビアをもっと知りたくなった。もっと知るためにはそこに住んで、多くのひとと触れあい、言葉を交わすしかない。２０１４年から２０１７年に、念願叶ってこの国に滞在した。そして、今に至るまで研究者としても実務者としてもこの地域と関わり続けている。

さて、本書『ボリビアを知るための65章』は第3版と銘打たれている。２００６年に出版された初版（『ボリビアを知るための68章』）、その増補改訂版の第2版（『ボリビアを知るための73章【第2版】』）は、完成度が高かったが、先述したとおり、ボリビアは２００６年のモラレス政権、２００９年の多民族国の成立によって新しい国として生まれ変わった。世界中で資本主義が暴力的な様相を見せる中、ボリビアは、ひとびとがよりよく生きるという先住民の考え方に起因する「ビビール・ビエン（vivir bien）：よく生きる」を国の理念とし、「開発／発展」偏重の現代社会に異議を唱えた。

２０２２年、世界中で猛威を振ったコロナ禍の記憶がまだ十分に払拭されていなかったとき、初版と第2版の編者を務め、また私の恩師のひとりでもある真鍋周三先生から、新しい時代のボリビアを新しい世代で書いてほしいとの連絡をいただいた。私にとっては驚天動地のことだった。研究を続けていたが、私は国際協力分野で勤務する実務者であり、時間の捻出も考えなくてはならなかった。引き受けるには相当の覚悟が必要だったものの、真鍋先生の熱心な説得と家族の応援もあり、引き受けさせていただいた。幸い２０１９年の日本ラテンアメリカ学会で、第一線の研究者の先生方（梅崎かほり先生、岡田勇先生、佐藤正樹先生、藤田護先生、宮地隆廣先生）に誘っていただき、「エボ・モラレス政権再考」と「多民族性の再考」をテーマにパネル「ボリビア２０１９」に加えていただいたことを思い出し、早速先生方にご相談したところ、各部の執筆や執筆者選定を快諾いただいた。5名の先生方には、ここに改めてお礼を申し上げたい。

政治・経済・文化などの内容は初版からかなりの進化を遂げている。ボリビアの最新の研究動向を踏まえながら、より充実した内容となっている。章によっては、中級・上級の知識を求められるものもある。第3版については、旅行者や実務者のみならず、学部生や大学院生などにも是非活用していただきたいと思う。また、初版・第2版を愛読してくれた読者は違いを楽しみながら第3版を読んでいただきたい。

章の構成も基本的には前版を踏襲しているが、いくつかの違いもある。前版では、日本人移住者や日系人について記述が少なかったとの思いや、ここ数年、私自身が戦前のボリビアの日本人移民史の研究に取り組んでいたこともあって、第Ⅷ部「日本とボリビア」を追加した。また同部では、実務者としてボリビアと日本の間で仕事をされている方々、あるいはご自身が移住者である方にも執筆いただいた。

そういえば、第3版の執筆者の多くはボリビア在住経験者でもある。前版のときにも増してボリビア滞在経験者が増えたことは、日本とボリビアの間の距離が縮まったことの証かもしれない。ボリビアでの日常生活を通して得た、文献では入手できない貴重な体験が各章の内容に織り込まれている。

末尾となるが、各章を執筆いただいた執筆者の皆様に感謝する。またカバーの写真を選ぶ段階になって執筆者の方やボリビア在住の友人から多数の素晴らしい写真が届いた。厳選された写真を見ながらボリビアの豊饒さを改めて感じた。写真を提供いただいた方にお礼申し上げます。そして、本編集の成功をいつも応援してくれた真鍋先生、初めての編集作業に苦労する私に常に適切なアドバイスをし、ときには叱咤激励して併走していただいた明石書店の長尾勇仁さんにこの場を借りてお礼申し上げます。

２０２５年のボリビア建国２００周年を前にして
２０２４年12月

大島　正裕

ボリビアを知るための65章【第3版】

目次

Ⅲ　古代と植民地時代

Ⅵ　経済・資源・外交

Ⅶ　思想と文化

Ⅷ 日本とボリビア

・本文中、特に出所の記載のない写真については、原則として執筆者の撮影・提供による。
・用語の使い方については執筆者の意思を尊重し、同一のものに異なる表現を用いている箇所もある。

I

自然環境と地理

1

国土概要

★多様な地形★

ボリビアを地図で眺めるとはじめに気づくのは、ボリビアが内陸国だということであろう。独立時のボリビアは、現在より広大な国土を持っていた。19世紀後半にチリと戦争するまでは太平洋側に領土があったし、アマゾン地域の領域はもっと広く、東の低部平原は現パラグアイ領にまで突き出ていた。独立当初の国土面積は236万3769平方メートルに及んだ。これが現在の領土まで削り取られて縮小したことが、ボリビアの近現代史を貫く縦糸とみなすことができる。ちなみにボリビア国立統計局（ＩＮＥ）によれば、現在の国土面積は109万8581平方メートルとあるので、独立当初から半分以下の面積となっている。とはいえ、それでも日本の国土の約3・3倍の広さである。その国土は、チリ、ペルー、ブラジル、パラグアイ及びアルゼンチンと隣接している。

ＩＮＥは、国土の特徴を3地域に分けて整理している。

・アンデス地域：国土の28％を占める。30・7万平方メートルであり、3000メートル以上の高地である。西コルディエラ（コルディエラは、「山脈」の意）と東コルディエラ

（もしくは、コルディエラ・レアル）に分かれ、両山脈間にアルティプラノ（スペイン語で「高原」の意味）が広がる。アルティプラノは東西の幅最大２００キロメートル。代表的な都市はラパス。
・サブ・アンデス地域：アルティプラノとリャノスの間に広がり、国土の13％を占める。ユンガス（亜熱帯渓谷部）及び渓谷部（バリェ）を含み、標高は海抜約２５００メートル。農業が盛んで、気候は温暖で15～25度である。代表的な都市はコチャバンバ。
・リャノス地域：国土の59％を占める。東コルディエラの北部に位置し、平原とセルバからなり、植生が豊富で、気温は22～25度である。代表的な都市はサンタクルス。

国土をその断面から再確認してみよう。西から東にその高低差を見てみると全く違う様相を見せる。西から天空に向かって、西コルディエラと東コルディエラが伸びあがり、両山脈間にアルティプラノが広がり、そこに首都ラパスが位置する（第3章参照）。この断面を見ると、３６００メートルのラパスでさえも低いところにあるように感じる。東コルディエラから東に向けてゆっくりと平地に降りていくが、その下りの緩やかな地帯には渓谷部やユンガス（第4章参照）が広がり、「渓谷の都」コチャバンバは農業の中心地として歴史的に栄えてきた（第5章参照）。さらに低地平原まで下ると熱帯地域が広がり、今やボリビア経済の中心地となったサンタクルスが見える。東部に広がる広大な平原は、農業生産地として重要である。この低地熱帯地域での開拓の苦闘には、日本人移住者の汗と涙も混じっている（第6章参照）。

再び平面図に戻って国土を北から見ていくと、巨大なアマゾン森林地帯が、ブラジルとペルーと国

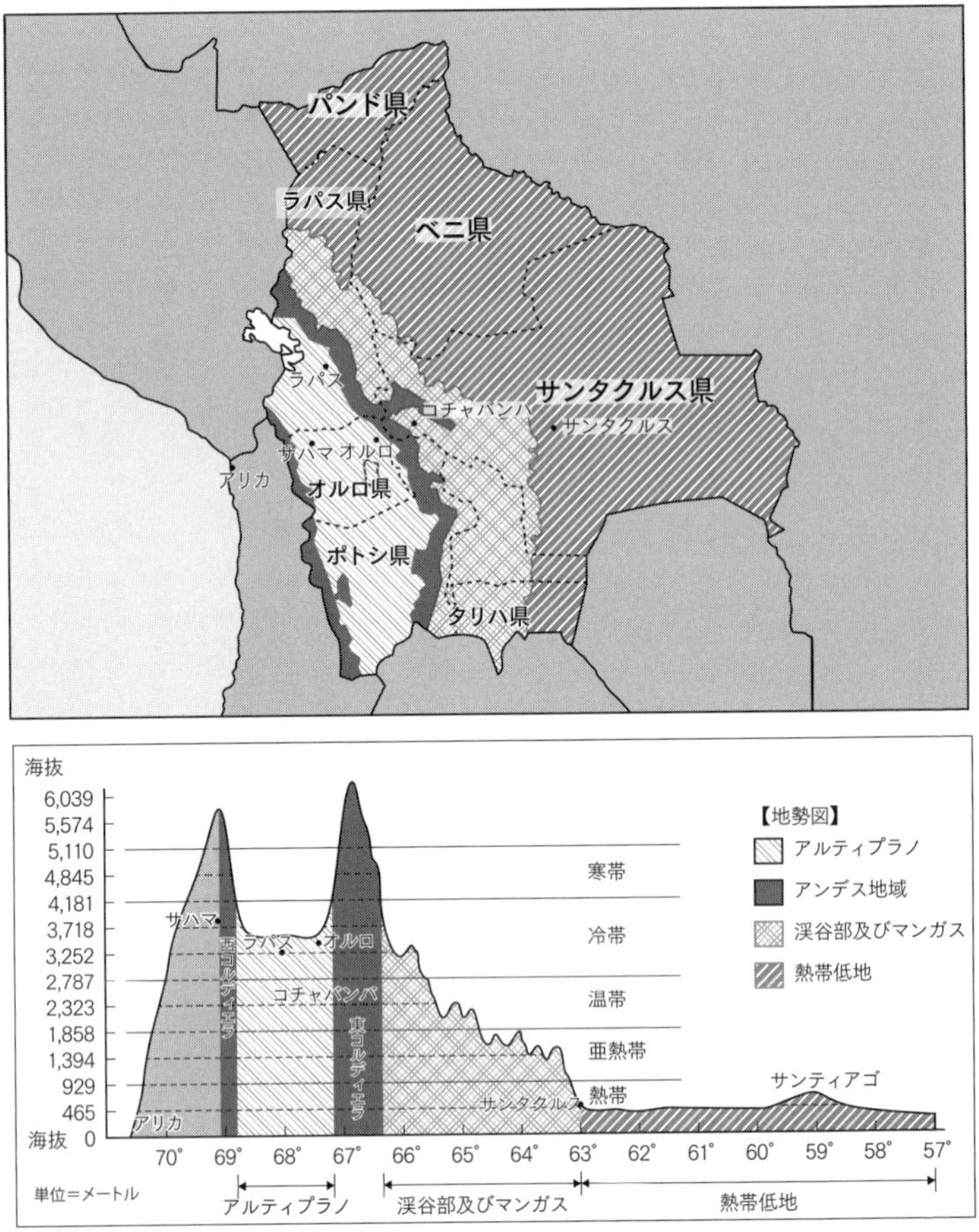

図1　ボリビアの地形
出所：クライン、ハーバート・S『ケンブリッジ版世界各国史　ボリビアの歴史』創土社、2011、p.30 をもとに作成

境を隔てて広がる。さらに南に下っていくと、アルティプラノの東端に位置し、カーニバルで有名なオルロ、その南に進むと植民地時代に繁栄を極め、今は世界遺産にも登録されているポトシが見える。渓谷部に目を転じると、憲法上の首都でここも世界遺産に登録されているスクレ、さらに南にはワインの産地として有名なタリハがある。

このように、国土は豊かな多様性を持つが、その反面、複雑な地形は統治者にとって常に悩みの種であった。例えばアマゾン川流域地帯は、元々人口稀薄であり、その面積、河川網などは19世紀後半に至るまで把握できなかった。ボリビアの経済の要であるサンタクルス市でさえ、開拓がはじまり、重要性を増したのは20世紀半ば以降である。国土を統合するためにどのような交通網を整備するのか、加えてこの地を統治するにはどこに首府を持つべきなのか、このような問いに対するソリューションがボリビアの近現代史を通じて模索されることになった。

現在は、国土を覆う道路網や鉄道網、セルバを覆う河川網、これに航空網が整備され、前世紀よりも格段に国内移動が楽になった。例えば、第8章で扱われるウユニ塩湖は、2000年代前半まで日本の観光客にはあまりメジャーではなかったが、2010年代に入り、ラパスとウユニの航空便が増設されるに及んで一気に日本の観光ツアーに組み入れられ、今や日本人が憧れる観光地になった。

ボリビアの地方行政区分についても確認しておこう。2009年2月7日に発布された憲法で、特にこの国で多数を占める先住民の権利に配慮した「ボリビア多民族国」が成立したが、それ以前の地方行政区分からの変更は基本的にはない。9つの県（デパルタメント）の下には、112の郡（プロビンシア）があり、その下に327の市（ムニシピオ）がある。（なお、1967年の憲法ではこの下にカントンと

表1　各県の特徴

県（デパルタメント）	県都	代表的な観光資源	人口（2012年）***	人口（2022年）****
チュキサカ	スクレ	スクレ市 *	581,347	661,119
ラパス	ラパス	ティティカカ湖、ラパス市、月の谷、コパカバーナ、コロイコ、ティワナク遺跡など	2,719,344	3,051,947
コチャバンバ	コチャバンバ	コンコルディア丘のキリスト像、トロトロ国立公園	1,762,761	2,117,112
オルロ	オルロ	オルロのカーニバル **	494,587	553,088
ポトシ	ポトシ	ポトシ鉱山 *、ポトシ市、ウユニ塩湖、ラグナ・コロラダ	828,093	916,087
タリハ	タリハ	ワイナリー、ワイン農園	483,518	601,214
サンタクルス	サンタクルス・デ・ラ・シエラ	サマイパタの砦、チキトスのイエズス会伝道所群 *、ノエル・ケンプ・メルカド国立公園 *	2,657,762	3,425,399
ベニ	トリニダ	ルレナバケ	422,008	516,338
パンド	コビハ	ピニャタ公園	110,436	163,727
合計			10,059,856	12,006,031

* 世界遺産、世界自然遺産
** 無形文化遺産
***2012 年国勢調査（出所：INE (Instituto Nacional de Estadística), *Censo de población y vivienda 2012, Bolivia característica de la población.*）
**** 出所：INE, *Bolivia: Proyecciones de población de ambos sexos, según edad, 2012-2022*, https://www.ine.gob.bo/index.php/censos-y-proyecciones-de-poblacion-sociales/

いうさらに小さな地方行政単位があったが、2009年憲法では規定されていない。ただ、実態として存在している）。2009年憲法以降で特徴的なのは、前述の行政区に加えて先住民領地（territorio indígena originario campesino）が創設されたことで、現憲法下では、県、地域、市、先住民領地に自治権を付与することが可能となっている。

首都は、憲法上は依然としてスクレであるが、事実上は行政府のあるラパスである。ただし最高裁判所は今でもスクレにある。

表1の各県の特徴を見ながら、読者にはボリビアをイメージしてほしい。

多様な国土と神秘的な景色を持つボリビアは、2020年から続いた新型コロナ感染症の影響で観光客が激減した。しかし、2019年までは観光業は順調に伸びており、同年の外国人観光客は約147万人を記録した。世界遺産も前述のポトシ、スクレをはじめ、ティワナク遺跡、アンデスの道路網カパック・ニャン、サマイパタの砦、チキトスのイエズス会伝道所群があり、自然遺産としてはノエル・ケンプ・メルカド国立公園もある。これに加えて、ティティカカ（チチカカ）湖やウユニ塩湖、ラグナ・コロラダの絶景、良質なワインを算出するタリハのワイナリーツアー、野生のピンクイルカ、カピバラを見ることができるアマゾンツアーも楽しめる。このようにボリビアの観光資源のポテンシャルは非常に高い。

第3章以降、アルティプラノ、ユンガス、渓谷部、セルバそしてウユニ塩湖について、各地域で豊富な経験を持つ執筆者により詳細に語ってもらおう。

（大島正裕）

2

気候

★多様な気候と近年の気候変動★

ボリビアは赤道に近い低緯度地帯に位置し、気候区分としては熱帯に入る。例えば、5月に東部低地の中心都市サンタクルスを訪問すれば、誰もがその暑さと湿度に気づくし、国土の50％以上を覆うアマゾンの存在を想起すれば、この国が熱帯に含まれることは当然だと感じる。ところが、同月にラパスに移動すると昼は直射日光のために暖かく感じるが、夜は一転して涼しく、6月から7月にラパスに滞在すれば、さほどの気温ではないが底冷えすることもあるので、この地が熱帯に属するとはにわかに信じがたくなる。だが、ボリビアの国土には大きな標高差があり、緯度と海抜高度の組み合わせが気温を決定している。

ラパスは熱帯高地といわれるが、その標高によって気温が下がり、年平均10度程度で過ごしやすい気候となる（もっとも外国人にとっては、この標高こそが悩みの種になることもある）。山本紀夫は『高地文明』の中で、ボリビアの属する中央アンデス（アンデス山脈は、日本列島の4倍とあまりに長大なため、北部アンデス、中央アンデス及び南部アンデスに分けられる）が低緯度にあることに加えて、中央アンデスをふたつに分かつ2つの山脈（東コルディエラと西コルディエラ）の間に広がる高原（アルティプラノ）では降雨量が適性な量におさえられ、絶妙な生活空間が生まれていると指摘し、さらに、ここで生産されるジャガイモ栽培により、ティワナクをはじめとした文化が生み出されたと説明している。また、低緯度高地であるこの地では、冬季でも凍結が起こらないところが多く、牧草地もあり、家畜放牧を行える。

ボリビア南部からチリに向かっては降雨量が極端に少なく、標高が下がるにつれて砂漠化し（アタカマ砂漠）、逆に南部アンデスの南方に行けば行くほど降水量が多くなり、高緯度となる影響で降雪の多い氷河地帯（パタゴニア）となる。

東コルディエラを東に向けておりていくとサブ・アンデス地域となるが、ここは渓谷部とユンガスからなる。気温は年平均18度から25度である。渓谷部（バリェ）は、標高２５００メートルあたりに位置し、温帯でもあるが降雨量が少なく乾燥している。ボリビア史研究者のクラインは渓谷部について、地下水脈にも恵まれており、トウモロコシや小麦栽培の生産地として発展し、アルティプラノとの往復が容易であることで古くから同地との交流が盛んであったと説明している。他方で、ユンガスはアマゾン川からの風の影響で湿気が多く雨が多い地帯である。こうした特徴により、トウモロコシやコカの葉の栽培が盛んで、アルティプラノへの食糧供給地として発展した地域である。

最後にボリビアで最も温暖なリャノス地域だが、ここも単一の気候にまとめられるほど単純ではない。まず、北部の湿地帯であるモホス平原がある。ベニ県、パンド県、サンタクルス県北部では、雨季と乾季があり、12月から4月までは雨が多い。これに対して、南にはパラグアイまで広がる乾燥したチャコ平原（グラン・チャコ）がある。

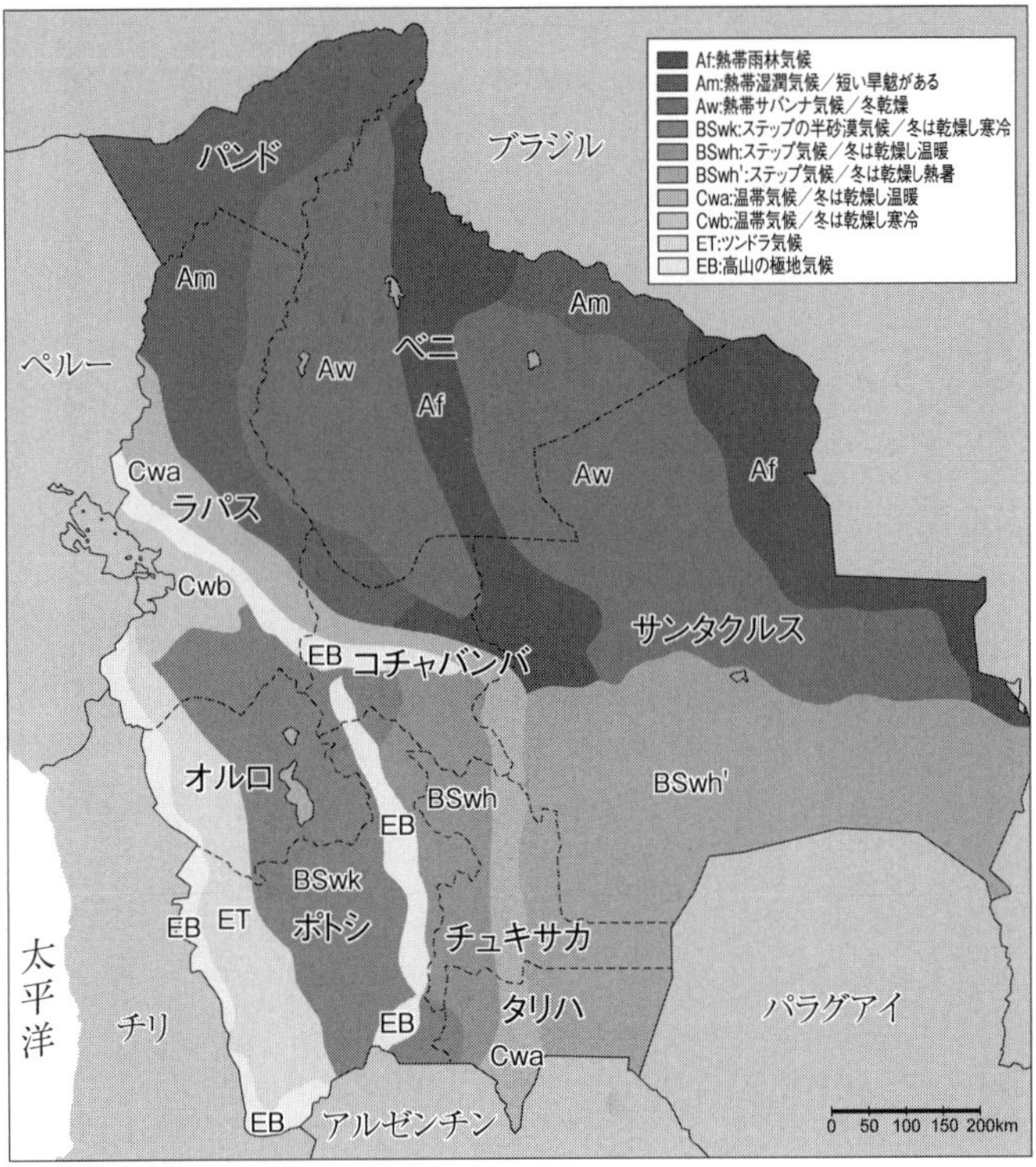

図１　ボリビアの気候

出所：Carlos Gisbert y otros, *Enciclopedia de Bolivia*, Barcelona: OCEANO GRUPO Editorial, 2000, p. 119.

このように地域によって多様な気候の特徴があるが、ボリビアは、昨今の気候変動に左右されている国でもある。日本でも気候変動の事例としていくつかの地域が研究対象とされている。

チャカルタヤの氷河の消滅

ラパスの北に位置し、アンデス山系の標高５３９５メートルの山、チャカルタヤ。ここは、世界一標高の高いスキー場として、かつてガイドブックにも掲載されていたところだ。ところが地球温暖化の影響で、２０００年代までは見られた山頂の氷が解け始め、２００９年には氷河が消えてしまった。ラパスに供給される水源の一部は東コルディエラの氷河からもたらされているので、氷河の消滅は首都機能に影響を与える。『ショック・ドクトリン』などの著書で知られている環境活動家・ジャーナリストのナオミ・クラインは『これがすべてを変える 資本主義vs気候変動』の冒頭で、アンデス山脈の氷河の融解に触れるボリビアの外交官アンヘリカ・ナバロとの対話を記述しているが、まさにチャカルタヤ山の氷河の消滅はその代表的事例であった。

ポーポ湖の消滅

ボリビア第二の湖であり、塩湖でもあるポーポ湖。2018年3月の『ナショナル・ジオグラフィックス』で、このポーポ湖が取り上げられた。ティティカカ湖とウユニ塩湖の間に位置し、ティティカカ湖から流れ出るデサグアデロ川が、ポーポ湖の水量の65%以上を供給する。それ以外にも22の河川がポーポ湖の水源になっているが、近年の気候変動による気温の上昇で起こる湖水蒸発に加えて、流入河川の農業用水などへの利用も重なり、2015年には湖は一旦消滅した。その後、降雨によって回復することもあるが、常に消滅の危機にある。フラミンゴをはじめとした水鳥の生育場所であり、先住民ウルの生活圏でもあるこの湖の消滅は大きな問題である。

アマゾン火災

アマゾンはボリビアの国土区分では、リャノスに含まれ、気候的には熱帯雨林や熱帯サバンナで高温多湿でもある。吉川賢によると、そもそも熱帯雨林の場合、森林全体の樹冠部（葉っぱが茂っている部分）は森林を隙間なく覆っていて、森林内は湿潤に保たれ、火事は起こりにくいが、森林伐採が進み、林冠（太陽を直接受ける枝葉の茂る部分）に隙間が生じる。そこに太陽光線や風が入ると乾燥が進み、火災に適した環境になり、森林伐採地の幹や枝葉を乾燥させて焼き払う際の火災が原因になって燃え広がるのだという。結果、火事になると収拾がつかなくなり、大規模な火災に発展する傾向がある。特に我々が記憶しているのは、日本でも大きく報道された2019年7月から9月にかけてのアマゾン森林火災である。7月にサンタクルス県のチキタノ森林で発生した火災は、その後広範囲に燃え広がり、5万3000平方キロメートルの森林面積を焼失したともいわれている。さらに2020年にもこの規模と同等の森林火災が発生した。森林の喪失は、二酸化酸素の排出につながるため、気候変動に直結した事態であり、我々は今後もアマゾン火災の推移を見守っていく必要があるだろう。

（大島正裕）

3

アルティプラノ

★旅の思い出★

アルティプラノというのはスペイン語の高地を意味するアルト（Alto）と平坦を意味するプラノ（Plano）からなる用語で、高原を意味する。

ボリビアのアルティプラノは、アンデス西部山脈、中央山脈そして東部山脈に挟まれた地区で平均標高４０００メートル前後の所である（低いところでは３０００メートル、高いところでは４６００メートルある）。

ボリビアに詳しい外国人がまずイメージするボリビアは、このアルティプラノの風景ではないだろうか。ラパスからエル・アルトを抜けて、ティティカカ湖方面に車を飛ばせば、リャマや羊が草を食べている長閑な風景がそこここに見られる。

このアルティプラノに所在する都市は、ラパス市、エル・アルト市、オルロ市、ポトシ市などであり、まさにボリビアの歴史を通じて要となってきたのがこの地域である。

よく知られている観光地としては、ティティカカ湖、オルロ市、ポトシ市、ウユニ塩湖、トゥピサなどであるが、ラパスの旅行会社で「アルティプラノ観光」を申し込むと、ティティカカ湖東部にそびえるワイナポトシ（６０８８メートル）、コンドリリ（5850メートル）、アンコウマ（6380メートル）などのアンデス中央山脈の白雪を眺めながら、雄大でなだらかな麓を歩くトレッキングルートを紹介されるだろう。

ここでは、筆者の旅の思い出を振り返りながら、アルティプラノについて描写してみたい。

筆者が初めてアルティプラノに行ったのは1987年の暮れであっただろうか。バスで、スクレからポトシ、オルロからラパスへと旅行したときであった。当時は、道路から見える村々はアドベ（日干し煉瓦）の家で、夜間は電気もなく、ランプや蠟燭の明かりがポツリポツリと見える程度の風景であった。

しかし、2014年に旅行した時には、ほとんどの村に電気があり、村人たちも携帯電話を使っていた。これはボリビア全土について言えることであるが、往時のアルティプラノを知る者にとっては隔世の感がある。

道路も整備された。ラパス近郊のコマンチェという村には、100年に一回花が咲くという日本でも話題になったプーヤ・ライモンディの植生地がある。1987年に訪問した際は、悪路でラパス市内から日帰りで行くことができなかったのだが、2014年に訪問したときはタクシーをチャーターして半日で往復できた。

ちなみに2014年の訪問でも残念ながらプーヤ・ライモンディは枯れていて見ることができず、村人の話だと昨年（2013年）花が咲いたということだった。次の開花はいつになるのだろうか。また、ここにはサボテンも数種類あり、苔の系統も数種類ある。いつだったか忘れたが、アルティプラノを旅行している時に、ルーペを使って苔の観察をしている人に出会ったことがあり、その人が言うには「苔といっても色々な種類があり、花も色々なものがあり、アンデスの苔の研究は面白いですよ」とのこと。植生の専門家からすれば、アルティプラノは垂涎《すいぜん》の地域にちがいない。

プーヤ・ライモンディの群生する丘を降りると、「昔、鉄道の駅だった」という廃墟もあった。以前はここまでにも鉄道が走っていたのだ。

ラパスの風景

コマンチェ（左の丘）遠望

プーヤ・ライモンディ

サパキの村

この２０１４年の旅行の時には、サパキの村にも行ってみた。ここは、第二次世界大戦中の１９４３年にボリビアが連合軍側に参戦したため、日本との国交が断絶し、ラパス市に在住していた日本人の一部の方々がやむなく疎開したというところである。エル・アルトからミニブス（乗合バス）に乗って1時間前後のところにあり、当時の先達の心細さを想像しながらの旅だった。

バスに乗ると乗客は皆地元の人たちなので、アイマラ語しか聞こえてこない。しばらく走ると、午前9時頃にはサパキの村に着いた。同地の標高は約３１００メートルである。谷間の盆地なので亜熱帯の暑さである。桃園が多く、干した小さい桃が入り、地元で親しまれるシナモン水「モコチンチ」に入れる桃の産地として名高い。到着時間も早かったので周囲を少し歩いてみることにした。

1時間ほど歩いて振り返るとサパキの村が足下に小さく見えた。途中の山々の眺めは、標高３５

００メートルくらいの山でアンデスの高峰に及びもつかないのに目の前に現れると雄大に見える。３時間程度歩いて、アルティプラノの平坦地（標高４０００メートル）が近くなってくると、さすがに息が切れてきた。ここでバスを待つことにした。道路が整備されて車両の通行があるということがいかに便利なことなのかを改めて痛感した。以前、戦争中に疎開された方から話を聞いたときに、「ロバの荷車に乗ったり歩いたりしてラパスまで往復1週間ほどかかりましたよ」と言われていたことを思い出した。

１９９３年のアルティプラノへの旅では特別な景色を目にした。7月か8月だったと記憶している。友人の車でティティカカ湖へ行き、早めの昼食をとり、ラパス市に戻る時、突然雪が降り出した。道路脇に車を止め、雪が止むのを待った。20分ほどで雪は止んだが、雪が止むとすぐに陽が照り出した。雪もすぐに解けていった。まさにその一瞬、陽に照らされた眩い雪の中に、草の緑が、黄色い花が、青い花が輝いて見えた。ところが、その数分後に雪が解けて地肌が見え出すと、あっという間に輝きは消え、雪が降る前の平凡な眺めに戻っていった。ほんの数分の間に輝きを見せて消えていく一瞬のこの眺めが、筆者のアルティプラノの永遠のイメージとしていまだに心の中に残っている。

（佐藤信壽）

4

ユンガス

★多様な渓谷地★

「ユンガス」という言葉は、インカ帝国の言語・ケチュア語の「ユンカ（暖かい谷）」がスペイン語で「ユンガ」になり、その複数形に由来する。

ボリビアの場合は、アンデス東部山脈の東側のアマゾン平原地帯との境界となる標高600メートルから2500メートルの範囲を意味する。地形図で見てみるとアンデス東部山脈に沿った濃い緑色の部分が見えるが、そこがユンガスである。

ただ、ボリビアで一般的に「ユンガス」といった場合は、ラパス県の北部及び東部渓谷地帯を指しており、高温多湿な亜熱帯地域である。ちなみに、コチャバンバ県とラパス県との県境にあたる地区は「コチャバンバ・ユンガス」という呼び方をしている。また、「ユンガス地方」の人や物を指して「ユンゲーニョ」（男性型）「ユンゲーニャ」（女性型）という言い方もする。アポロ、カラナビ、コロイコ、チュルマニなどが、ユンガス地区の中心的な町である。

ティプアニ河の沿岸の町、グゥアナイ、ティプアニ、マピリ地方などは金の採掘地としても有名である。1993年、筆者がこの地域を旅行した時に、次のような話を聞いたことがある。

「トリニタリオ」という先住民の一団が「ティエラ・サント（聖なる地）」を探して移動していた。するとある時光る滝つぼを見つけた。彼らはこの辺りをよく知るコベントという町の神父に、まさにこの光る滝つぼのあるところが「我々にとっての聖なる地」ではないかと問いただすと、神父はとぼけて「そこは悪魔の土地だから近づかない方がよい」と警告した。彼らは、恐れをなしてどこへともなく去っていったという。これで利益を独占できると思った神父だが、その光る滝つぼのある土地をどうしても見つけることはできなかった。このようなおとぎ話のような一攫千金話が、当時はまだ語り継がれていたのである。

マピリ地方の森林は、1899年、第1回ペルー移住者として来訪した93名（うち2名は移民会社の監督官）の日本人が転住し、ゴム採集に就労した地区である（これが初めてのボリビアへの日本人移民となる）。もっとも1900年には、労働の苛酷さから雇用者との間にトラブルがあり、ほぼ全員が引き揚げている。

現在のユンガス地方の産業としては、金の採掘に加え、コカ、コーヒー、カカオ、サトウキビ、トウモロコシなどの栽培が主であるが、観光業も力を入れている産業である。2020年の新型コロナウィルスの感染拡大による影響で観光業は打撃を受けたが、今後の回復が期待されている。ちなみに、ユンガス地域の観光コースとしては、インカ道トレッキングとして、「タケシ・ルート」「チョロ・ルート」などがある。

ラパス市から避寒地のコロイコへ行く一般の交通ルートは、2006年に新しい道路が開通し、安全性が増したが、それまでの旧道は、「死の道路」と呼ばれるほど、転落事故の多い危険なコースだった。筆者は1990年代に度々、バスでこの道路を通ったが、数度、転落事故による通行止めにあったことがある。現在の旧道は、交通量も減ったため、ダウンヒルを好むマウンテンバイクの愛好者により、その展望の良さとスリルを求めるツーリング・コースとなっている。しかし、危険な場所であることには変わりがない。

観光先としては、この他にもアマゾン圏ともつながる「マディディ国立公園」や「ピロン・ラハス生物圏及び原初共同体他保護区」などがあり、多様性生態系保護区としてエコー・ツアーなども企画されている。

ユンガス地区は、多くのアマゾン支流があり、その支流はアンデス山塊の深い谷となっているために、谷間ごとに、植物や昆虫などの多様な亜種が観察されるようである。この地区を旅行したときにこんなことを聞いたことがある。1970年代にアルト・ベニ地域に住んでいたことがあるという方から聞いたところでは、「小さな平坦地があって、そこには桃色の蝶がゆっくりと飛び回っていました。この蝶は前翅が透明で後翅の上側が美しい桃色でした。不思議ですが、この蝶はその平坦地の中だけを飛び回り、外には出て行かないのです。私はその後も他の場所では、その蝶を見たことがありません。もしかしたら、この蝶はこの辺りだけに生息するといわれる透明の蝶ではないかとも思いましたが、専門家ではないのでその辺りのことは分かりません。しかし珍しい蝶でした」という話があり、まだ知らない生態系があるのかもしれないと思ったことがある。

こういう経験もあった。1993年6月にインカ道トレッキングの「チョロ・ルート」を歩いていた時のことである。夕方テントを張り、焚火でジャガイモを焼き、ウイスキーを飲みながら曇った空

第４章
ユンガス

ユンガスの眺め

を見上げて、明日の日程を考えていた。陽が落ちたのか、一気に夜の闇となった。その時、眼の前を蛍が飛んだので、その蛍を眼で追うと、対岸の山が、大きなクリスマス・ツリーのように一面に蛍の点滅が見えた。幻想的な光景であったが、雨が降り出したので、やむなくテントに入り眠りについた。翌朝は晴れたが、昨夜の幻想的な光景の名残はなかった。

　この日は標高１６００メートルほどのところを登り降りしながら、当時のガイドブックに「Japanese's House」と紹介されていたサンドリャニの花村さんのキャンプ場に着いた。花村さんの話によると、このサンドリャニは、１９５０年代後半から１９６０年代前半にかけて日本人のボリビア移住が行われていた時代に、ラパス市の小渕さんが「日本人茶園」にすることを計画したところであり、花村さんは、その茶園の管理人になる予定で現地に入ったということだ。しかし、日本の進める移住計画の対象から外れたために茶園計画は取り止めとなった。ただ、花村さんは、その地を出て行く気になれず、一人で自給自足の生活をするようになり、1980年代にインカ道コースとして旅行者が通るようになってからは、旅行者のためのキャンプ場を開いたということだった。

その花村さんは2007年に亡くなり、この地域のボリビアと日本の関係はなくなってしまった。淋しい限りではあるが、筆者のユンガスの思い出の中には美しい蛍と共にいつも花村さんがいる。

（佐藤信壽）

5

バリェ

★チチャとコプラと男と女★

バリェ（Valle）は東アンデス山脈の東側に広がる渓谷部のことで、アルティプラノとセルバをつなぐ一帯である。オルーロ県、パンド県、ベニ県を除く6県にまたがり、標高1000メートルほどの地域から3000メートルを超える地域を広範に含む区分であるため、風土もそこで暮らす人々の文化も実に様々だ。中でもその大部分を占めるのはコチャバンバ県、チュキサカ県、タリハ県で、それぞれの県都がバリェに位置することもあり、ボリビアでバリェと言えば主にこの3県が想起される。この章では、「渓谷の都」と称されるコチャバンバ市とその郊外を散策しながら、バリェの風景とそこで営まれる人々の暮らしを見てみたい。

コチャバンバ市は標高約2560メートル、南緯およそ17・2度に位置する。最高気温は年間を通しておよそ25～28度で、日本のような四季はない。近年の温暖化で30度を超える日が出てきたが、空気がカラリとしているため日陰は涼しく、一般家庭でエアコンはほとんど普及していない。最低気温は10度前後の印象だが、冷え込みの激しい6～7月の明け方には5度を下回ることもあり、昼夜の寒暖差には注意が必要だ。雨季（11～

3月頃）と乾季（4〜10月頃）がはっきりしており、年間およそ350〜500ミリの降水量が雨期に集中する。遠景に望む山々は、アルティプラノとは異なる柔らかな稜線を描き、雨期には美しい緑に覆われる。標高や地形で差はあるが、比較的温暖で過ごしやすいのがバリェの気候である。

家々の軒先をブーゲンビリアが彩り、街路樹のハカランダが道路を青紫色に染める。コチャバンバ市北部の新市街には、バリェらしい景色の中、閑静な住宅地に加え、近年急速に増えつつある複合商業施設、高層のオフィスビルやマンション、洒落たレストランやバーなどが立ち並ぶ。スーツ姿のオフィスワーカーや手入れの行き届いた自家用車が行き交い、夜にはおめかしをした若者たちが繰り出す、比較的裕福なエリアである。ここから市街地を抜け東へ、キリストの丘を迂回してさらに東へ向かえば、車でおよそ30分の距離にチャパレ郡の主都サカバ市がある。チャパレはそこから北東に延びる広大な郡で、バリェを下りセルバへと向かう玄関口である。

コチャバンバの新市街から南へ向かい、ヤシの高木がそびえるプラド通りを抜けると、碁盤目状に細道が走る旧市街に入る。街を東西に貫くエロイナス通りのあたりがコチャバンバ市の心臓部で、大聖堂や市庁舎に囲まれた中央広場（Plaza 14 de Septiembre）を中心に、教会や行政機関、商業地域が広がる。中央広場からさらに南へ5ブロックほど歩くと、街の一角を占拠する巨大な市場エリア「カンチャ」が始まる。小さな店舗がひしめくアーケードを出ると、地面に布を広げ、または手押し車をとめて商品を並べた露天の数々と、その間で渋滞する路線バスに行く手を阻まれる。人と物でごった返すこの市場の食料品街には、周辺の村々で生産された野菜や果物、穀類、種類豊富なイモ類、肉類、チーズ、パンなど、あらゆる産品が並ぶ。レースのブラウスに膝丈スカート（ポリェラ）を履いた「チョラ」の女性たちが、スペイン語とケチュア語を巧みに操って商売に精を出す（第11章・コラム2参照）。活気と人情あふれるカオスの世界にも、バリェの日常が詰まっている。

このカンチャを南に抜けて、乗合バスで南東へ進むと、バリェ・アルトと呼ばれる農村地域が広がる。タラタ（エステバン・アルセ郡）、クリサ（ヘルマン・ホルダン郡）、プナタ（プナタ郡）、アラニ（アラニ郡）、ミスケ（ミスケ郡）、アイキレ（カンペロ郡）の町に代表され、ケチュア語を母語とする人口が多い地域である。カンチャには特にこの一帯の村々から人や物や料理が集まっている。コチャバンバ市の南約35キロに位置するタラタは、先コロンビア期の文化を受け継ぐとされる陶器の名産地である。かつては国政の要所で複数の大統領を輩出した町としても有名であるが、今はコロニアルな面影を残す穏やかな町で、日曜には茹で麦が添えられた手作りのチョリソを目当てに人々が訪れる。鳩料理ピチョンで知られるクリサ、ロスケテという独特の菓子が名産のプナタ、ママゴンガチという名の巨大なパンで有名なアラニ、乳製品が美味しいミスケ、唐辛子料理ウチュクが売りのアイキレ。それぞれに名物料理があり特産品がある。

チチャの醸造

いずれの村にも欠かせないのがトウモロコシ

コチャバンバ市中央広場でのコンパルサ

の発酵酒チチャである。バリェの町や村で軒先に白旗が上がっていたら、それが「チチャあります」の目印だ。新鮮なチチャはトウモロコシの産地ならでは。バリェ・アルトにはそこここにチチャの造り酒屋がある。

バリェの人々は、チチャを出す居酒屋チチェリーアに集い、気の置けない友人たちと大盛りの名物料理を囲んで語らいながらチチャを飲む。チチャはポリバケツで購入し、瓢箪の器トゥトゥマで掬ってお互いに振る舞い合う。最初の一口は大地の神パチャママに捧げる決まりである。皆がほろ酔いになった頃、どこからともなくギターが出てきて男たちが歌い出す。アイキレの代名詞でもある弦楽器チャランゴがあればなお盛り上がる。地元の名曲に胸を熱くし、女たちを誘って踊り出す。カーニバルが近ければ、タキパヤナクと呼ばれる即興歌（コプラ）の合戦が始まる。これは複数人で決まったメロディーと拍数を踏まえながら行われる歌の応酬で、前の人の歌詞にうまく絡めながらリズミカルに返せるかが競われる。洒落の効いた返しは喝采や爆笑で称えられ、タイミングよく思いつかなかったり途中で噛んでしまったりすると、バツとして一杯飲まされる。男女が同席する場ではしばしば艶っぽい歌詞になり、意味深長な言い回しを駆使して誰かを揶揄してみたり、口説いてみたり、それに対して痛烈な皮肉をお見舞いしたりする。男も女も大いに歌い、大いに笑い、またチチャを飲む。全ては美味しいチチャがあればこそ。チチャはバリェの文化そのものである。

祝祭もまた、コチャバンバの名物である。カーニバルの時期（2～3月）には、都市でも農村でも、男女で前述のコプラを歌いながら練り歩くコンパルサが見られる。また、万聖節《トドス・サントス》の時期（11月）になると、農村にはワリュンカと呼ばれる大きなブランコが設置され、色とりどりのポリェラを履いた女性たちが足で景品取りを競う姿が風物詩となっている。そのほか、市町村ごとに聖人祭がある。ジャガイモやトウモロコシ、桃やリンゴやチリモヤといったバリェの特産品の収穫期には、各地でフェリアと呼ばれる物産展も開かれる。季節の料理、手工芸品などのフェリアもあって、ほぼ毎週末どこかで祭りが開かれている。これらの祭りを彩るのは、チチャと、音楽と、ケチュア語と、漆喰で固めた白い円柱型の帽子を被ったチョラたちだ。これがバリェの風景であり、バリェの暮らしである。

（梅崎かほり）

6

セルバ

★サンタクルス市を中心に★

ボリビアのセルバ地域は、ボリビアの東部に広がる広大な熱帯雨林地帯を指す。セルバはスペイン語で「森林」「ジャングル」を意味し、この地域は巨大なアマゾン盆地の一部であり、多くの県にまたがっている。また、熱帯雨林の気候であることから生物多様性に富んでいる。

この地域には、多くの川が流れ、密林や湿地帯が広がっている。南米最大の河川であり、世界最大の流域面積を持つアマゾン川の上流域を形成している。アンデス山脈から大西洋へと注ぎ込むアマゾン川は、ボリビア国内で多くの支流が合わさり南米大陸を縦断する。

また、一方でセルバ地域にあるサンタクルス県の東部のブラジル国境沿いにはラプラタ流域の上流域にあたるカセレス湖－タメンゴ運河があり、パラグアイ川－ラプラタ川を通じた新たな水上輸送のルートとして注目されている。海を持たない内陸国であるボリビアにあり、さらに東部低地開発による農産物の流通の代替ルートとしてパラグアイのアスンシオンを経由して、穀物の集散地であるアルゼンチンのロサリオに通じるこのルートの重要性は増している。

さて、ボリビアのセルバ地域には、サンタクルス県の県庁所在地であり、ボリビア最大の都市であるサンタクルス・デ・ラ・シエラがある。この都市はボリビアの経済的な中心地であり、周辺地域の農業や牧畜業の拠点となっている。

サンタクルス県は、ブラジル、パラグアイ、アルゼンチンと接しており、歴史的にこれらの国々との経済的なつながりを強化しながら発展してきた。特にブラジルとの国境近くは、上述した通り重要な国際貿易の拠点となっており、ボリビア国内においても地理的に重要な位置を占める。

さらに、サンタクルスは農業、畜産業、石油・天然ガス産業、および木材産業など、様々な経済活動が活発であり、近年、特に農業においては、大豆や牛肉、米、サトウキビなどの生産が活発で、ボリビアの穀倉地帯として知られており、広大な耕作地帯が広がっている。これらの生産物は、国内需要を満たすだけでなく、輸出の主要な源泉であり、ボリビアで最も経済的に重要な地域である。なお、これらの農業の発展に大きく寄与したのがサンタクルス県内にあるオキナワ移住地、サンフアン移住地といった日本人移住地である。

農業の発展に伴い、サンタクルス県への人口流入が進み、ボリビアで最も人口が多い地域を形成しており、経済的な成長と共に急激な都市化が進んでいる。県都であるサンタクルス・デ・ラ・シエラは、国内で最も人口の多い都市に発展した。1950年代に戦後の日本人移住が開始された当時サンタクルス・デ・ラ・シエラ市の人口は、約4万人で、当時は忘れ去られた町と言われていた。そのサンタクルスの町も2012年国勢調査では145万4539人、現在では190万3398人と70年間で実に40倍以上に発展している。人口の増加と都市化は、サービス産業や商業の発展を促し、ボリ

表1　国勢調査による人口推移（サンタクルス県、サンタクルス・デ・ラ・シエラ市）

年代	サンタクルス県	順位	サンタクルス・デ・ラ・シエラ市	順位
1950	244,658	5位	42,746	5位
1976	710,724	3位	254,682	2位
1992	1,364,389	2位	609,584	2位
2001	2,029,471	2位	1,113,582	1位
2012	2,657,762	2位	1,454,539	1位

ビア経済に重要な影響を及ぼしている。

サンタクルス県には、国内で重要な石油・天然ガスの埋蔵地があり、天然ガスの採掘と生産は、ボリビアの経済において大きな役割を果たすと同時に県財政に直接裨益する炭化水素税（Impuesto de Hidrocarburo）として県内の公共事業に大きく寄与している。

これらの要因により、サンタクルスはボリビアにおける経済的、農業的、および商業的な中心地としての役割を果たし、その重要性はボリビア全体の経済に寄与し、国内外からの投資やビジネスをもたらしている。

一方で、サンタクルスを理解するためには「サンタクルス市民委員会（Comité Pro Santa Cruz）」の存在を避けては通れない。サンタクルスにおける重要な市民組織であり、政治的な活動や地域の利益を代表する役割を果たしている。

サンタクルスは歴史的に国政に対して積極的な政治的活動を行わずに独自の発展を遂げてきたが、サンタクルス市民委員会は、1950年代に創設された市民団体で、サンタクルス地方の発展や自治の促進、地域の利益や権利の保守のために活動を展開してきた。この組織は地域の事業界、農業界、学術界、市民社会の代表者から構成され、サンタクルスの経済的、社会的、文化的な発展に寄与することを目指している。

サンタクルス市民委員会は、地方自治体や中央政府を監視し、地域の課題や要望を提起し、政策の決定に影響を与えてきた。また、社会問題に対処するために様々なプロジェクトやキャンペーンを実施し、地域の発展に向けた取り組みを行っており、これまでにも１９５９年12月21日の石油法による石油とガスの採掘に対するロイヤリティの11％を受け取る権利が承認された。また、２０００年代には、ボリビアの政治の中心であるラパスに対して、サンタクルス地方の地域的な利益や自治を強調する役割を果たし、地方主義の視点から、中央政府による地域の資源や権限の再分配を求める運動を展開した。さらに、２０１９年のエボ・モラレス政権の選挙不正を訴え、国家レベルの反政府運動を主導し、展開したのもサンタクルス市民委員会であった。

中央公園のカテドラル

この文脈からサンタクルス市民委員会の動向は近年のボリビアの政治に大きく影響し、特にサンタクルスにおける政治的なオピニオンリーダーとなっている。また、逆にそのことがあだとなり、現政権下においてサンタクルスが中央政府による公共事業の直接的な裨益者として認識されないという状況にある。

サンタクルスビジネスセンタービル群夜景

都会の顔を見せながら発展するサンタクルスではあるが、近年犯罪件数も激増している。市民の治安確保は各レベルの行政の喫緊の課題となっている。

私は約30年前、遠き日本からやって来て、この町の牧歌的な雰囲気にほっとした気分になったが、サンタクルスも今では大都会に変貌してしまった。確かに店舗には商品がなく、モノも選べなかった頃に比べると随分と便利になったが、人々が通りに椅子を出して夕涼みをし、知らない人とでも話し込んでしまうのんびりとした田舎町の良き部分を持ったサンタクルスの遠き日々を懐かしく思い出す。是非とも都会の良さと田舎の良さを併せ持ったサンタクルスでいてほしいと望むのは、こちらのわがままであろうか。

（中島敏博）

7

アマゾン

★河川からみる魅力的な空間★

南米の西部はアンデス高原が南北に連なっている。このアンデス高原の東部は、オリノコ川、アマゾン川、ラプラタ川などにつながる流域であり、多くの河川が走っている。

ボリビア国の東部平原地帯の大半には北部のアマゾン川につながる流域があり、南部のラプラタ川につながる流域もある。

一般的にアマゾン圏の陸地部分は密林に覆われていたため、交通には河川が利用されて、先住民も大木をくり抜いた丸木舟（カヌア／カヌー）を使用していたが、1990年代には開発が進み、道路網も整備されはじめ、2021年には、水運はほとんどなくなり、陸運に変化していった。

ボリビアにあるアマゾン川支流の中で、パンド県の北西部ボルベブラ（ペルー、ブラジル、ボリビアの3国国境の村）からコビハ市に流れるアクレ川のみが、ブラジルのプルス川に合流するだけで、その他の河川は、基本的にマデイラ川と合流する。ボリビアの北部でブラジルとの国境線となるアブナ川も北東端でマデイラ川に合流している。

アブナ川の南には、ベニ川と合流するオルトン川があり、プエルトリコより上流は、マヌリピ川とタウアマヌ川に分かれ、

上空から見るアマゾンの風景

その源はペルー国に発する。同じくペルーに源流を発するマドレ・デ・ディオス川は、ベニ県のリベラルタ市でベニ川と合流する。

戦前、ペルーからボリビア方面へ移動してきた日本人になじみ深いマドレ・デ・ディオス川は、「聖母の川」という意味だが、地元では、「マヌタタ」、すなわち「父なる川」と呼ばれていた。インカ帝国時代には、「アマルマユ」(蛇の河)として知られていたらしい。

ベニ川は、ラパス県のアンデス高原の流れを集めたカカ川とアルト・ベニ川の合流に端を発し、北上してブラジルとの国境(ビリャベリャ)で、南部からのマモレ川と合流してマデイラ川となる。1910年代に同地に入った日本人は「紅(ベニ)河」と当て字したが、流水の色が紅いわけではない。また「ベニ」という語は、カリブナ先住民の言語の「バ・エニ」(速い/急流)が転化したものと言われている。

北東部のブラジル国境を流れるイテネス川(ブラジル名:グァポレ川)は、ブラジルのマットグロッソ州にその源流を発し、西に流れてマモレ川に合流する(この源流の近くには南に向かって流れるラプラタ水系のパラグアイ川の源流もある）。このイテネス川のマモレ川に合流する上流１００キロくらいのところには、ポルトガルがブラジル側に１７８３年に竣工し、１８８９年まで使われていたという対スペイン用に建設した高さ10メートル幅周囲1キロのプリンシペ・デ・ベイラ要塞跡がある。

サンタクルス県を流れるグランデ川は、チュキサカ県のスクレ市近郊にその源流を発し、マモレ川に合流する。また、この源流の近くには、ラプラタ水系につながるピルコマヨ川の源流もある。

アマゾン圏の河川には、イルカ（カワイルカ、地元ではブヘオと呼ばれている）が数種類おり、また、エイもいる。この特殊な環境はアマゾン創成の起源を解くカギになるのだともいう。実松克義氏の説によると、今から１５００万年前まではアマゾン川は内海で、ベネズエラとコロンビア国境地帯が入口だった。ここから海洋生物がアマゾンに入り込んだが、その後、北部アンデス山脈とブラジル・ガイアナ山系が隆起したことで入口が閉ざされ、内部空間としてのアマゾンが成立し、イルカやエイが閉じ込められたらしい。仮説であるが非常に興味深い説明である。

トリニダ市内の公園にあるベニ県の模型
ベニ県の県境を作るのがベニ川である。中央最上部から最下部のサンタクルス県との県境へ流れているのがマモレ川であり、ボリビアとブラジルとの国境を流れているのがイテネス川

アマゾン圏には、哺乳類が２００種以上、鳥類が１５００種以上、魚類が数千種、昆虫に至っては１００万種以上、ワニやトカゲや蛇などの爬虫類も多く存在すると言われている。植物も数万種以上あり、薬用に利用されているものも数多くある。アマゾン圏が野生生物の宝庫

氾濫原（サンタロセ・ヤクマ周辺）野生のカピバラが見える

といわれる所以である。

他方、アマゾンは今でこそ自然豊かな人口密度が低い地域ではあるが、かつては一定の人口があり、ボリビアのアマゾン圏では少数民族のアラオナ族などが知られている。アラオナは19世紀には３～４万人を数えていたようだが、その後、アマゾンでゴム・ブームが起こり、アラオナ族は天然ゴムの採取の作業に強制徴収された結果、人口が急激に減った。その後、１９６４年に少数民族保護グループの支援で新たにコミュニティが再建され、２０１２年の国勢調査で人口２２８人と報告されている。

アマゾン圏の先住民の歴史については、このところ人口に膾炙してきたアマゾン文明の研究が興味深い。ベニ県のモホス氾濫原には、古代アマゾン文明の遺跡という仮説のある「ロマ」と呼ばれる人工の丘や人工の湖、「テラプレン」と呼ばれる直線の盛土跡、農耕地跡、人工水路などもあり、古代民俗学や考古学的に興味深い地域がある。

このモホス氾濫原は、雨期には大半が水没するために、密林ではなく、灌木と草原の地域である。

１９９３年に、筆者が初めてこの地域をバスやトラックを利用して旅行したときには、まだ、道路に橋がなく、細流では、乗客はバスを降りて、歩いて流れを渡っていた。少し広い川は、両岸に支柱が打ち込まれて、その支柱にロープが張られていて、支柱につながれた筏にバス（車両）と乗客を乗せ、ロープを引いて対岸へ渡った。さらに広い川は「ポントン」というこの地域特有の渡し船で渡った。ベニ川や、マドレ・デ・ディオス川、マモレ川などは、行商船や貨物船が運航していたので、その船に乗せてもらい旅行したものだった。当時使用されていた交通手段は船だけではない。少し大きい集落には、飛行場があり、「アエロ・タクシー（航空タクシー）」という乗り合いのセスナ機も運航していた。

２０２１年、筆者がこの地域を旅行したときには、行商船や貨物船の運行はなくなり、陸運に代わっていた。「アエロ・タクシー」も過去のものとなっていた。

１９９３年当時は、小さな集落ではスペイン語を話せる人が少なく、アロハミエント（簡易宿泊所）では、トイレもシャワーもなく、夜はローソクやランプの灯火しかなかったが、２０２１年には、ほとんどの村でスペイン語が通じ、村には電気があり、多くの人がスマートフォンを持っているのには驚いた。

道路網がより整備され、交通量が増え、開拓地が増えて行けば、アマゾン圏の生態系も人々の生活も変化していかざるをえないのだろう。

（佐藤信壽）

8

ウユニ塩湖

★魅力と展望★

2月、ウユニの町外れにある空港では、憧れの景色のすぐそばまで来たことに胸を弾ませる日本人の声が、あちこちで聞こえる。

私は、初めてこの街を訪れた10年前の気持ちを思い出す。

ウユニ塩湖はボリビア南西部ポトシ県に位置する標高3700メートル、面積1万平方キロメートルにも及ぶ世界最大級の塩原である。

起源については諸説あるが、海底からアンデス山脈が隆起した時に、海水が取り残されて生まれたと考えられている。流出河川を持たない内陸湖であるため、周りの山々から塩分を含んだ水が流れ込み、蒸発、堆積を繰り返し、現在のような大地が形成された。地下には硬い岩塩層と粘土質状の堆積物が何層にも重なっていて、その深さは120メートル以上にもなる。

長い年月をかけて作り上げられたこの秘境は、インターネットやSNSの普及により南米の一大観光地となった。

ウユニ塩湖の魅力はなんといってもその多様な姿だろう。雨季と乾季の違いはもちろんのこと、その日の天気や風向き、前日までの雨量など、さまざまな要因によって、毎度異なる景色を見せてくれるので飽きることがない。

12月から4月、雨季のツアーは明け方、日中、夕暮れ時、そして夜と４つの時間帯に分けられていることが多い。明け方のツアーでは、アンデスの山々の背後から昇る朝日を拝むことができる。薄暗い静寂に包まれた夜の塩湖に、少しずつ光が差し込んでいく様子はまるで世界の始まりを見ているかのようだ。水面はゆらりと水銀のように光る。

そしてその時は来る。太陽が昇る瞬間、その反対側の空に薄ピンク色の帯が現れるのだ。明け方のわずか5分だけしか見ることのできない特別な光景である。

美しい太陽に目を奪われていると、あっという間に空は明るくなり、いつもの強い光に晒される。夢見心地で街へ戻ると、街はすでに活気ある朝の空気をまとっている。搾りたてのフルーツジュースを売る女性に「一杯飲んでいってよ！」と声をかけられ、幻想の世界から戻ってきたことを実感するところまでまとめて、朝のウユニの醍醐味なのである。

日中は、まさにガイドブックやコマーシャルなどで使われる景色を見ることができる。世界から青と白以外消えてしまったのかと思うほど、くっきりと分断された2色の空間に、アニメに出てくるようなもくもくの雲が浮かんでいる。ウユニ塩湖の鏡のような反射は、水が多く溜まっていればいるほど綺麗に見られると考えがちだが、実は指の第一関節が浸かるほどの浅さの時が、最も風の影響を受けづらく綺麗に見ることができる。

ウユニの街から４ＷＤに乗って40分、塩湖に到着するまでも、車窓の風景から目を離すことができない。走る野生のビクーニャ、通過する車に一瞥もくれないリャマの大群、黄、緑、赤とカラフルな

ウユニ塩湖の鏡面

キヌア畑、そして何よりどこまでも続く青い空が、塩湖までの道のりを楽しませてくれる。

夕暮れ時は、黄、オレンジ、ピンク、紫、青、紺と、刻一刻と空の色が移りゆく。遠くに見える水平線に消えていく太陽から、いつまでも目を離すことができず、見つめているうちにいつの間にか時間が経っている。こんなに暗くなっていたのかと気がつく頃には、すでに背後は夜の静けさと冷たい風に包まれているのだ。

遠くの太陽が完全に見えなくなると、いよいよウユニ塩湖の長い夜が始まる。

夜空には数多の星が煌めき、それらが全て足元の水面に反射する。３６０度切れ目のない星空に囲まれていると、まるで宇宙の中に放り出されたような感覚に陥る。流れ星はもちろん、天の川やアンドロメダ星雲、また日本では見ることが難しい南十字星も肉眼で見ることができる。

ウユニ塩湖の魅力は雨季だけでは語ることはできない。5月から11月の乾季には、水が完全に干上がり、六角形に結晶化した塩が規則正しく並ぶ光景に出会える。是非、昼と夜に乾いた塩湖に寝そべって欲しい。世界で一番大きな塩のベッドの寝心地とアンデスの息吹を存分に感じることができるだろう。

また、雨季にはアクセスしにくい塩湖中心部のサボテンの群生地、インカワシ島を訪れることもできる。インカワシとはケチュア語で「インカの家」という意味で、遠い昔にインカの人々がウユニ塩湖を渡る際の休憩所や貿易の拠点にしていたことに由来すると言われている。塩原に突如として現れるサボテンの島は、現在でも人々の憩いの場となっている。

この10年間、ウユニ塩湖を訪れる観光客数は何十倍にも増えた。それに伴って、荒涼としていたウユニの街は、人がにぎわい、お金が流れ、明るく活気のある街へと変化してきた。

しかしながら、発展の陰には様々な社会課題が存在するのが常である。その一つがごみ問題だ。焼却場のないウユニの街は、従来の直接埋め立て方式でのごみ処理を続けていたため、一気に増えた観光客を受け入れることができず、ごみが散乱するようになった。

私は、数年前に現地のお母さんから言われた言葉を忘れることができない。「あなたたちはこれから国に帰るのです。でも、私たちはずっとここに住んでいるのです」。観光業の恩恵にあずかり、生活が豊かになったことは事実だが、先祖代々守り続けてきたパチャママ（「母なる大地」を意味するアンデスの女神）の土地が汚れていく無念さや葛藤は、想像に難くない。

そこで、現地の観光事業者による「持続可能な観光」に向けた取り組みが始まった。

ウユニ市のごみの内訳の第1位である有機物（ツアー客の残飯など）を削減するため、日中のツアーでは事前に客にヒアリングすることで、食べられるものだけを、食べきれるだけ提供するようになっ

ウユニ市近郊のごみ

環境教育

た。また、プラスチックごみを削減するため、食事に使う容器は従来の使い捨て容器から、再利用できるものへ、個別のランチパックは複数人でのシェア方式へと変更された。

一方で、環境への意識の改善のため、現地の小学校での環境教育も行われている。ごみをエネルギーに変えるプロセスを、実際に油化装置を使って説明する授業などを行い、次世代にも環境保全の重要性を伝えている。

現地住民と協力しながら、ウユニ塩湖の美しい景観を守り、その魅力を世界中の人に伝えていくこと、つまり「持続可能な観光」こそが、ウユニ塩湖の将来に不可欠である。

（本間賢人）

コラム1

ラパスとティティカカ湖〜高地の都市と高地の湖

大島正裕

1997年、大学院生をしていた私は、友人2人とブラジルからペルーを横断する旅を企画した。ブラジルのリオのカーニバルの時期に旅行した記憶があるので、2月のことだったろう。当時の私は、ペルーの先住民史などを研究対象としていて、ペルーのクスコやマチュピチュに行くのを何より楽しみにしていた。しかし、ブラジルからクスコに入るためには、どうしてもボリビアのラパスを経由しなければならない。それで致し方なくボリビアに入ったのだが、まず高地のラパスに圧倒され、そこからアルティプラノの景色を眺めつつこんな世界があるのだと驚嘆し、近隣住民との乗り合いのミニバンで、ラパスから何時間もかけてティティカカ湖に到着する頃には、私はすっかりボリビアに魅せられていた。

ラパスの景観

初めてのラパスは、信じられないくらい神秘的だった。一緒に行った友人のひとりは、ラパスに入った途端に高山病で倒れたが、幸いにも私ともうひとりの友人には高地の影響はさほどなかった。エル・アルト空港から、ラパスの市街地に降りていくときの幻想的風景は、他では感じられない奇妙な感覚があった。すり鉢の底に下っていく感覚、妙に赤茶けた街並みを見ながら、遠くにイリマニ山を眺めつつ、吸い込まれるように下っていく感覚は独特のものだ。町にはチョラという伝統的な山高帽をかぶった先住民の女性たちの活気のある声が聞こえ、日本とは全く異なる風景が広がっていた。

２０１４年から、私は幸運にも仕事で念願のラパスで約3年間過ごすことになったが、３０００メートル以上の高地にいると高地が嫌いではない私でも夜はどうも眠りが浅い。ラパスを好きになるか否かは、この高地に問題なく慣れることができるかだろうが、とにかく体が重いのだ。ラパス市の上段のソポカチ地区に勤務先があったが、私はあえてカラコト地区と呼ばれる「すり鉢」の底の方に住んで、できるだけ酸素を確保し、週末はあちこち散歩して回った。

私が住んでいる間にラパスにはひとつ大きな変化があった。テルフェリコと呼ばれるロープウェイ路線が多数構築され、地上を自由に往来することができるようになったのだ。こういう都市はあまりないだろう。

一方のティティカカ湖。アンデスからのぞくその神秘的湖水を垣間見たら、おそらく多くのひとびとは神々の存在を即座に信じるのではないだろうか。３８００メートルの湖水は果てしなく心地よく、ボートは風を切り裂き、湖水の心地良い飛沫が降りかかる。あと

ティティカカ湖の景色（撮影：大森晶子）

で地図を見て分かったのだが、湖の真ん中にペルーとボリビアの国境線がある。湖には、海を失ったボリビア海軍がのどかにパトロールしていた。

あれから20年以上経ったが、その間、何度もティティカカ湖を訪れた。２００１年にはメキシコから訪れ、フェリーの上で日向ぼっこしたことを思い出すし、２０１４年から17年のボリビア滞在の折にも幾度か訪れた。ティティカカ湖といえば、何といってもトルーチャ。ボリビアは内陸国であるため、魚の種類は多くない。日本語で言うマスだが、身は赤く、我々の感覚ではほとんどシャケといった感じ。これをボリビアでは、主に焼いて食べる。２０２３年にもボリビアに行く機会があったが、時々食べたくなるこのトルーチャ、これを食うとボリビアに戻ったという気になる。

II

多民族社会の諸相と社会問題

9

ボリビアの民族と言語

★あなたはいずれかの民族に属しますか?★

ボリビアでは、1994年の憲法で「多民族・多文化」の国であることが根本原則と定められ、さらに2009年には、独立以来「ボリビア共和国」だった国の正式名称が「ボリビア多民族国(Estado Plurinacional de Bolivia)」に改められた。グローバル化が進む今、複数の民族からなる国は多々あるにもかかわらず、ボリビア政府はあえてそれを看板に掲げたのである。この章ではまず、そうまでして主張されるボリビアの多民族性について概観しながら、「民族」とは何かという普遍的な問いにも思いをめぐらせてみたい。

ボリビア国民の大部分は、16世紀以降にこの地に到来し植民地を形成したスペイン人、彼らに奴隷化されアフリカ大陸から連れてこられた人々、そして先コロンブス期から住んでいた諸民族、またはそれらの人々が複雑に混血を繰り返して生まれた人々、そのいずれかの子孫によって構成される(もちろん、植民地時代の始まりから5世紀も経過した現在、人種や血統でこれを区別することには意味がない)。これに加え、主に独立以降に入植した世界各地からの移民もいる。日系人の存在も忘れてはならない。今日のボリビア社会は、地域ごとに差異や濃淡はあるものの、これらの人々の歴史と文化が複雑に織り込まれて全体を成している。

この「先コロンブス期から住んでいた諸民族」を、私たちは便宜上ひとまとめに「先住民」などと呼ぶが、2009年に公布されたボリビアの現憲法には「先住、原住、農民の諸民族（naciones y pueblos indígena originario campesinos）」と記されており、公式の場ではそのように言及するのが通例となっている。同じような用語の羅列に見えるこの表記は、諸民族が自らを表象する際に用いる用語（主に東部低地の人々が用いるインディヘナ［indígena］、アイマラなど山岳部の人々が用いるオリヒナリオ［originario］、ボリビア革命以降に用いられるようになったカンペシーノ［campesino］）を尊重した結果であり、過去の為政者たちが自分たちの都合でこれらの人々の多様性を無視または抑圧してきた歴史への反省が込められたものである。そんな事情を知るだけでも、その複雑な政治的背景（第V部参照）が垣間見えるというものだ。

「ボリビア多民族国」の特徴としてまず目に留まるのは、公用語の多さではないだろうか。憲法第5条には、ボリビアで話される36の先住民言語が列記され、カステリャーノ（スペイン語）およびこれら全ての言語が公用語であると定められている。20世紀半ば以降に実施された識字教育とスペイン語化政策の結果、今日ではボリビアのほとんどの領域でスペイン語が共通語となっており、その他の言語は各地域でスペイン語と併用されている状況である。それでも全ての言語を「公用語」と定めるのは、歴史的に先住民言語話者が被ってきた差別と不平等の根絶を目指すという意思表示に他ならない。現在、公務員には、スペイン語に加え、数ある先住民言語のうち一言語の習得が義務づけられており、誰もが行政に問題なくアクセスできる環境の実現が目指されている。

なお、2012年の国勢調査では、国民の約4分の1がいずれかの先住民言語を母語とし、特に農村部では半数以上がそれを日常の言語として使用しているとの結果が確認されている。一方、公用語とされた36言語のうち1万人以上の話者数をもつのはケチュア、アイマラ、グァラニーの3言語に限られ、残りの言語の約3分の2は話者数が1000人にも満たない。中には話者が10人未満という言語や、すでに話者が存在しないとされる言語もある（グァラスウェ、プキナ、トロモナ）。

ボリビア憲法には、前述のような言語に関する規定はあるものの、国民を構成する「諸民族」についての明確な規定はない。しかし2010年に制定された公職選挙法には、「多数民族」とされるアイマラとケチュアに加え、特別選挙区が設定される対象として、40を超える「少数民族」が列挙されている。いったい、誰がどのように各「民族」に振り分けられているのか。今日のボリビアでは、言語に加え、国民一人一人の自己認識が重視されている。

この自己認識は国勢調査で表明される。ボリビアでは2001年以降、国勢調査の質問票に民族集団への帰属意識を問う項目が設けられ、言語状況とは分けて把握されてきた。例えば2012年の調査では、まず「ボリビア人として、あなたは先住、原住、農民またはアフロボリビアいずれかの民族に属しますか?」との質問があり、これに「はい」と答えた場合、「いずれに?」との問いに自由回答することになっていた。国立統計局の結果報告書（図1）を見ると、2つの「多数民族」名と43の「少数民族」名のほか、地名や自治体名や社会組織名を答えたもの、「農民（カンペシーノ）」と答えたものなど、73通りもの回答が挙がっており、人々の「民族」アイデンティティが実に多様であることがわかる。

BOLIVIA: POBLACIÓN QUE DECLARA PERTENECER A UNA DE LAS NACIONES Y PUEBLOS INDÍGENA ORIGINARIO CAMPESINOS O AFROBOLIVIANOS, CENSO 2012

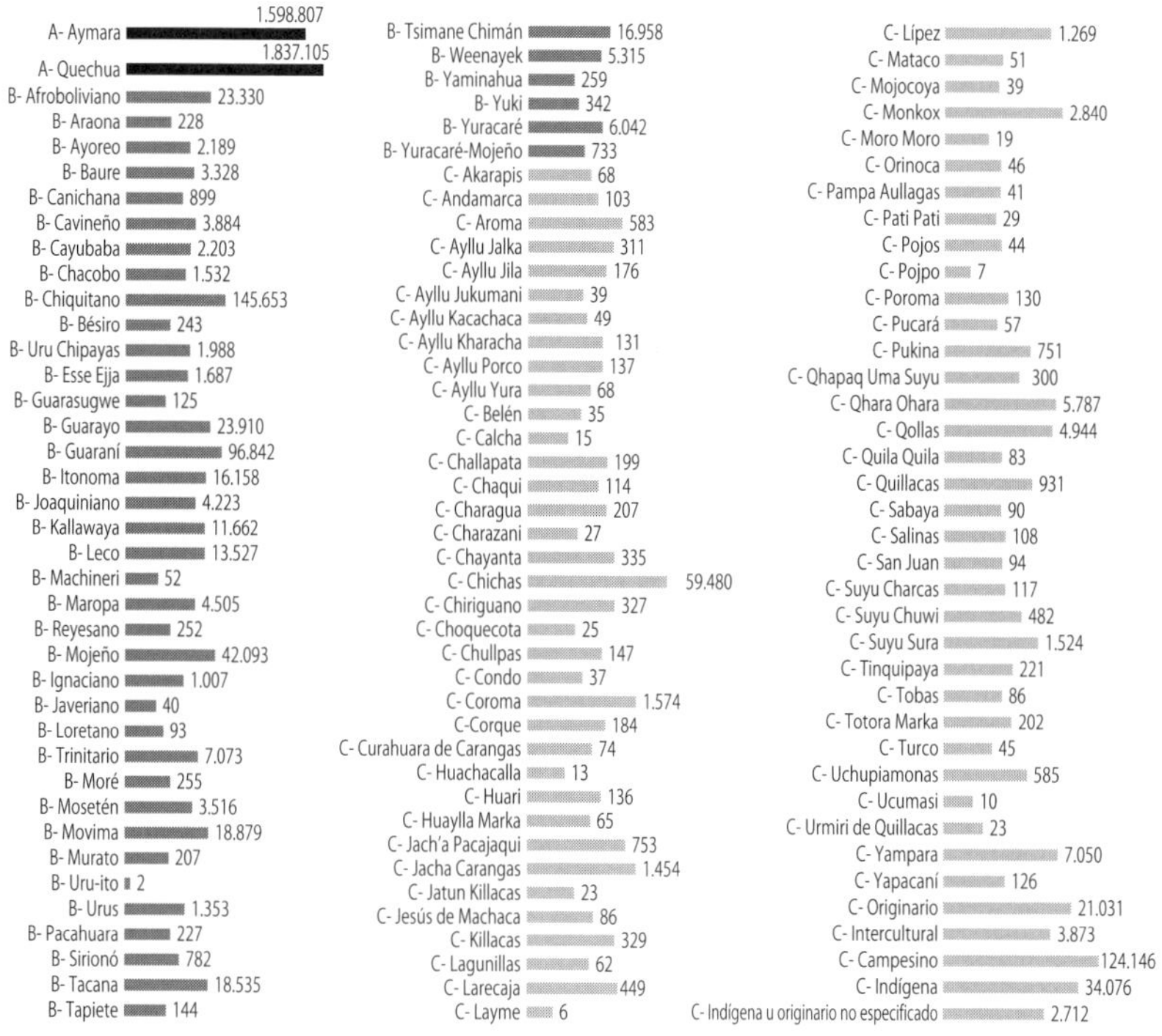

Fuente: Instituto Nacional de Estadística
Declara pertenencia a:
A: Naciones o Pueblos mayoritarios
B: Naciones o Pueblos minoritarios, contemplados en la Ley del Régimen Electoral
C: Otros grupos poblacionales

図１　ボリビア：先住・原住・農民またはアフロボリビアいずれかの民族に属すると表明する人々の人口（2012 年国勢調査）

公職選挙法上の「多数民族」（A）と「少数民族」（B）の名称以外にも、自身の帰属する集団名として多種多様な回答（C）が並ぶ。

出所：Instituto Nacional de Estadística (INE), *Censo de población y vivienda 2012 Bolivia: características de la población*, Estado Plurinacional de Bolivia, 2015, p.29

2012年国勢調査の結果報告書の表紙

ボリビアに暮らす様々な装い・顔立ちの人々の写真が並び、多民族性が表現されている。

出所：Instituto Nacional de Estadística (INE), *Censo de población y vivienda 2012 Bolivia: características de la población*, Estado Plurinacional de Bolivia, 2015.

5世紀ものあいだ複雑に混血を繰り返しながら近代化やグローバル化の波に揉まれたボリビア社会では、一人の人の中に様々な「民族」意識が混在・混交し、それが重層的かつ流動的であっても、何ら不思議はない。ある民族への帰属意識をもつものの、その民族の言語を話さない世代や個人も多数存在するし、その逆も然りである。また、先住民の権利回復が政策の柱となった今、ある民族や集団に属することで尊厳や利益や助成を得られるか、あるいはひと昔前のボリビアで顕著であったように、他者からそう認識されることで不利益を被るかといった政治的・経済的な利害が、人々の「帰属意識」に影響している側面もある。

ちなみに、２０１２年の国勢調査に際し、長年統計への人口の反映を求めてきたアフロボリビア人たちは、「私はアフロだけど、君は？（Yo soy afro, ¿y tú?）」というキャンペーンを行い、アフロボリビア人を名乗る人口を増やす努力をしていた。そもそもアフロボリビア人は先住民ではなく、スペイン語話者という位置づけになっているため、言語調査のみでは集団として可視化すらされない人々である。しかし上述した公職選挙法では「少数民族」の一つに数えられており、近年では限りなく「民族」に近いかたちの集団を形成している（第13章参照）。

国民統合の圧力が続いた時代を経て、多元性を基礎とし、その調和の中にボリビアのアイデンティティを見出そうとする時代になった。そのような社会状況の下、「民族」アイデンティティも、「民族」の定義もまた、柔軟に解釈されるようである。次章からの個別事例にも表れるように、ボリビアの民族多様性・言語多様性は、ただ単に「複数の民族がいる」、「多くの言語が話されている」というだけでは語りえない複雑な事情に満ちている。それが難しく、面白い。

（梅崎かほり）

10

アイマラとウル（アンデス高地の先住民）

★先住民運動と密接につながった言語の実践★

アイマラは、南アンデスの高原部アルティプラノに居住する人々であり、これはインカの時代の地域区分で南部の領域を指し示す「コリャスーユ（Qullasuyu ――薬草のとれる地域）」と重なる部分が多い。アイマラ語は、ボリビアとペルーとチリを中心に話され、それぞれの国の国勢調査の形態が異なるために正確な数字を述べることは難しいが、２００万人弱の話者がいると推定される。

言語と民族を同一視することには、相当に注意をしなければならない。アイマラ語を話す人々が必ずしも民族としてアイマラであると自己規定しているわけではなく、アイマラ語が話される地域も変容してきた。歴史的には、スペイン植民地期の初期において、アイマラ語（あるいはアイマラ語系の言語）がペルー中央山間部の現在のアヤクーチョ県辺りまで話されていたのではないかと推定される記述があり、アイマラ語話者とケチュア語話者は、互いに隣接しながら同じ領域を分け合って住んでいたと考えられている。また現在でも、オルーロ県の南方やポトシ県においては、アイマラ語・ケチュア語・スペイン語の三言語話者が存在する地域があるが、徐々にケチュア語がアイマラ語に置き換わる動きが進んでいる。さらに現代では、都市部においてアイマラ語を話さず、スペイン語のみを話すようになった者たちもいるが、これらの人々のあいだにも、自らをアイマラだと規定する者と規定しない者がいる。

さらに歴史をさかのぼると、アイマラ語は（ケチュア語も）南アンデスの高原部において、それほど古い言語ではないと考えられている。ペルーには、リマ県ヤウヨス郡にハカル語とカウキ語（カウキ語をハカル語の一方言とする研究者もいる）という話者数が相当に少なくなっている言語が存在するが、これらの言語はアイマラ語と同系統の言語で、また音韻や文法の体系がアイマラ語よりやや複雑であるため、より古い形を残していると考えられている。アイマラ語はこれらの言語の近隣に発し、後からケチュア語と競うように南部へと拡大したのだと考えられている。インカ以前の南アンデス高原部の国家ティワナクにおいては、少なくとも当初はプキナ語（スペイン植民地末期に話者がいなくなり、不完全な記録しか残っていない）が話されていたのではないかと指摘されている。

アイマラ語圏の南部を中心に、トゥヌパ（Tunupa）と呼ばれる豊穣の神に対する信仰があり、現代のボリビアの行政上の首都ラパス市を中心に、豊穣の神として崇められるエケコ（Iqiqu、スペイン語ではEkekoと表記される）は、このトゥヌパと似た一続きの存在であると考えられている。この神の下では、ある物を象ったイリャ（illa）と呼ばれるものを所持することで、その物が実際に手に入って豊かになると考えられている。ラパス市で毎年1月終わりから実施されるミニチュア物品市であるアラシタスの祭りは、この考えが現代的な装いをまとって現れたものであり、家やトラックのミニチュアや、大学の学位証のミニチュアまで売られている。

アイマラ語ラジオ放送局 Radio San Gabriel の外観

アイマラ語を文字で書くことは、植民地時代の宣教師たちによっても行われてきたが（イエズス会の宣教師ルドビコ・ベルトニオなどが有名である）、現代になって、アイマラによるアイマラ自身を対象とした読み書きの体系的な教育が普及してきた。その立役者となったのは、アイマラ言語文化研究所（Institto de Lengua y Cultura Aymara）を設立したフアン・デ・ディオス・ヤピータ（Juan de Dios Yapita, 1931-2020）である。ヤピータは、１９６８年から１９７２年にかけて米フロリダ大学で実施されたアイマラ語教材作成プロジェクトに携わり、またアイマラ語新聞 *Yatiñasawa* の発行や国立サンアンドレス大学での授業などを通じ、多くの若者にアイマラ語の読み書きを促した。

１９５２年の革命を経たナショナリズムの興隆や、アイマラ先住民運動であるカタリスタ運動が１９７０年代から盛んになる中で、アイマラ語のラジオ放送家たち（radialistas aymaras）が登場し、アイマラ語専門のラジオ放送局も開設され、アイマラ語のラジオドラマなどの豊かな表現活動が展開した。また、1970年代末からアイマラ出身で高等教育にアクセスする者が増加し、学生運動であるフリアン・アパサ大学運動（Movimiento Universitario Julián Apaza, MUJA）が展開され、大学教育を受けて活動を展開するアイマラ先住民知識人（intelectuales aymaras）の新しい層が生まれた。この層が結成した組織の一つにアンデス・オーラルヒストリー工房（Taller de Historia Oral Andina, THOA）があり、オーラルヒストリーを通じた52年革命以前の先住民運動やアナーキスト運動の記憶の回復に重要な役割を果たした。

ところで、ボリビアのアンデス高地では、アイマラ語話者とケチュア語話者が支配的である中で、それらとは異なるウル系言語を話す人々が暮らしている。元々チチカカ湖からデスアグアデロ川沿いに広く居住していたとされるが、現在では、チチカカ湖からデスアグアデロ川が流れ出る所に住むイルイト、ラウカ川沿いに住むチパヤ、ポーポ湖沿いに住むムラートの三集団が存在する（ペルーにも複数の集団が存在する）。魚や水鳥の狩猟採集を生計の主たる手段としており、例えばイルイト村においては耕作地や家畜の存在はほとんど見られない。南部高原に広くみられる土レンガによる円形の建造物チュリュパ（ch'ullpa）は、ウル系の人々によるものではないかと考えられている。円形の構造に萱《かや》を葺いた伝統的家屋の形態は現在でも見ることができる。

このウル系の人々の言語は、長い間にわたりもう一つのアンデス南部高地の広域言語であったプキナ語（前述）と混同されてきた経緯があり、チパヤについての歴史民族誌の大家であるナタン・ワシテルも、この人々の言語をプキナ語と記している。スペイン植民地の初期の記録からすでに、ウル系の集団が周囲の他の社会集団より劣位に置かれていたとの記録があり、現在でもアイマラの人々から

イルイト村におけるウルの伝統的な円形の家屋構造

下に見られるとの証言は多く聞かれる。そのため、ウルの人々やその村のアイマラ化が進んできたが、一方でチパヤ村で話されるウル・チパヤ語は、同言語での教育を推進する学校教員の設置やラジオ局設置などで、近年では1000人前後の話者で安定して新しい世代に伝達されるようになった。この言語の語彙や文法の記述や正書法の制定に協力してきたペルーの言語学者ロドルフォ・セロン・パロミーノは、これをアンデスにおける言語復興の成功例であるとしている。また、イルイト村で話されるウチュマタク語（uchumataqu）では、流暢な話者はいなくなったが、過去の記録をもとにした言語の回復が試みられている。多民族国家のもとで、ウルの人々の民族（ナシオン）意識が高まるとともに、地域間の相互交流が増大し、アイデンティティや言語を守る動きが活発になっている。

（藤田護）

11

ケチュア（アンデス高地の先住民）

★農村から都市へ広がるグラデーション社会★

Rebajariway a, casera.
〔レバハリーワィアー、カセーラ〕
「ねえ、まけてちょうだいな」
Mana a, caseritay, juk chhikallata ganakuchkani.
〔マナアー、カセリターィ、ウクチカリャタ ガナクサニ〕
「いやあ、お客さん、私ちょっぴりしか稼いでないのよ」

渓谷の都コチャバンバ市の市場では日々何度も繰り返されるやり取りだが、ことばをじっくり観察すると実に興味深い。「レバハリーワイ」は、「値引きする」というスペイン語の動詞を語根に（rebaja-）、ケチュア語の -ri-wa-y という接尾辞が付いて、婉曲・与格「私に」・依頼の意味が加わる。「アー」は念押しやおねだりのニュアンスを足すケチュア語の表現である。「カセーラ」はスペイン語で、この地域では客と店員どちらにも使える「お得意さん」というニュアンスで用いられる。返答の「マナ」はケチュア語で否定の「いいえ」、「カセリターィ」は、「カセーラ」にスペイン語の縮小辞がつき（caserita）、さらにケチュア語の所有「私の」の接尾辞（-y）が付いたもので、相手に対する親愛の情が込められている。「ウクチカリャタ」は全てケチュア語で、「少し（juk chhika：juk冒頭のハ行音はコチャバンバでは発音されない）」に縮小辞・副詞化の接尾辞（-lla-ta）が付いたもの。「ガナクサニ」には再びスペイン語の「稼ぐ」という動詞の語根（gana-）が用いられ、そこにケチュア語で再帰・進行・主語「私」の接尾辞（-ku-chka-ni）が付く。半分ぐらいスペイン語の語彙だが、文法体系はケチュア語で、その場に居合わせるとケチュア語の会話に聞こえる。話している当人たちは純粋にケチュア語で話している意識であったり、このごちゃまぜを楽しんでいたりする。このようにスペイン語（エスパニョール）との接触の影響が顕著に表れたコチャバンバのケチュア語は、ケチュアニョールとも呼ばれる。

「中にはね、高圧的でタチの悪い人もいるのよ」。

値引き交渉をうまく収めて無事商品を売り、客が広げたセーターを畳みながらそう話すのは、市内最大の市場カンチャの民芸品街にカセタ（常設ブース）をもつ個人事業主の女性だ。彼女とは、もう25年の付き合いになろうか。60歳になる彼女はコチャバンバ郊外のバリェ・アルトにある小さな農村の出身である。ケチュア語を母語とするバイリンガルで、ポリエラ（アンデス高地の先住民女性が着用するスカート）を履いている。

2帖程度のカセタには、民族織の布（アグァヨ）や小物などが所狭しと積まれている。彼女はこのアグァヨに造詣が深く、裁縫も得意で仕立てもできる。似たような店が並ぶ中、彼女を信頼して定期的に訪れるお得意様も少なくない。言葉の通じない外国人観光客への対応も、卸売りや同業者との折衝もお手のもので、実に商才に長けた女性だと思う。しかし市場に来る客の中には、ひと昔前の価値観のまま、ポリェラの女性を「無教養な田舎者」として扱い、暴言を吐いたり軽んじたりする人たちが今なおいるらしい（コラム2参照）。

おそらくまだ差別が根強かったころ、彼女の母親は娘をズボンで育てた。しかし彼女は16歳の頃、自ら望んでポリェラを履くようになった。理由を問うと、「チョラ（ポリェラを履いた先住民女性）になりたかったから」と笑う。隣町の高校に通っていた頃で、周りには驚かれたらしいが、彼女はその後現在まで、ポリェラでの生活を続けている。ちなみに彼女と暮らす娘たちは、ポリェラは履かない。母が話すケチュア語は理解しているが、話すのは「まだまだ」だと言う。

守護聖人祭の様子（コチャバンバ県アヨパヤ郡、2023年）

彼女は20代のはじめにコチャバンバ市に移住し、現在はバリェ・アルト出身者が多く住む市内南部のソナ・スル（南区）になかなか大きな家を構えている。ソナ・スルといえば、ラパス市では富裕層が住むアドレスとして知られるが、コチャバンバ市では逆である。市の南西部に広がるバリェ・アルトの農村から都市に出てきた人々が最初に居を構えるところ。一般に「貧しくて治安が悪い」とされる地区である。成功して都市に根を下

万聖節用の供え物が並ぶ市場（コチャバンバ県カンペロ郡、2022年）

ろした人たちも、多くは出身村に血縁や所有地をもち、強い結びつきを維持している。彼女もその一人である。

２０２２年の村の聖人祭の日、彼女に誘われ初めて村に同行してみた。彼女は村に着くなりそこらじゅうの人と挨拶を交わし、そのほとんどの相手とケチュア語で会話をする。ミサの時間に教会へ行くと、彼女の一族が寄進したという立派な木製の説教台や装飾があった。粛々とミサに参加し、スペイン語の聖歌を歌い、祝福を受け、祈りを捧げる。知りあった頃から感じていたが、かなり敬虔なカトリックである。普段の会話の端々にも、しばしば「ディオス（Dios：キリスト教の神）」が登場する。普段はコチャバンバ市内の教会にも足を運ぶようだ。

11月、トドス・サントス（万聖節）の祝日にも村へ行く。日本のお盆に似たその日には、親族一同で村の墓地にマスタク（mast'aku）と呼ばれる祭壇を作り、この世を去った親族を迎え入れ、また送り出す儀式や祭りを執り行う。2月のカーニバルには、市内の自宅や息子がもつトラック、村の自宅や所有する土地などにアルコールやミストゥーラ（花びらや小粒の砂糖菓子や紙吹雪）をかけ、セルペンティーナと呼ばれる紙テープで飾るチャリャ（ch'alla）の儀式を行って、地母神パチャママに感謝と繁栄の祈りを捧げる。いずれもカトリック関連の祝日ではあるが、実践される文化には大いに土着性が反映される。その他、親戚や友人の冠婚葬祭など、折々に村と都市とを行き来しては、その地で人々と文化を共有している。

こと「先住民」というと、私たち日本人は、都市とは隔絶した農村で固有の生活スタイルをもって暮らす人々というイメージを抱きやすい。しかし今日のボリビアでは、都市に活路を見出し、都市生活に同化した「先住民」のほうが多いともいえる状況になってきた。そのような人々が都市の文化を村へ運び、村の文化を都市の日常に取り入れながら、思い思いに今日の「ケチュア」アイデンティティを形成している。ケチュアニョールもまた、それを象徴する文化の一側面である。

もちろん、コチャバンバ県と地続きのケチュア文化圏でありながら、ケチュア語話者のモノリンガル率が高いとされるポトシ県やチュキサカ県の農村地域には、あるいは異なるケチュア語方言が確認されているラパス県のティティカカ湖北には、また異なる文化・社会状況が広がっているだろう。さらに、アンデス高地を離れたサンタクルス県の北西部には、コチャバンバ県、ポトシ県、チュキサカ県からの入植者およそ10万人がケチュア語圏を形成している。このように、出生地や居住地、生業や家庭環境によって服装も生活習慣も異なる人々が、それぞれにスペイン語化・都市化・グローバル化と直面して今日がある。２０１２年の国勢調査では、民族意識を問う質問におよそ１８４万の人々が「ケチュア」と答えている。しかし現地を歩き、人々の営みをのぞいてみると、データ上は一塊に見える集団が、かくも多様性に満ちていることがわかる。

（梅崎かほり）

12

チキタノ（低地の先住民）

――★豊富な史料とキリスト教を通して見る先住民の歴史と政治★――

チキタノは、主にボリビア東部低地チキタニア地方に居住する民族集団の一つである。「チキタノ先住民組織（ＯＩＣＨ）」という運動団体を持ち、自身を「先住民」と名乗って運動を展開する集団でもある。２０１２年の国勢調査では、自身をチキタノと同定する人口は14万人を超え、ボリビアの低地先住民の中でも最大の規模を誇る。ボリビア低地にはチキタノの他にも、アヨレオ、グアラニ、グアラヨ、タカナ、モヘニョなど、多くの先住民が存在する。しかし、本章だけでは全てを紹介するのは難しいため、筆者の調査対象であるチキタノに焦点を当て、その特徴を主に集団と言語の呼称の歴史的変遷とキリスト教信仰という観点から紹介し、「低地先住民」をめぐる論点を提示したい。

まず、「チキタノ」という民族名と言語名は歴史的産物である、という一般的な指摘を共有したい。歴史人類学的研究によれば、「チキタノ」という民族名・言語名は、17世紀以降のイエズス会の宣教師が、キリスト教布教を目的に集住化させた当地の様々な集団に一元的に命名した「チキト」という呼称に由来する。「チキト」という呼称自体も、グアラニ語を話す集団が用いた「タプイ・ミリ（取るに足らない奴隷）」という呼称を、イエズス会の宣教師がスペイン語に翻訳したものとされている。さらに、「タプイ・ミリ」と呼ばれた集団自体が、トバシコシなど別の自称を有していた可能性も指摘されている。チキタノは、今日では一つのまとまった集団として「先住民」を名乗り、自らの権利を主張して運動を展開している。しかし、その呼称の成り立ちは、近隣の民族集団やイエズス会など、歴史的な他者とのかかわりの中で規定されてきたものだといえる。

今日、チキタノとチキタノ語は、植民地時代以降に続く社会的不平等や格差を乗り越え、新たなアイデンティティを創造する先住民運動や「脱植民地化」の過程で、新たな呼称を獲得しつつある。例えば、チキタノ語のもう一つの呼称である「ベシロ」は従来、チキタノ語で「まっすぐ」「正しい」を意味する形容詞である。しかし、「ベシロ」は先住民運動と脱植民地化の過程で「正しく話すこと」「正しい言語」としての意味合いを帯び、2009年のボリビア新憲法に明記された36の公用語のうちの一つになった。同様に、植民地時代の集住化政策と言語政策を喚起するスペイン語のチキタノではなく、イエズス会宣教師に集住化された諸集団の一つとの関連が指摘される「モンコッシュ」を、集団の名称として用いる人々も2012年の国勢調査では約2800人ほど存在する。この言語名と集団名の「チキタノ」からの置き換えは、植民地時代から続く言語的・社会的不平等という負の遺産を断ち切ろうとする脱植民地化の試みの一例として理解することができる。

ただし、「ベシロ」語と「モンコッシュ」という集団の呼称は、当地においてはもっぱら、ロメリオ地域という一部の地域で使用されるチキタノ語のバリエーションの一つと、その地域出身者からなる集団の呼称として理解されていることに注意したい。ボリビア東部低地のチキタニア地方では、植

カトリック教会がカビルド（手前）との協力のもと組織した、コンセプシオン市の守護聖人祭における聖像行列

民地時代にイエズス会が先住民を集住化・改宗するために建設した布教区（サン・ラファエル、コンセプシオン、サン・ミゲル、サン・ハビエル、サン・ホセ、サンタ・アナ）が、今日まで街として存続し、ユネスコの世界文化遺産として指定されている。他方、チキタノ語（ベシロ語）を第一言語とする話者のほとんどが居住するロメリオ地域は、旧布教区の街の搾取から19世紀後半以降に逃亡したチキタノが徐々に形成していった「避難地」として知られる。今日のボリビアにおいて、チキタノの先住民運動や言語活性化政策を牽引しているのは、この旧布教区からの「避難地」出身で「ベシロ」語（チキタノ語）を自在に操り「モンコッシュ」を自称する人々なのである。

　しかし、たとえ脱植民地化を目指し、スペイン語とキリスト教の影響を排除しようとしても、ロメリオ地域を含め、現在のチキタノの「文化」はキリスト教抜きには語れない。今日、多くのチキタノは熱心なキリスト教徒（主にカトリック）であり、毎週日曜日には地元の教会の主日ミサに通い、カトリックの年中行事への参加をはじめ、キリスト教信仰と密接に結びついた日常生活を送っている。当地のカトリックの年中行事の組織と実施を担うのは「カビルド」と呼ばれる典礼組織であり、日曜ミサや「説教

（sermón）」を行っている。カビルドはかつて、植民地時代に形成され、集住化された先住民の管理とキリスト教化を補助する役割を担った、在来の首長と役職者、そして専門技術を担う人々からなる組織であった。今日のカビルドが行う説教は、特定の時間と場所において、独特のトーンと姿勢を伴うチキタノ語（ベシロ語）でなされる。「説教」はしばしば、前任者から後任者が学び、継承した発話内容を手書きノートに書き写し、そのノートを見ながら朗誦される。発話内容は聖書の内容に即したものである。また、筆者の調査地コンセプシオン市の謝肉祭の説教のように、特定の時間と場所で適切に遂行されなければ、大洪水が引き起こされるという神話と入り交じった現実も存在する。このようなキリスト教とも土着的要素とも判別できない曖昧な事例は、民族誌的調査を行えば数多く観察することができる。

本章では、主にボリビア低地先住民チキタノとその使用言語の呼称の歴史的変遷と、今日のチキタノのキリスト教信仰のありようをみてきた。チキタノを含め、ボリビアの低地先住民に関する歴史人類学的研究は、豊富な史料から盛んに行われており、民族間関係を呼称の変遷の分析から読み解いていく手法を含む民族史（エスノヒストリー）は、今後も重要かつ中心的な研究分野である。他方でその成果は、今日のボリビア低地先住民の姿を理解するための民族誌的調査の成果と合わせて理解することによって、低地先住民の姿の長期的な連続と変化を問うことが可能となる。植民地時代に導入されて以降、今日も熱心に低地先住民が信仰するキリスト教や、興隆する先住民運動についての民族誌的調査は、この点において重要な貢献をなすに違いない。

（中野隆基）

13

アフロボリビア

★ボリビアの民族多様性を象徴する存在へ★

一番大きな太鼓タンボール・マヨールが、「ドン」と重い響きを放つ。それに呼応して、サイズの異なる複数の太鼓カーハがそれぞれにリズムを重ねる。一番小さな太鼓ガンジンゴが軽快に華を添え、竹の摩擦楽器クアンチャが派手な音で全体を引き締める。1994年、ボリビア政府が多文化主義へと舵を切ったその年に、ラパス市の大統領官邸で躍動感あふれるビートを刻みながら、声高に訴える人々がいた。

副大統領殿、私たちボリビアの黒人が
承認を求めて出向いてきました
他の民族もそうしたように……

それから15年後、この歌でいうところの「他の民族（las otras etnias）」と並び、ボリビア多民族国を構成するひとつの「民族」的集団として新憲法に明記されることになった人々、それが「アフロボリビア人（los afrobolivianos）」である。

植民地時代のボリビア（当時の名称はチャルカス）には、初期には銀山で栄えたポトシに、後期にはアシエンダが発展したラパス県ユンガス地方に、アフリカ大陸から奴隷として強制移住させられた人々がいた。「黒人（ネグロ[negros]）」と呼ばれたこれらの人々は、ユンガスのアシエンダで農業や家内労働に従事させられ、日常を共にするスペイン人や先住民への同化を余儀なくされた。独立後、奴隷解放令の後もアシエンダに縛られたままユンガスの山あいに根を下ろした「黒人」たちは、20世紀に入り国勢調査から人種の項目が消えると、統計上も不可視の存在となっていった。現代のアフロボリビア人はその子孫である。

１９５２年のボリビア革命を経てアシエンダから解放され、教育を受けられる世代になると、よりよい生活を求めてラパス市や他県へと移住する若者が増えていった。しかしその身体的特徴から、移住先では好奇の目を向けられるマイノリティとなる。筆者の現地調査でも、外国人と間違われたことがある、子どもたちから「肌に何か塗っているのか」と尋ねられたことがあるといった声が聞かれた。学校教育でも彼らの歴史や文化にきちんと触れられる機会が少なく、差別やいじめに遭うケースも少なくなかったという。そもそもボリビア国民に「黒人」がいることすら十分に認識されていない時代があった。

ボリビアの建国以前からこの国にルーツを持つにもかかわらず、長年そのような状況に甘んじていた人々が、20世紀も終わりに近づいた頃、自分たちの置かれた境遇を自覚し抗議の声を上げた。ボリビアで先住民運動が再燃し、政府がそれと向き合わざるを得なくなった１９９０～２０００年代にかけて、彼らは「黒人」から「アフロボリビア人」へと自らを位置づけなおし、復権運動を展開した。その推進力となったのが、本章冒頭で紹介した太鼓と歌の文化「サヤ（saya）」である。

サヤの正確な起源は明らかでないものの、最も古いものとして奴隷解放令（１８５１年）を祝ったと

サヤ（北ユンガス地方、2017 年）

される歌詞が、また、アシエンダ時代を生きた最後の世代が幼少の頃にも歌われていたという記憶が受け継がれている。奴隷制の下でアフリカ大陸由来の文化的要素はほとんど失われたとされる中、サヤは彼らが祖先の記憶から継承できた唯一の財産であると主張するものでもある。しかしそれも20世紀後半には、同化政策の圧力や差別にさらされて下火になっていった。

ところが1980年代、ボリビアで「国民音楽」と呼ばれる音楽ジャンル（第55章参照）において、本章冒頭に記したものとは特徴もリズムも異なる曲が、「サヤ」として爆発的ヒットを飛ばす。これは1969年にラパス市で生まれ、若者を中心に人気を博した「カポラレス（caporales）」という舞踊の曲調であり、通例に従えば「カポラレス（または単数形でカポラル［caporal］）」というリズム名で認識されるはずだった。しかし、エキゾチシズムを誘う音作りで、「ユンガスの」「黒人のリズム」「サヤ」というキーワードが盛り込まれた歌が続々と登場し大流行したことで、誰もがそれらの曲調を「ボリビアの黒人音楽サヤ」だと認識するようになってしまった。1988年、この状況に危機感を覚えたラパス市のアフロボリビア人たちが声を上げたのである。

彼らはまずアーティストや報道関係者を集めたイベントを開催し、またラジオやテレビでサヤの実演を繰り返して、アフロボリビア文化に対する認識の訂正を求めることから始めた。流行中の音楽への異議申し立ては注目を集め、その過程でアフロボリビア人の存在も、彼らのサヤも、急速に知名度を獲得していく。2003年頃には放送や出版物の多くで「サヤ」と「カポラレス」が明確に区別されるようになった。同時に、彼らが歌い踊るサヤが人気を集め、「国民音楽」の新しい要素としても浸透していった。

この活動の一環として、彼らは人種差別への抗議とアフロボリビア文化の復興・再構築および次世代への継承にも注力する。サヤが社会に好意的に受け入れられる経験は、運動に参加した若い世代の自尊心を高め、「アフロボリビア」という自己認識の醸成にもつながった。さらに、この経験からアフロボリビア人の組織化が進み、先住民運動の盛り上がりと並走するように、彼らもひとつの政治的主体としての地位獲得を目指しはじめる。道路封鎖やデモ行進が抗議行動の主流であったなか、彼らはサヤを歌い踊ることを戦術としたこの運動によって、平和的に、しかし確実に存在感を増していった。

そして2009年、「多民族国」となったボリビアの新憲法第32章でアフロボリビア人に先住民と同等の諸権利が保障された。同年にはアフロボリビア史上初の国会議員が誕生し、2011年には「アフロボリビア固有の文化サヤを国の歴史文化遺産および無形文化遺産とする」ことを定めた法令

アフロボリビア全国議会の集会にて（コチャバンバ市、2022 年）

第１３８号の成立にこぎつけた。翌２０１２年の国勢調査では、自己認識を問う質問文の選択肢に「アフロボリビア」が追加され、ボリビアの「少数民族」に分類される集団の中では５番目の規模となる２万３３３０人の人口が計上されている。これもまた、統計上の可視化を求めた彼らの働きかけの成果である（第9章参照）。

２０１４年には、新教育法（法令第０７０号「アベリノ・シニャニ－エリサルド・ペレス」教育法）に基づき、「アフロボリビアの学習指導要領（Curriculo Regionalizado del Pueblo Afroboliviano）」も認可された。運用面での課題はあるものの、アフロボリビア人が自らの手で歴史や文化を次世代に継承していくための、意味ある前進と捉えられている。アフロボリビア人はいまや、ボリビアの民族多様性を象徴する存在ともなっている。

（梅崎かほり）

14

貧困と格差

――★新時代の政策議論と残り続ける構造的問題のあいだで★――

貧困については、1990年代後半から、その金銭的側面に限定されない「多面性」を把握することが重要であるとの認識が高まってきた。これは、同じ時期に世界各国で試みられた、貧しい人々の声を重視するような参加型貧困調査の流れや、インド出身の経済学者アマルティア・センによる潜在能力（ケイパビリティ）の考え方の主流化がもたらした影響があったと考えられる。この考えによれば、貧しい人たちは金銭的な貧しさ以外にも複数の面で不利な立場に置かれており、一つの面で貧困でなくても、それ以外の複数の面で貧しいかもしれない。

21世紀のボリビアにおいても、貧困の多面性を捉える試みが行われてきた。労働・農業開発研究所（CEDLA）による2019年の報告書（*Desigualdades y pobreza en Bolivia: una perspectiva multidimensional*）においては、金銭面に加え、教育、保健、雇用へのアクセスと雇用の質、住居や環境の質、政治参加、食料の安全保障、市民の身体的安全の保障などの側面が考慮された。その結果、2017年の時点で金銭面で貧困にあるのは人口の34％であり、この比率は継続的に減少してきている一方で、多面的な貧困にある者は人口の61％に上っていることが指摘された。そしてそのような貧困は、ボリビア西部の高原地帯と渓谷部に偏重している。

このCEDLAの報告書は、そのような多面的貧困を生み出す要因として、生産と雇用面での分断構造が、都市でも農村でも存続していることを指摘する。生産規模の大きな大企業が雇用を創出せず、生産規模の小さい小企業がほとんどの雇用を吸収している。その結果として、都市では大多数の者が不安定な雇用の下に置かれることになる。農村でも土地の集中が進む中で、零細農業への支援がほとんど行われていない状況にある。これらの生産や雇用それぞれの面での分断は、「構造的異質性(heterogeneidad estructural)」と呼ばれ、開発経済学のラテンアメリカ構造主義の文脈において提示されてきた概念であるが、現在においてもその根本問題が依然として解消されてはいない。

そして同時に、経済的な格差だけでなく、民族・人種面での差異が生み出す格差があり、これは独立以降も植民地構造が存続していると考えられてきた。

貧困問題の解決に向けては、ラテンアメリカ全域で、子どもが学校に通っていることや栄養講習を受けていることなどを前提とした条件付き現金給付の取り組みが有効であると考えられ、取り組まれてきた。ボリビアにおいても、エボ・モラレス政権下で、母子の保健を対象とした条件付き現金給付プログラムであるボノ・フアナ・アスルドゥイ(Bono Juana Azurduy)が導入され、貧困削減に一定の効果があったと評価されている。

先述したように、21世紀に入ってからボリビアでは貧困が減少してきており、かつジニ係数という指標で測られた不平等も縮小していることが分かっている。それはすなわち、中間層が拡大をしているということで、それは実際に生活をしていても確かに感じられると筆者は考えている。しかし同時に、その新興中間層が相当に脆弱な経済・社会基盤の上に成立していることも指摘されており、またボリビアを含めたラテンアメリカ諸国が世界で最も不平等な地域である状況にも変わりがない。そのような中で、先住民の中には、特にアイマラを中心として、主に商業活動を通じて社会階層を上昇する層も生まれている。この人々は、例えば中国との間を自分の庭であるかのように行き来しているとも言われ、「新興アイマラ富裕層（nueva burguesía aymara）」という呼称で注目を集めている。

格差（不平等）が広範に存在するボリビア社会においては、様々な領域で社会紛争が頻発してきた。ボリビア人の社会学者で、国連ラテンアメリカ・カリブ経済委員会（ＥＣＬＡＣ）や国連開発計画（ＵＮＤＰ）などで要職を歴任してきたフェルナンド・カルデロンは、様々なアクターとその運動がボリビア社会の活力を生み出し、これが近代ボリビアのナショナル・アイデンティティであるとも言える、との見方を提示している（*Bolivia en el siglo XX* 内のエッセイ）。デモ行進や道路封鎖などが生み出す「街路の政治（politica en las calles）」（この概念もカルデロンによる）を通じて、ボリビアの政治アジェンダが決定され、展開されてきた面が確かにある。

また２０００年代にＵＮＤＰボリビア事務所でジョージ・グレイ・モリーナが率いたボリビア国別『人間開発報告書』２００７年版では、ボリビアにおける社会的、民族的、地域的な多様性が格差と紛争を生み出し続けており、ボリビア国家は常に法的権威を様々な勢力と交渉しなければならないと指摘した。ボリビア国家は、個々の紛争状況と権力バランスに適応する能力をもつが、統一された主権をもつ公共空間を構築するには至っていない。報告書はこれを「穴の開いた国家（estado con huecos）」と形容した。後の先住民大統領であるエボ・モラレスによるＭＡＳ政権の発足後も、この基本的な条件は変わっていない。

同時にグレイ・モリーナは、ボリビアは極端に不平等な社会でありながら、ヘテロドックス（異端）な政治体制を生み出すことで、民衆の政治参加を包摂してきた歴史があると指摘する。1952年以降の革命政権における与党と鉱山労働者による共同統治（cogobierno）の試みや、ボリビア鉱山公社（COMIBOL）における共同経営（cogestión）、1990年代の地方分権化改革における市民社会からのコントロール・メカニズムの重視などが例として挙げられる。モリーナは、これを歴史学者のマルタ・イルロスキの言葉を借りて「不平等の中の調和（armonía de las desigualdades）」と形容し、その結果としてボリビアにおいては大規模な死者を出すような内戦状況が起きなかったのではないかとの見解を示している。

2000年代に入ってからは、「開発／発展」に替わる理念として、先住民の考え方に発するとされる「よく生きる（ビビール・ビエン［vivir bien］またはブエン・ビビール［buen vivir］）」が提唱され、これがアイマラ語のスマ・カマーニャ（suma qamaña）、ケチュア語のスマック・カウサイ（sumaq kawsay）、そしてグアラニー語のニャンデ・レコ（ñande reko）に対応するとされてきた。これが貧困・不平等政策を含めた開発政策にどれほど実質的な変化をもたらしたかは心もとないが、2006年以降のMAS政権においては継続的に国家開発政策の中心理念に設定され、国連によるボリビアの支援計画の策定においてもこれが中心理念として位置づけられている。このような、専門家ではない人々自身の貧困観・生活（生命）観の重視が、現代のボリビアの貧困・不平等政策を特徴づけていると言えよう。

（藤田護）

15

教育改革

★ボリビアにおける異文化間二言語教育の現代的展開★

今日のボリビアの学校教育を語るとき、避けて通れない論点がある。それは、植民地時代の負の遺産であり、現在の日常生活にも深く根付いた不平等な社会構造をどのように捉え、乗り越え、新たな国家像や国民像を作り出すか、という問題である。ボリビア史上初の先住民出身・アイマラ出身大統領であったエボ・モラレスの政権下において、この問題はボリビアが国家として解決を目指すべき「脱植民地化」の問題と位置づけられた。2009年公布の新憲法は、学校教育が備えるべき特徴として「脱植民地主義的」であること、「すべての教育システムにおいて文化内的・異文化間的・複数言語主義的」であることを求めている。言い換えれば、国内の多様な言語・文化を互いの影響関係のもとで維持・強化することが、脱植民地主義的な教育システムとしての学校の役割とされているのだ。このことを理解するには、ボリビアの学校教育の歴史を踏まえる必要がある。

ボリビアをはじめ、ラテンアメリカ地域全体の流れにおいて、学校教育の先駆けは、先住民のキリスト教化を担った宣教師の学校建設とその事業運営であった。スペイン王室から独立して以降、学校は、植民地化の遺産であるスペイン語を先住民に習得させ、「文明化」させることにより、国民や国家の近代化を達成するための機関として位置づけられた。植民地時代の旧宗主国の言語であるスペイン語を「文明化」の媒体として捉え、その習得のための機関として学校を捉える限り、被征服者としての先住民と征服者としての非先住民の間に広がる不平等や格差は、維持・強化されることこそあれ、解消されることは困難である。さらに言えば、先住民自身もその不平等・格差を内面化することで、スペイン語の習得を政治権力獲得の手段として捉え、「文明化」を目指す学校教育を積極的に評価しようとする向きもあった。両者の意向は結託し、ボリビア特有の植民地主義的な教育システムと、それによる不平等な社会構造の維持・再生産に結果として寄与してきた面は否めない。

この不平等な社会構造を変革する手段として着目されたのが、数々のキリスト教化や「文明化」の試みを経てもなお持続する国内の言語と文化の多様性であった。モラレス政権以前の重要な試みとしては、1994年の教育改革法に伴う「異文化間二言語教育」の導入が挙げられる。それは、スペイン語に加えて先住民言語を初等教育に導入するだけでなく、国民同士が互いの社会的・文化的な多様性を認め合い、異文化間の対話を促すことで国民性を作り出そうとする「異文化間的」な二言語教育プログラムであった。

異文化間二言語教育はその後、モラレス政権下において脱植民地主義的な文化内的・異文化間的・複数言語主義的教育として再始動した。「再始動」としたのは、初等教育からの先住民言語教育の導入や教科書・教材の作成、教員養成制度やカリキュラムの刷新、先住民団体・地域住民の参加など、基本的な部分は踏襲されているからである。しかし、2010年の新教育法では、教育は第一言語で開始され、その後に第二言語を外国語（英語）と共に学ぶという三言語主義的な教育方針や、各地域・集団に特化した「地域カリキュラム」の導入、教師の複数言語主義的養成と必要とする児童・生徒のための手話教育の位置づけ、「アフロボリビア人」の集団としての明記など、より国内の多元性が強調されている。加えて、共同体の自然環境や世界観、生活に根付いた経済活動を促す「生産的教育」も取り入れられることで、歴史的に温存されてきた不平等な社会構造の変革も目指されるようになった。

　では、脱植民地主義的・異文化間・文化内・複数言語主義的教育は、実態としてどのように行われているのだろうか。ここでは一例として、ボリビア東部低地チキタニア地方の学校教育、特に現地語のベシロ語（チキタノ語）教育の例から見てみよう。２０１２年の国勢調査によると、ベシロ語を第一言語（母語）とする話者数は２５００人ほどに過ぎず、話者の高齢化も進んでいる。ゆえに、家庭では高齢の親族との会話や、村落部の親族が訪れる祝祭などの機会を除き、両親がベシロ語話者の家庭であっても、児童・生徒が日常語としてベシロ語に接する機会は非常に少ない。そのため、学校教育におけるベシロ語の授業は、家庭や親族に話者がいる児童・生徒にとっても貴重な学びの機会である。

　しかし、ベシロ語は、アイマラ語やケチュア語など多数の話者を抱える言語に比して、文法書や辞書、教科書や教材開発、ベシロ語話者の教師の養成まで圧倒的に不足している。２０１７年、ようやくベシロ語教師とチキタノ運動組織ＯＩＣＨ、新教育法体制下でベシロ語の調査と振興を目的に設置されたチキタノ言語文化研究所ＩＬＣ－Ｃｈ、ガブリエル・レネ・モレノ自治大学の言語学者の協力により、文法の要点を押さえつつ、コミュニケーションやチキタノの社会的・文化的要素も重視した

ベシロ語教師、チキタノ諸組織、ガブリエル・レネ・モレノ大学の協働で作成されたベシロ語教科書

出所：Franco de Tamburini, María Pía et al. (2017) Sané numanítyaka bésiro Así hablamos bésiro: material de enseñanza de la lengua bésiro. Carrera de Lenguas Modernas y Filología Hispánica de la Facultad de Humanidades U.A.G.R.M.

ベシロ語教科書が作成された。しかし、教壇に立つほとんどのベシロ語教師は、自作教材も含め、それぞれができることを模索しながら授業を運営しているのが現状である。

ベシロ語を脱植民地化しようとする際の特有の困難もある。ベシロ語とその使用集団とされるチキタノは、17世紀にイエズス会が集住化政策と言語政策の過程で命名・整備した集団「チキタノ」とその使用言語「チキト語」に由来することは、ボリビアで広く知られている。ゆえに、現在のベシロ語とチキタノを、植民地化とキリスト教化の歴史的な帰結として理解することはごく一般的である。現在、ベシロ語話者の多くは熱心なキリスト教徒（カトリックあるいはプロテスタント）であり、カトリックの年中行事では、「説教」と呼ばれるキリスト教的世界観が豊富に組み込まれた発話がベシロ語で行われ、話者の日常生活に活力をもたらしている。このような混交的現実を、新教育法の要請する脱植民地主義的な学校教育にどう具現化していくのかは未だ不明瞭である。

とはいえ、この新たなベシロ語教育の試みが無意味だということは全くない。ベシロ語を話さなかった児童・生徒は、学校に入学後、スペイン語からベシロ語に翻訳されたボリビア国歌や地元の県歌を学び、声高に市民行事で斉唱する。過去には学校でのベシロ語使用が禁止され、迫害を受けたベシロ語話者は、この姿に非常に感銘を受け、ベシロ語を再評価する向きもある。さらに、筆者が調査した学校では、ベシロ語国歌が手話と共に斉唱されており、複数の集団（ベシロ語話者と手話使用者）をつなぐ対話的試みを垣間見ることができた。新たな価値創造の歴史を刻むこの「脱植民地主義的」な学校教育の試みが、今後のボリビアをどのように変えてゆくのか、その動向に注目したい。

（中野隆基）

16

保健医療

★すべての人に健康と福祉を★

ボリビアは今、社会改革の真っ只中である。目指すのは、教育や保健といったベーシック・サービスに等しくアクセスできる社会であり、人権の尊重とジェンダー平等の実現であり、環境保全と天然資源の保護の徹底である。政府は国民が遵守すべき基本原則として「よく生きる（ビビール・ビエン［Vivir Bien］）」という理念を掲げている。これは「自然との調和と全人類の共同性の下で、物質的な充足と、感情的・個人的・知的・精神的な充足とを享受すること」と定義づけられる。この一環として、SDGsの開発目標3「あらゆる年齢のすべての人に健康な生活を保障し、福祉を充実させる」の実現へ向けて全力で取り組んでいるところでもある。

2008年以降、ボリビアでは「統一保健システム（Sistema Único de Salud：SUS）」と「多文化コミュニティ家族保健（Salud Familiar Comunitaria Intercultural：SAFCI）」が導入されている。SUSは、全ての国民に総合的な医療を公平かつ適時に無料で提供することを目的とし、自営業者や非正規雇用労働者、農民、家事労働者、学生など、既存の健康保険に加入していないすべての人を対象とした国民健康保険である。SAFC

Iは医療における社会的排除を撤廃し人々の生活環境を改善するための政策で、①健康管理における意思決定への参加と効果的な社会統制を回復・強化すること、②個人、家族、地域社会に配慮した保健サービスを提供すること、③生物医学（biomedicina/ medicina biomédica：いわゆる西洋医学）と先住諸民族の伝統医学の両方を尊重・評価し、連携させることを目的としている。いずれも、健康増進、予防、治療、リハビリテーション、社会保護といった健康促進のための取り組みを包括的に進めるためのものであり、都市部および農村部で地域ごとに設置される地域基盤組織（Organizaciones Territoriales de Base: OTB）を土台としている。

ボリビアでは政治・経済の各分野に多くの社会組織が形成されており、これを通じて県レベル、さらには国家レベルでの問題解決や状況改善に取り組んできた経験が豊富に蓄積されている。SAFCIはこうした社会組織間の調整と協力を強化し、医師や看護師が、社会組織を有するコミュニティや地方自治体、保健行政機関と連携して、包括的な保健医療サービスを提供できるようにするための政策である。中でも、最も弱い立場にある人々や歴史的に排除されてきた人々の健康問題とその要因に対応するため、組織化と動員を図ることが最重要課題となる。

市町村は国・県に続く地域行政区分の第3レベルにあたる自治体で、教育や保健などの行政管理はその責任下にある。住民はOTBを通じて自分たちの要求やニーズを表明しながら自治体の運営に参加している。保健医療の場合、毎年「保健会議」が開催され、その年次に取り組むべき問題や実行計画、予算等が策定される。参加するのは、OTBおよび自治体当局と、病院やプライマリー・ヘルスケアの責任者（近隣地域や農村地域に診療所を持つ、住民に最も近い存在）である。会議での決定はこれらの

サカバ市の市場での取り組み（撮影：国立サンシモン大学社会科学研究所）

参加者の間で署名・共有され、参加者は相互に計画の遂行を監視する役割も担うことになる。つまり、住民とそれに対応する健康管理機関との間に参加と責任の共有を促す仕組みである。

人々の健康管理における組織化と社会参加の重要性は、筆者が関わった国立サンシモン大学社会科学研究所（INCISO-UMSS）の取り組みでも明らかになった。2020年に始まった新型コロナウイルス感染症のパンデミックは、その重症化率の高さによりボリビアの医療システムを危機に陥れた。そのような状況を受け、私たちはサカバ市の公営市場において、国立サンシモン大学、サカバ市、医療機関、市場の諸組合の協働のもと、分野横断的なアクションリサーチ・プロジェクトを展開した。まず、これらの組織・機関の間で「保健委員会」を立ち上げ、市場労働者の健康管理を組織的に行う体制を作った。新型コロナウイルス感染症の検査キットが十分に確保できない状況の中、委員会はパルスオキシメータ測定の研修を受け、日々市場労働者の体調管理を行った。その結果、感染者の特定と経過観察が可能になり、重症化や感染拡大が抑制されるという成果を生んだ。医療危機下での組織的取り組みの意義が証明されたこのプロジェクトをモデルに、コチャバンバ県では複数の地域で同様の取り組みが導入された。現在では公共政策の一環として地域の保健センターを通じた人々の組織化が推進されている。

ＳＡＦＣＩ政策のもう一つの重要な側面は、伝統医学の知識を承認・回復し、地区の保健センターで生物医学と連携させる試みをしていることである。ボリビアでは、人々の日常生活において、伝統医学を用いた健康管理に関する一般的な知識が普及している。それに基づく処置をしたり、その専門家である民間療法師（スペイン語でクランデーロ［curandero］またはケチュア語でハンピリ［jampiri］と呼ばれる）に相談したりすることは、人々が症状や痛みを緩和するために最初にとる手段であり、伝統医学は生物医学を補完するものとなっている。

ラパス市の街中で売られる民間療法のための品々（撮影：アリンダ・アンディア）

民間療法師たちはボリビア伝統医学協会（Sociedad Boliviana de Medicina Tradicional: SOBOMETRA）に組織されている。この協会は、診療所をもち、伝統医学に関する知識の普及を担う組織で、現在は地域の保健センターとの連携強化を図っている。伝統医学の例としては、農村における助産師の知識と経験や、2008年にユネスコの人類無形文化遺産に登録されたカリャワヤ（kallawaya：ラパス県バウティスタ・サアベドラ郡を主な居住地とする民族）の薬草学などが挙げられる。また、各都市の市場には、民間療法に使われる植物・動物・鉱物等の生薬が売られるエリアがある（ここでいう民間療法には次のようなものが挙げられる：ヤーコンと呼ばれるアマゾン原産の塊茎で血糖値をコントロールする。血糖値の検査ができない人は、蟻塚の近くに尿を置いておき、蟻が集まるかどうかで糖尿病の判断をする。漂布土の一種を用いて虫刺されによる炎症を和らげたり、盲腸の炎症を抑えたりする。鶏の内臓の脂肪で新生児のお腹の痛みを和らげる。カラワ［karalawa］の葉で痔の治療を、オオバコで化膿した傷の治療をする。砂糖や蜂蜜を用いて深い傷を負った皮膚の再生を促す）。

このような先住諸民族の知識と知恵に基づく伝統医学と生物医学を連携させ、相互に発展させることも、すべての人に健康と福祉をもたらし、「よく生きる」を実現するための重要な一歩であると考えられている。

（カルラ・アスカルンス・メンディビル／梅崎かほり訳）

※読者の便宜のために、著者と相談の上で訳者が適宜表現や説明を補ったところがある。

コラム2

「チョラ」の復権

梅崎かほり

ボリビア女性の装いといえば、腰の膨らんだスカート「ポリェラ（pollera）」に、きっちり結った2本の三つ編みが印象的だ。長い三つ編みには「トゥリュマ（tullma）」という紐飾りを編みこみ、背中に垂らした左右を先端でまとめる。ポリェラはふんだんに（時に6メートルもの）生地を使い、腰回りにたくさんのギャザーを寄せて作られる。地域によって丈が異なり、水平に入れる折り襞の位置や形が異なるため、流行による変化はあっても、ある程度その形で出身地の見当がつく。さらに、地域性は帽子やマンタ（肩掛け）にも表れる。このような装いの女性は「チョラ（chola：あるいはスペイン語の縮小辞を付けてチョリータ［cholita］）」、または「ポリェラの女性」と呼ばれ、この服装はアンデス高地（アルティプラノ～バリェ）の先住民女性の象徴となっている。

今や彼女たちのアイデンティティともいえるこの服装、実は植民地時代にスペインからもたらされたものである。18世紀末から独立期にかけて、スペイン人たちは「インディオ」支配の一環として従来の衣服を禁止し、その頃スペインの田舎で庶民が着ていた服を着るよう強制したのだという。都市部から進んだこの同化政策は、やがて農村の日常にも深く浸透し、ポリェラは先住民女性の身だしなみとして定着していった。

しかし20世紀半ばのボリビア革命を経て、都市では女性たちのポリェラ離れが進む。当初は田舎から出てきた先住民女性の働き口が

チョラ・パセーニャのファッションショー。オルーロ県オリノカの「民主文化革命記念館」にて（2017年）

限られていたことから、ポリェラには「使用人」、「市場の売り子」などの固定化されたイメージが付きまとい、大学進学や企業への就職といった社会的上昇を目指す次世代には妨げとなったからである。ポリェラを脱ぎ、スペイン語を話し、時に苗字をスペイン風に変えることで差別から逃れようとする時代だった。親がポリェラの女性であることを恥じるような風潮さえ生まれた。

そんなチョラの装いが、21世紀の今、なんとファッションアイコンとしてにわかに注目を集めている。各地に専門のデザイナーが生まれ、祭りや文化イベントでチョラのファッションショーが行われるようになった。コチャバンバ市では、コロナ禍の2020年、セントロの一等地のモダンなビルに、チョラ・ファッションの専門店がオープンした。高級ブティックを思わせる店内には、艶めくサテン糸の刺繍が眩しいレースのブラウスと、上質な布をたっぷり使ったポリェラやペチコート（centro）が色鮮やかに並ぶ。チョラの装いには欠かせない大ぶりの金のピアス（falucho）、コーディネート用の靴にカバン、トゥリュマに帽子。必要なものは全てある。快適な環境で生地とデザインを選び、採寸・試着をしてオーダーメイドできるこの空間は、チョラの社会的ステイタスさえ感じさせる。

チョラの復権ともいえるこの変化は、遡ること30年、先住民の権利要求が盛り上がるラパス市で、ポリェラを履いた女性が初めて政界進出を果たしたところから始まる。その後チョラ・パセーニャ（ラパススタイルのチョラ）の衣装は民族舞踊「モレナーダ」の衣装としてもブームを生み、その煌びやかなスタイルがチョラの文化的イメージを刷新することになった（実はチョラの正装は、ジーンズやスーツ姿のボリビア女性の服装より桁違いに高価である）。エボ・モラレス政権の時代には、チョラがパーソナリティを務めるテレビ番組が人気を博し、ポリェラを履いた国会議員も次々と誕生した。2022年には、ボリビア全国のチョラの文化的アイデンティティとポリェラを国の無形文化遺産とし、差別や中傷を禁止する法案が大統領に提出されている。今や大学のキャンパスでもポリェラ姿の学生たちが見られるようになった。チョラの復権は、ボリビア女性全体の地位向上にもつながっている。

チョラ・ファッションの専門店「ミスキ・ニャウィシータ」（撮影：ファビオ・コカ）

III

古代と植民地時代

17

ティワナク

★宗教と儀礼を通じて統合された高原の文化★

アンデス考古学では、文明の基盤が次第に形成されていった時期を形成期と呼ぶ。現在のボリビアを包含する中央アンデス南部の、その形成期における中心地の一つとなったのがティティカカ湖周辺に広がる盆地帯である。その最初期の文化は、前１５００年頃に湖の南東岸部に出現したチリパ文化で、後期（前８００年～前１００年）には半地下式の広場を備えた祭祀センターが建設された。このような大型の祭祀建造物の存在は、当該社会の生業が安定してきたことを示唆する。チリパの衰退後、より広範囲にわたって政治的統合を果たしたと考えられているのがティワナク文化（前２００～後１１５０年）である。

ティワナクに最初の村落や儀式の中心地が出現するのは前３世紀頃のことである。そして紀元３世紀までには巨大な祭祀建造物の建設が始まるが、この時期のティワナクはティティカカ盆地周辺に展開する諸勢力の一つに過ぎなかった（図１）。湖南岸のタラコ半島に位置するルクルマタや、盆地の南側に位置するコンコ・ワンカネといった他集団との競合・交渉を経て、ティワナクが最大の影響力を確立するのは後５００～後８００年頃のことである。この時期にティワナクはティティカカ盆地を越えて、周辺地域の社会組織や都市間のネットワークにおける中心地となった。このことを示すのが、ティティカカ盆地から遠く離れた現在のペルー南海岸のモケグア谷や、現在のボリビア渓谷部(バリェ)のコチャバンバで発掘されたティワナク式の遺跡や土器の存在である。一方ティワナク遺跡では、現地では栽培できないトウモロコシの遺残が出土している。このトウモロコシは儀礼用の酒の原料となるもので、ティワナクの人々はこれを渓谷部から入手していたのだろう。ティワナク遺跡に代表される中核地と、これらの周辺地域の関係性についてはまだ不明な点が多いものの、ティワナク文化の影響が広大な範囲に及んでいたことは確かである。

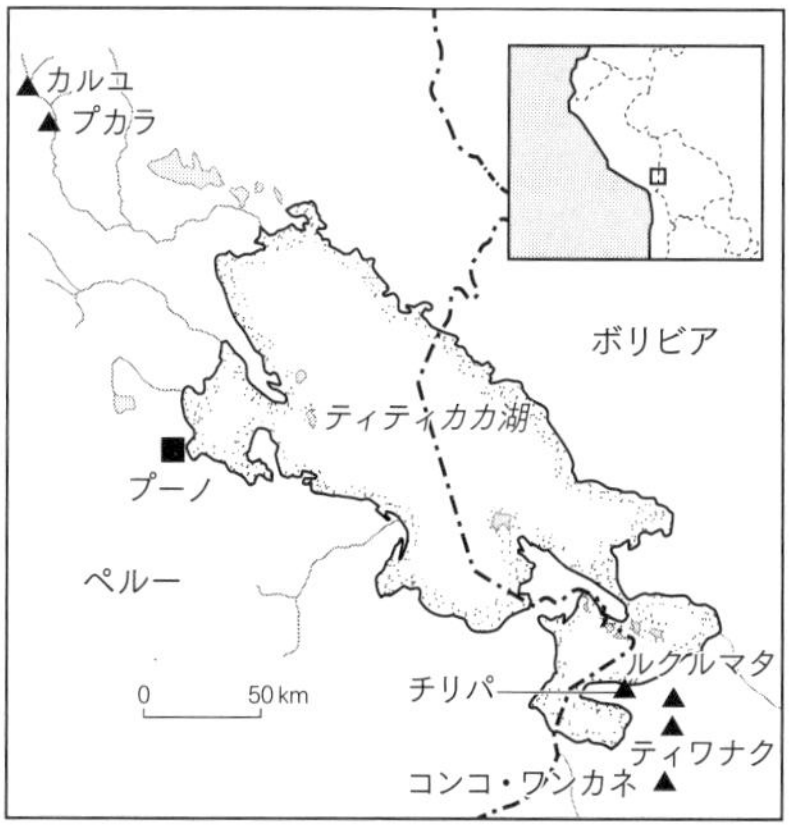

図1　ティティカカ湖周辺の遺跡
出所：関雄二『アンデスの考古学（新版）』p. 168 をもとに作成

先スペイン期（スペインの到来以前）のアンデスには文字が存在しなかったが、考古調査によってティワナクの実態は解明されてきた。そうした成果の一つがティワナクの経済的基盤である。標高3800メートル前後のティティカカ盆地において、遺跡の規模が示唆するような巨大な人口を維持する食糧をいかにして得ていたのかは、長いあいだ謎であった。しかし近年の研究によって、人々が他でもない高地高原アルティプラノにおいて集約的な農業を営んでいたことが判明した。その鍵となったのが高畝耕法と呼ばれる灌漑耕作システムである。おそらくティワナク衰退後に忘れ去られたであろうこのシステムは、１９８０年代に北米の考古学・人類学者たちによって再発見された。高畝耕法の構造は、水路となる溝と、盛り土によって高さを確保した畝を交互に繰り返す単純な

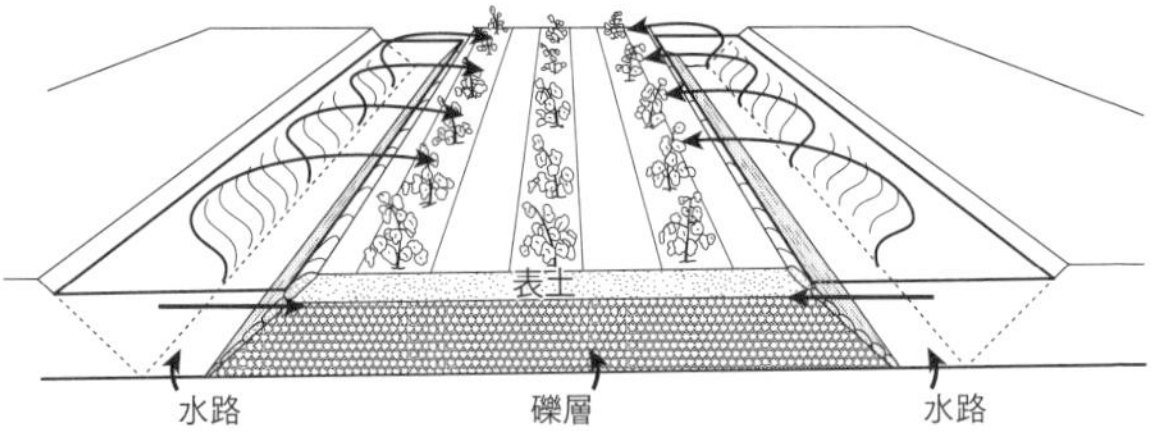

図２　高畝耕法のしくみ
出所：Alan L. Kolata, *The Tiwanaku*, p. 189 をもとに作成

ティワナク遺跡の主要建造物（カラササヤとアカパナ）
ティワナク遺跡の主要建造物であるカラササヤ（左）とアカパナ（右）は、現在のティワナク村の中央広場からおよそ１キロほど東に位置している。
出所：Alan L. Kolata, *The Tiwanaku*, p. 91.

ものだが、溝に張られた水路に繁茂した水草が畝にまかれ、腐葉土になることで土壌には養分が供給される。また水路の水が蓄えた太陽エネルギーは、土壌だけでなく大気中にも放出されて局所的な温室効果をもたらすとされる（図2）。これにより夜間の激しい冷え込みや霜が農作物に及ぼす影響が軽減されたのである。1986年に行われた再現実験は、激しい霜に見舞われたにもかかわらず、従来の農法の3倍以上の収穫をもたらした。高畝耕法の生産性については、現在では過大評価を避ける傾向が強いものの、ここでジャガイモや高タンパク源の雑穀キヌアなどが栽培され、最盛期のティワナク社会を支えていたと考えられている。

後1000年を過ぎるとティワナクは衰退する。中核地域では石像、門、宮殿などがこの頃に破壊されている。放射性炭素年代測定に基づく調査によれば、ティワナクやその二次センターとして政治構造に組み込まれたルクルマタのような都市部では、この時期以降の生活の痕跡が確認

現在のティワナク村の中央広場

カラササヤの半地下式広場

アンデスの町村の多くはスペインの植民地時代に建設され、中央部に広場を備えている点に特徴がある。ティワナク村の中央広場は、ティワナク文化を意識してか「半地下式」になっている点が興味深い。

できない。前述の高畝耕法も放棄され、ティワナク盆地内陸部における人口密度もそれ以前と比べて大幅に低下する。ティワナク遺跡は打ち捨てられたのである。衰退の要因としては、かつてはこの時期に始まった気候の乾燥化の影響が強調されてきた。乾燥化にともない農業生産力が低下し、食糧基盤が崩壊したことで人々は移動せざるを得なくなった、というものだ。しかし近年では、崩壊は突然引き起こされたのではなく、ティワナクの巨大化に端を発する長い過程をともなうものだったとする説が有力になっている。拡大にともなってティワナク社会内部の政治権力が多元化すると、それまで社会を統合する役目を果たしてきた宗教的・儀礼的要素が当事者たちによって否定され、人々は外部に流出していったのである。ティワナクの衰退後、同等の規模と求心力を持った国家が生じることはなかった。後1400年頃まで続いた長い乾燥期が終わる頃、この地域にはより小規模な首長国連合が登場する。しかし彼らが拡大成長することはなかった。間もなくインカ帝国が進出してきたからである（第18章参照）。

ティワナクを帝国、国家、それともより緩やかな影響圏と見なすべきか、研究者たちの見解はさまざまである。その理由の一つとして、階層化した社会につきものの、軍事的制度や絶対権力者といった「強制力」の存在がティワナクに希薄な点が挙げられる。だが、ティワナクのように大規模で計画的な都市空間を築くことのできた社会に、中央集権的で組織化された政治構造があったことは確実視されている。ティワナクという歴史的な現象は、我々が伝統的に抱いてきたヒエラルキーや権力の性質について、再考を促しているとも言えよう。

（佐藤正樹）

18

インカ帝国

★クスコ発の王権とコリャスーユの関わり★

16世紀初頭にスペインの征服者たちが南米大陸に足を踏み入れた頃、アンデス山脈に沿って南北４０００キロメートルにおよぶ広大な範囲を支配していたのがインカ帝国である。ティワナク同様、インカ帝国にも文字は存在しなかったが、スペインによる征服後に作成された記録類（クロニカと総称される）や考古発掘作業により、その歴史については多くのことが分かっている。本章ではそれらの成果に基づき、現在のボリビアに該当する地域とインカ帝国の関わりを中心に紹介する。

クロニカの多くは10名を超えるインカ王に言及しているが、その存在が確実視されるのは15世紀初頭を生きたビラコチャ・インカからである。彼の時代には、インカはクスコ周辺の半径40キロメートルほどを占有する一首長国に過ぎず、その支配も安定していなかった。しかし次代パチャクティの治世に、インカは帝国規模に拡大する。パチャクティ王の即位時期については、１４３８年という具体的な年号を割り当てているクロニカもある。以降トゥパク・インカ（15世紀後半）、ワイナ・カパック（15世紀末～）の時代にも帝国は拡大を続け、最終的にその領土はコロンビア南部からチリ中部にまで至った。

インカ帝国という呼称は、彼らを滅ぼしたスペイン人によって後から付けられたもので、インカの民は自分たちの国家をタワンティンスーユと呼んでいた。これはインカの公用語ケチュア語で「4つの地方」を意味する。インカ帝国は、その都クスコを中心として、概念的に4つに区分されていた。それらの内、クスコの南側に位置し、ティティカカ湖周辺を経てチリやアルゼンチンに至る地域はコリャスーユと呼ばれた（図1）。

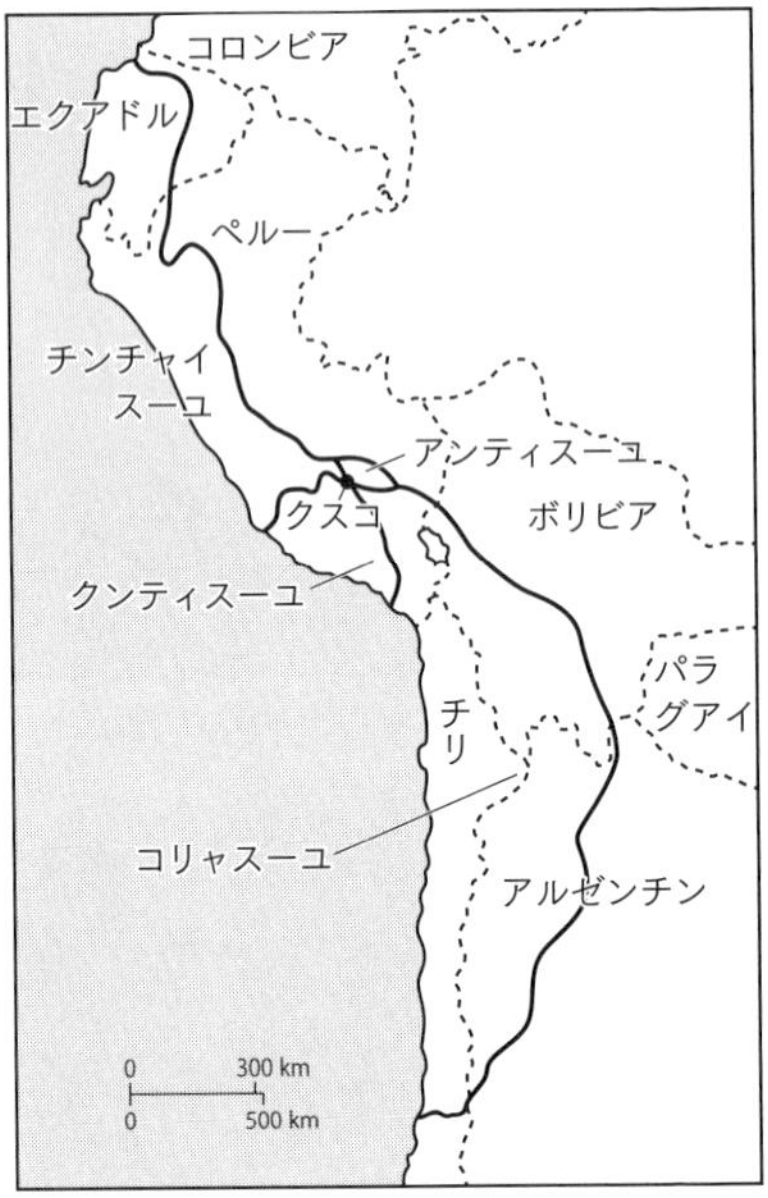

図1　4つのスーユから成るタワンティンスーユ
出所：関雄二『アンデスの考古学（新版）』p. 271をもとに作成

インカがコリャスーユを征服するのはパチャクティ王の時代である。ティワナクの崩壊以降、インカの進出に至るまで、ティティカカ湖以南の地域には大規模な統一国家は現れなかった。とはいえ国家形成の萌芽はあり、この地にはアイマラを中心とする小規模な首長国がいくつも存在し、外敵に対して軍事連合を形成していた。そのような首長国連合の一つが、ティティカカ湖畔の部族（コリャス、ルパカス、パカヘス、カナス、カンチス）から構成されるコリャオであり、もう一つはより南方に展開する部族（チャルカス、カラカラス、カランガス、キリャカス、ソラス、チチャス、チュイス、ヤンパラス）から

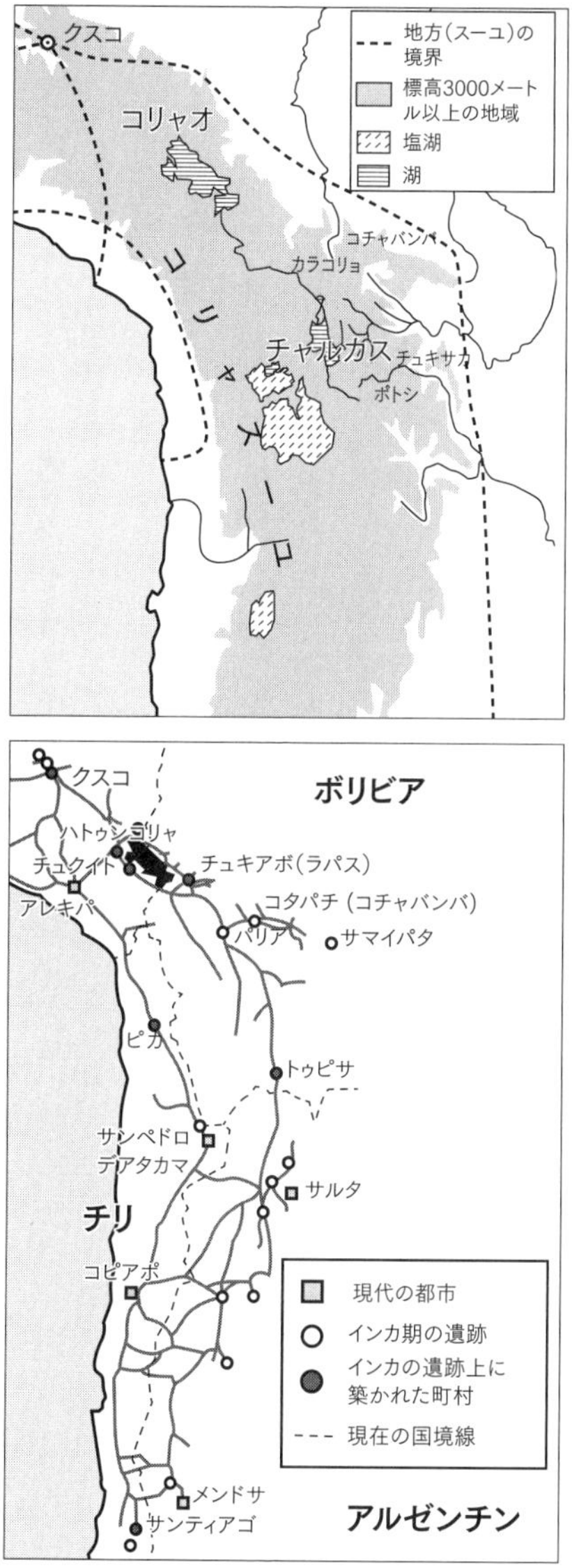

図２　インカ統治下におけるコリャオとチャルカス（上）、インカ道でつながれたチャルカス（下）

コリャオとチャルカスの境界を特定することは難しいが、両首長国連合は、現在のカラコリョ辺りを境に棲み分けていたと思われる。

出所：Tristan Platt et. al, *Qhara-Qhara Charka*, p. 27; Terence D'Altroy,*The Incas*, 2nd ed., p. 3 をもとに作成

構成されるチャルカスである。

インカの進出に対し、コリャスはとりわけ激しく抵抗したことが伝えられているが、最終的にアイマラの首長国連合はどちらもクスコの王権に帰順した。インカはコリャオ、チャルカスそれぞれの支配の拠点として、インカ以前からの定住地であったハトゥン・コリャ、パリアを選び、クスコから南北に延びるインカ道を整備してコリャスーユ内をつないでいった（図２）。例えばパリアは、その東に位置するコチャバンバの肥沃な土壌で収穫されたトウモロコシをクスコに運ぶ、あるいは貯蔵しておく役目を果たした。またチャルカスの諸部族は勇敢な戦士としてインカに重宝され、１５２０年代にはワイナ・カパック王の北方遠征（現在のエクアドル周辺）に同行したが、その際にはパリアに集結し

記録者ワマン・ポマによる「カハマルカの戦い」

ピサロ一行とアタワルパ軍の接触が、どのように戦闘行為に発展したかについて、記録の伝える所はさまざまである。このイラストを含む大部のクロニカ「新しい記録と良き統治」の作者ワマン・ポマによれば、インカ王はキリストの教えを伝えようとする宣教師から聖書を受け取るも「この本とやらは何も話さないではないか」と投げ捨て、戦闘が始まったという。

出所：Guaman Poma de Ayala, *Nueva crónica y buen gobierno*, p. 384［386］.

たことが知られている。

ワイナ・カパック王は、北方遠征の最中に「白い人」、すなわち征服者フランシスコ・ピサロ率いるスペイン人の一行について情報を得ていたらしい。しかしこのインカ王は１５２５年頃、スペイン人と接触する前に、彼らが持ち込んだ感染症によって死亡する。まもなく王子であるワスカル、アタワルパの異母兄弟間で王位をめぐる争いが生じ、インカ帝国は内紛状態に陥った。継承争いには勝利したアタワルパだったが、１５３２年11月16日、ピサロ一行との戦いに敗れ、翌年処刑される。ピサロは１５３４年クスコに都市を建設し、インカ王権は滅亡した。これにともない、インカのもとでコリャスーユとして支配された空間は、再び大きな変化を経験することになる（第19～21章参照）。

ところで、考古発掘と文書記録を照らし合わせると、インカというクスコ発の王権と、ティティカカ湖沿岸地域の関係について興味深いことが分かる。例えばティティカカ湖南部のパリティという小

パリティ島で出土したティワナク人物象形土器（左）、ワマン・ポマが描いたワイナ・カパック王（右）

出所：マルティ・パルッシネン「インカ国家のコリャスユ」p. 391; Guaman Poma de Ayala, *Nueva crónica y buen gobierno*, p. 112［112］.

島では、インカ王が着用したものとほぼ同一のヘルメットを着用した人物象形土器が発見されている。重要なのはこの土器の作成時期が、歴史的に確認されているインカの征服より４００年遡る点である。ここから言えることは２つある。まず、インカ統治下でコリャスーユと呼ばれていた地方と、クスコの間での文化接触は、インカ進出のはるか前から生じていたということ。もう一つは、インカの国家が、かつてティワナクが栄えたティティカカ湖沿岸の文化圏からインスピレーションを得て、これを権威の表現として取り入れた可能性である。先住民の記録者ワマン・ポマ・デ・アヤラは、ティティカカ湖周辺をインカの起源とする説も紹介している。両地域の関係については、前章で紹介したティワナク同様、解明すべき謎がいくつも残されている。

（佐藤正樹）

19

アルト・ペルーの征服

★混乱の中で進められた植民地づくり★

歴史の年表上は、1533年アタワルパ王の死をもってインカ帝国は滅びたことになっている。とはいえ、この時スペインの征服者たちはインカ帝国の最高権力者を処刑したに過ぎない。スペインによるコリャスーユの征服は、むしろここから本格化してゆく。スペインの植民地体制下ではチャルカス、あるいはアルト・ペルーと呼ばれたこの地域の征服活動は、スペイン人征服者間の抗争、残存するインカ勢力の動向、そしてスペイン王室の介入の3つが引き起こした混乱の中で、少しずつ進んでいった。

本来フランシスコ・ピサロの探検行は、武人であるディエゴ・デ・アルマグロ、神父エルナンド・デ・ルーケとの共同プロジェクトであり、成果を平等に分配することが決められていた。しかしクスコ市が建設される頃には、アルマグロはピサロに対して不信感を募らせるようになっていた。その不満を解消するために、ピサロは豊かな国があると噂された南方征服を提案し、アルマグロもこれを了承する。こうしてスペイン人はコリャスーユに初めて足を踏み入れることになった。アルマグロは1535年7月にクスコを発ち、インカ道に沿って現在のサルタ市（アルゼンチン）付近まで南下したのち、アンデス山脈を越えてチリ側に出る。インカの王族を同伴していたことは彼らの進軍を容易にしたものの、期待された黄金は見つからず、またチリでは好戦的な先住民アラウカーノに苦しめられ、1537年アルマグロはほうほうの体でクスコに帰還する。

しかしその頃クスコも混沌とした状況にあった。傀儡インカ王としてピサロに祭り上げられていたマンコ・インカが反旗を翻し、クスコ市を包囲したのだった。インカの軍勢が北方の森林地帯に退くと、アルマグロはクスコに入城し、統治を任されていたピサロの異母弟ゴンサロとエルナンドを投獄した。こうして、植民地社会が形成される途上のアンデスにおいて、スペイン人征服者同士の内戦が始まった。アルマグロは1538年に捕らえられ斬首されるが、ピサロもその2年後リマ市において暗殺される。

アルマグロの死後、ゴンサロとエルナンドのピサロ兄弟によって2度目のコリャスーユ進出が行われる。アイマラ首長国の反応はさまざまであった。ティティカカ湖沿岸に関して言えば、常にインカ王に反抗的だったことで知られるコリャスはスペイン人に味方し、ルパカスやパカヘスは反乱インカ勢力を支持して抵抗したものの、最終的には鎮圧された。そして1538年、ヤンパラスとの交渉の結果ゴンサロ・ピサロはチャルカス首長国連合の領域に入植を実現する。この地にはチュキサカ市（別名ラプラタ市）が建設され、それは後にチャルカス聴訴院の本部となった（第20章参照）。概してコリャスーユの先住民たちはインカ王の指示に忠実だったが、スペイン人にとって幸運だったのは、生き残ったインカ王族の中にスペイン人側についた者がいたことである。

征服者たちの多くは、各地に建設した都市に住まい、先住民を労働力として使役するようになった。

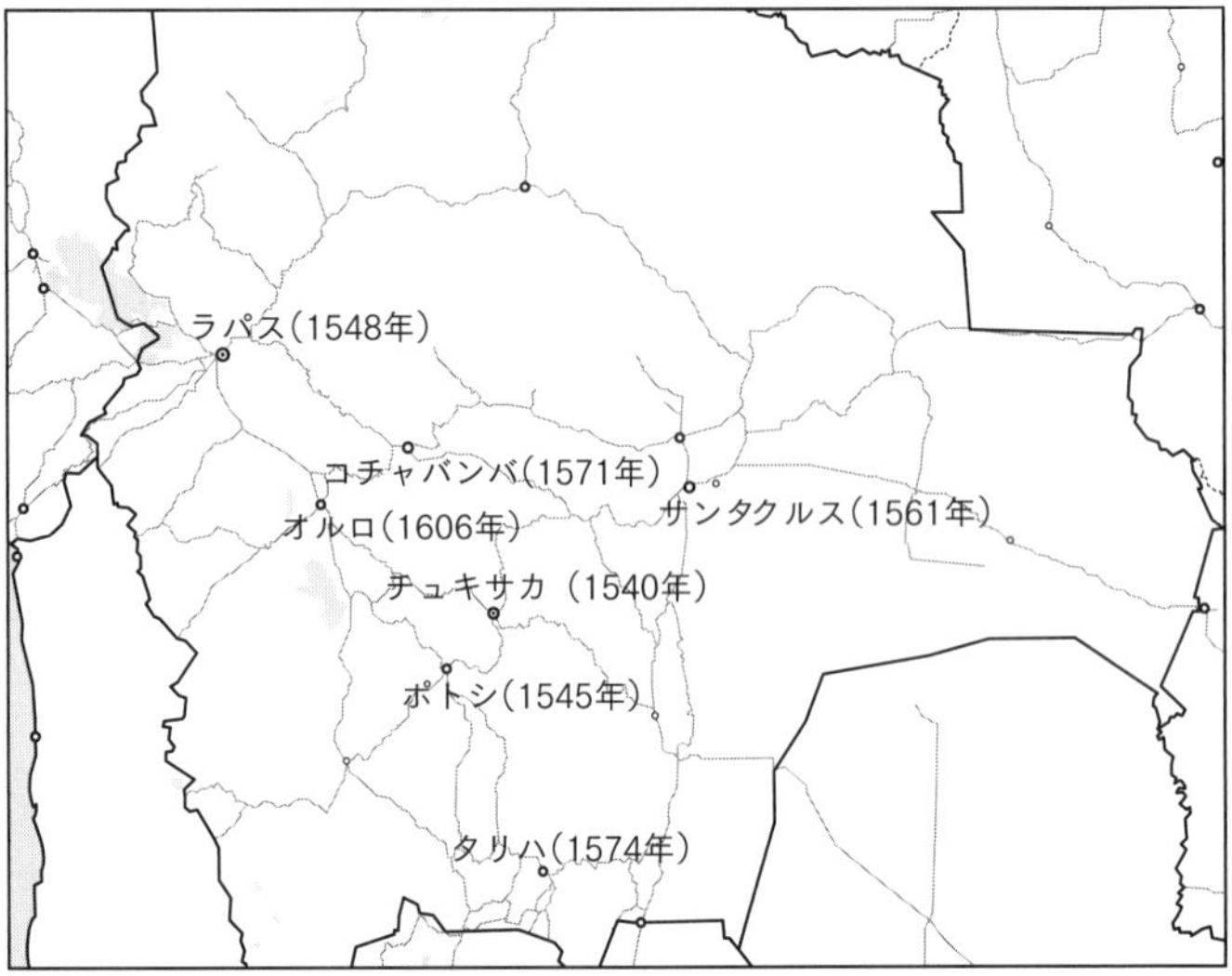

図1　アルト・ペルーの主要都市とその建設年
チュキサカ市(現スクレ市)の建設年については1538年説と1540年説の間で論争があり、決着はついていない。

彼らのキリスト教化を条件に、先住民の管理をスペイン王室が征服者に委ねたからである。これをエンコミエンダ制といい、先住民を託されたスペイン人をエンコメンデーロという。しかしスペイン王室にとって、この制度はエンコメンデーロたちがアンデスの地で先住民を従えて封建領主化する危険を孕むものだった。そのため、征服活動が一段落するとスペイン王室は植民地における王権強化に乗り出す。それはエンコメンデーロたちの権限の縮小も意味した。スペイン王室のこうした姿勢を体現しているのが、１５４２年に公布されたインディアス新法である。

インディアス新法によって、アメリカ植民地には副王制度や、司法・行政を司る最高機関として聴訴院が導入された（第20章参照）。ただし、これらの新しい統治の仕組みはすぐには機能しなかった。インディアス新法を契機に、アンデスは再び混乱に陥ったからである。その理由は、新法がエンコミエンダの即時廃止を盛り込んでいたこと、そして初代ペルー副王ブラスコ・ヌニェス・ベラが新法の断固たる施行を宣言したことにある。これに対して、かつて征服者であったエンコメンデーロ層は、ピサロ派の生き残りのゴンサロ・ピサロを指導者に据えて反乱を起こし、国王軍を破ってヌニェス・ベラを殺害した（1546年1月）。誕生したばかりのアンデス植民地は、こうして今度はスペイン王党派とゴンサロ派に二分される。コリャスーユの先住民たちも同様であった。

反乱の深刻さを認識したスペイン王室は、ペドロ・デ・ラ・ガスカに国王大権を委ねると共に、リマ聴訴院の議長に任命した。新議長ガスカは少しずつゴンサロ派を懐柔し、王党派への帰順を促していった。1547年10月、国王軍と反乱軍はティティカカ湖南東のワリーナで激突する。この時は反乱軍が圧勝したものの、翌年4月、クスコ郊外ハキハワナにおいて反乱軍は壊滅させられる。ゴンサロは処刑され、国王への反乱は終結した。コリャスーユでは1548年10月、ワリーナの戦いの一周年の節目に、反乱の平定を記念してラパス市（スペイン語で「平和」を意味する）が建設された。同市の建設には、ティティカカ湖以南で最も先住民人口密度の高い地域の一つを支配するという地政学的な理由に加え、リマ・クスコ・ポトシという主要都市の交易ルート上に都市を作るという経済的な理由もあった。

反発の強さからエンコミエンダの即時廃止は見送られたが、征服者による反乱はその後も断続的に発生した。また、先住民の間にも反乱の気配が漂っていた。クスコ市北西のビルカバンバ地方で抵

ラパス市とラハの関係について
1548年10月20日、ラパス市は現在のラハが位置する場所に建設された。しかし、スペイン人たちは寒さと風の強さに耐えられず、わずか三日でより低地のチュキアゴ渓谷に場所を移し、ラパス市を建設した。写真はラハの中央広場に面するカテドラルを撮影したもの。

抗を続けていたインカの残存勢力に加え、スペインの征服活動には協力を惜しまなかったペルー中部ワンカ地方の先住民による大規模な反乱計画も明るみに出た（1564年）。また同じ頃、やはりペルー中部のワマンガ地方で発生したタキ・オンコイと呼ばれる反スペイン・反キリスト教の運動が、全アンデスに広がりつつあるという懸念をスペイン人たちは抱いていた。インカ王アタワルパの処刑に続く30年ほどの間、スペインのアンデス支配は破綻の可能性をともなう不安定な状態にあったと言えよう。

（佐藤正樹）

20

スペインの植民地統治

★文書の往来が支えた聖俗の三層構造★

征服活動とそれに続く混乱（第19章参照）を経て、アンデスに植民地支配が確立されるのは第5代ペルー副王フランシスコ・デ・トレド（在位1569～1581年）の時代である。トレドは残存インカ勢力の頭領トゥパク・アマルを処刑してインカの時代を象徴的に終わらせると共に、インカ王を暴君として描く歴史書を編纂させてスペイン支配の正当性を内外にアピールした。またアンデス各地を視察して先住民の人口調査と台帳作成を行い、村落を新設して彼らを強制的に集住させた。この強制集住政策は、植民地の運営にとってとりわけ重要だった。これにより、先住民に対して「キリスト教化」「課税」「労働力徴発」を効率的に行うことができるようになったからである。トレドは当時発見されたばかりのポトシ銀山の運営面でも重要な改革を行ったが、これについては22章で扱うことにして、本章では彼が完成させた植民地統治の特徴を見ていこう。

広大な領土を統治するために、スペイン王はテーマごとに諮問会議を設置し、基本的な政策立案は各会議のメンバーに一任した。1524年に設立されたインディアス諮問会議は、そのような会議体の一つであり、スペインのアメリカ植民地に関

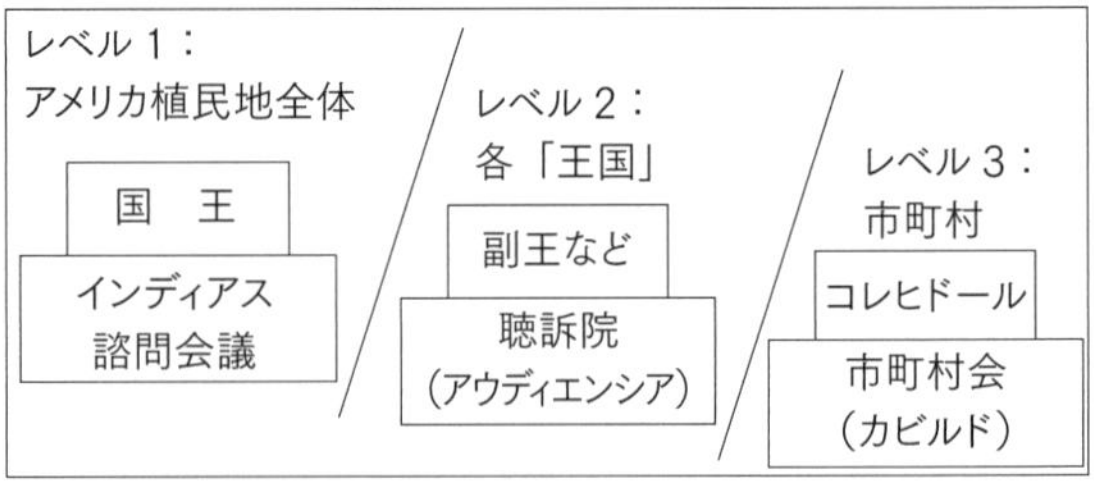

図1　植民地統治の三層構造
出所：高橋均・網野徹哉『ラテンアメリカ文明の興亡（世界の歴史18）』、p. 47をもとに作成

する諸問題を審議した。王は会議からの提案に最終的な承認を与えればよかったのである。この「政策決定者と、諮問機関となる会議体」の組み合わせが、全体として三層構造を成していたのがスペインの植民地統治の特徴である（図1）。

アンデスに植民地支配が確立された16世紀後半の時点で、スペイン領南米大陸は全体で一つの行政単位を形成していた。これをペルー副王領という。その頂点として、スペイン王の全権を委任された存在がペルー副王である。とはいえ副王も独断で統治を行っていた訳ではなく、協議すべき会議体があった。それが聴訴院（アウディエンシア）であり、ここに「政策決定者と諮問機関」の第二の層が見出せる。聴訴院には固有に管轄する地域があり、その圏内において裁判権を有した。このような聴訴院が複数設置され、全体としてペルー副王領を成していた（図2）。

ペルー副王領を構成する聴訴院のうち、中心となったのは副王が常駐するリマ市に本部を置くリマ聴訴院で、ペルー副王が聴訴院議長を兼任した。ペルー副王はリマ以外の聴訴院と直接に協議することはなかったが、各地の聴訴院はペルー副王の指示を仰いだ。現在のボリビアに相当する地域を管轄したのがチャルカス聴訴院であり、その本部はチュキサカ（現在のスクレ）市に置かれた。同聴訴院の管轄域をまとめてチャルカス地方、あるいはアルト・ペルーと呼ぶ。

個々の聴訴院の管轄下には、コレヒミエントと呼ばれるさらに細分化された行政単位が置かれた。コレヒミエントは複数の町村で構成される。スペインの植民地統治の第三層はこれらの町村単位で行われた。ここでの政策決定者はコレヒミエントの長であるコレヒドールで、各町村に設置されたカビルド（市町村会）がこれを補佐した。

図２　ペルー副王領と聴訴院の管轄（1570 年当時）
出所：Jeremy Mumford, *Vertical Empire*, p. xi をもとに作成

コレヒミエントには、理論上「スペイン人のコレヒミエント」と「インディオのコレヒミエント」の２種類があり、後者は先住民村落で構成された。これは、スペイン人と先住民は交わらず別々の社会生活を営むべし、とする理念（「２つの共和国」と呼ばれる）に基づくものだった。もちろんこれは理念の話であって、実際には植民地当局の意図にもかかわらず民族間の交流・混淆は進んでいった。

これらとは別に、植民地の財務を

カビルドの公証人
出所：Guaman Poma de Ayala, *Nueva crónica y buen gobierno*, p. 814［828］.

担当する機関として王庫が、副王領内の重要な都市に設置され、それぞれの管轄権内で収支を監督し、その記録と余剰金を定期的にスペイン本国へと送付した。チャルカス地方の場合、ラパスなどの政治的に重要な都市や、鉱物資源の豊富なポトシ、オルロ、カランガスなどに王庫が設置された。

同様の三層構造は宗教行政にも見出せる。すなわち、アメリカ大陸を含む全ての聖職者を統べる第一の層としてローマ教皇と教皇庁があった。次に、ペルー副王領内に複数の（大）司教座が設置された。司教座は、長である司教と、その諮問機関である聖堂参事会によって運営される。聖堂参事会は、聴訴院同様に裁判所としても機能した。そして第三の層として、個々の司教座の管轄下に複数の教区が置かれ、司祭が常駐して人々の宗教生活を導いた。これと並行して、種々の修道会も改宗活動に従事した。17世紀のチャルカス地方は、聴訴院と同じくチュキサカ市を本部とするラプラタ大司教座と、複数の司教座（ラパス、パラグアイ、ブエノスアイレス）で構成されていた。

さて、このような三層構造を成す植民地統治を下支えしていたのが、公文書に基づく行政システムである。公証人の筆を通じて、然るべきフォーマットを踏まえて作成された文書は法的な効力を持ち、カビルド、聴訴院、そしてインディアス諮問会議において吟味された。加えてこれらの三層の間には、上訴の余地も残されていた。例えば、ポトシのコレヒミエントで起きた問題は、同地のコレヒドールが裁くのが通常だが、判決に当事者が納得しなかった場合、第二の審級であるチャルカス聴訴院、さらにその上のインディアス諮問会議への上訴が行われることもあった。同じことは宗教行政においても起きており、聖俗両機関が複雑に絡み合うこともあった。ここで重要なのは、臣下の身分の如何を問わず、スペイン王が届いた一つひとつの請願に応答していたことである。その結果、スペイン王室から遠く離れたチャルカスのような植民地社会においても、「王は我々の請願を聞いてくれる」という期待が醸成され、人々は文書を通じて問題解決を図るようになった。こうして生み出された膨大な文書記録は、現代の我々が植民地時代の歴史をひもとくうえで不可欠の史料となっている。

（佐藤正樹）

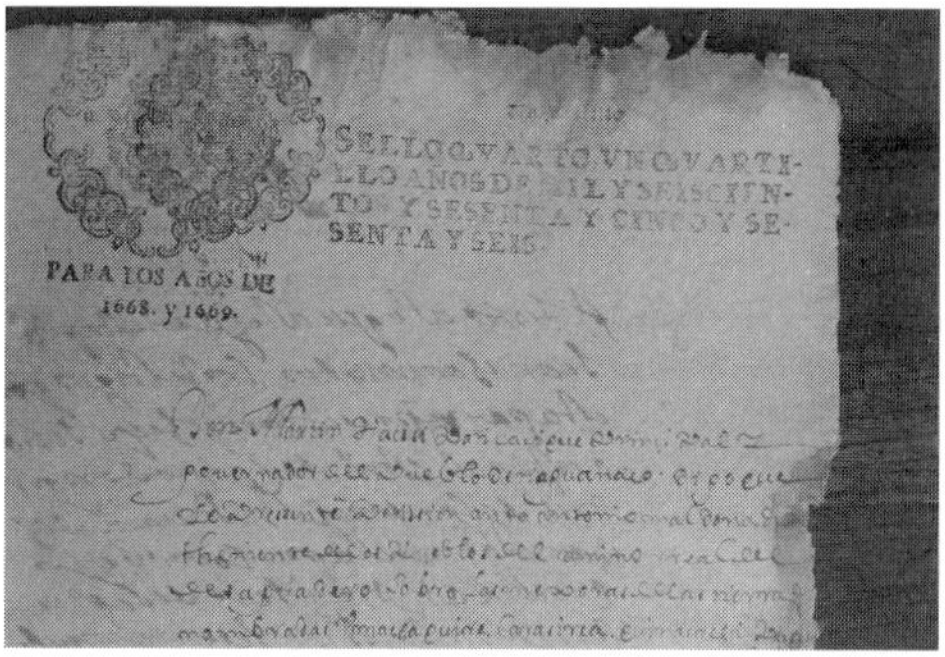
SELLO QVARTO, VN QVARTILLO, AÑOS DE MIL Y SEISCIENTOS Y SESENTA Y CINCO Y SESENTA Y SEIS.
PARA LOS AÑOS DE 1668. y 1669.

17 世紀の文書の一例

上部のスタンプと印字は、この文書が公文書であることを示す。冒頭の記述から、ティティカカ湖畔の先住民村落ティワナクのカシケ（首長）であるマルティン・パクシ・パティによる請願書であることが分かる。本請願は同村が所属していたパカヘスのコレヒミエント、つまり第三のレベルで処理された。ラパス文書館（Archivo de La Paz, Carrera de Historia, Universidad Mayor de San Andrés）蔵。

21

先住民共同体

★インカ以前から現代まで続く、双分された世界★

スペイン支配下の南米アンデスにおいて、チャルカス地方（アルト・ペルー）は、最も先住民人口が多かった地域の一つである。それはスペイン到来以前に栄えた巨大な先住民文明、すなわちインカ帝国と、そこに取り込まれる形で存続した複数のアイマラ首長国の存在があったからだ。スペインによる植民地支配は、アンデスの先住民に大きな変化を強いるものだった。人々は集住村（レドゥクシオン）への居住とカトリック信仰を強制され、税や労働力の提供を義務づけられたからである。だがその一方で、スペインは先住民共同体の構造には手を加えず、これをほぼ継続再利用する形で支配を行った。チャルカス地方の先住民社会は、すでに十分なまとまりをもっていたからである。本章では、スペイン植民地支配下における先住民共同体の特徴を紹介する。

先住民共同体の最小単位とでも言うべきまとまりを、アイリュという。これはチャルカス地方に限らず、先スペイン期アンデスの各地でその存在を確認できる、地縁的・血縁的な集合体である。各アイリュにはそれを統率する首長がおり、チャルカス地方では上位の首長はマリュク、下位の首長はヒラカタと呼ばれていた。ただしスペイン人は最初に入植したカリブ地域の呼称を踏襲して、カシケという表現を多用したため、チャルカス地方でもこの用語が普及した（本章でも便宜上、呼称をカシケに統一する）。

記録者ワマン・ポマによる先住民首長の描写

左の図では、自らの共同体の先住民を擁護した首長（左）がコレヒドール（右）に足枷をはめられている。首長は「私の民に代わって、私が苦しもう」と発言している。一方、右の図に見られるように、首長と、貢納義務のある先住民では、着用できる衣服も異なっていた。首長（左）はスペイン風の衣装に加え、帯刀している。

出所：Guaman Poma de Ayala, *Nueva crónica y buen gobierno*, pp. 494［498］, 786［800］.

彼らカシケの主要な任務は、自分の管轄するアイリュから租税や労働力を徴発し、より高位の支配者へと提供することである。その提供先はインカ王からスペイン王へと変わり、先住民首長層はスペイン王室と先住民社会をつなぐ重要な存在となった。

カシケは納税義務を免除されていた上、先住民共同体の富や労働力を動員する権限を有していた。おそらくそれゆえに、スペイン支配下のアンデスではカシケへの「成り上がり」を目論む平民の先住民も続出した。とはいえカシケは決して容易な職務ではなかった。税の取り立てを厳しくすれば共同体のメンバーからは訴えられ、一方で彼らを庇って納税に滞りが生じようものなら、今度は自身が投獄されたからである。自らが監督する共同体と植民地当局の間で板挟

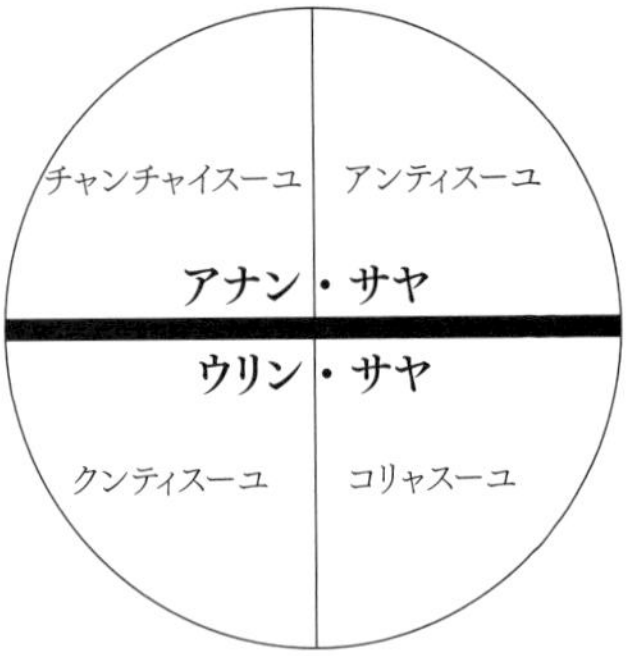

図1　双分されたタワンティンスーユ
出所：Paul H. Gelles, “Equilibrium and Extraction: Dual Organization in the Andes”, p. 714をもとに作成

み状態になって苦しむカシケの様子を伝える記録は少なくない。

先スペイン期のチャルカス地方では、複数のアイリュがまとまってより大きなアイリュとなり、さらにそれらがまとまって一つの首長国を形成していた。その際、やはり広くアンデス各地の先住民社会で観察されるもう一つの特徴が双分制である。これは、社会のさまざまな組織や要素を、互いに対立しつつも補い合う2つの部分に分けて捉える世界観を指す。例えば、インカ帝国の首都クスコはアナン（上部）とウリン（下部）の2つに分けられていた。この双分は帝国全体についても適用された（図1）。

中央アンデス南部の社会には、インカ以前から双分制が存在していた可能性が高い。コリャスーユに展開していたアイマラ首長国の多くが、ティティカカ湖から北西・南東に延びる直線を境に、ウルコとウマという2つの部分に分かれていたことが分かっている。アイマラ語でウルコは「上部・男性」を、ウマは「下部・女性・水」を意味する。これらの首長国間の境界を、スペインの植民地政府は行政区コレヒミエントとして、大きな変更を加えることなく採用した（図2）。さらに、個々のコレヒミエントを構成した先住民村落の内部でも双分制は機能していた。例えばティティカカ湖南岸の村ティワナクは、アナン・サヤとウリン・サヤに双分され、それぞれにカシケが置かれ、複数のアイリュを監督していた。村落を構成する2つの部分は、象徴的にアナンが上位、ウリンが下位とされて

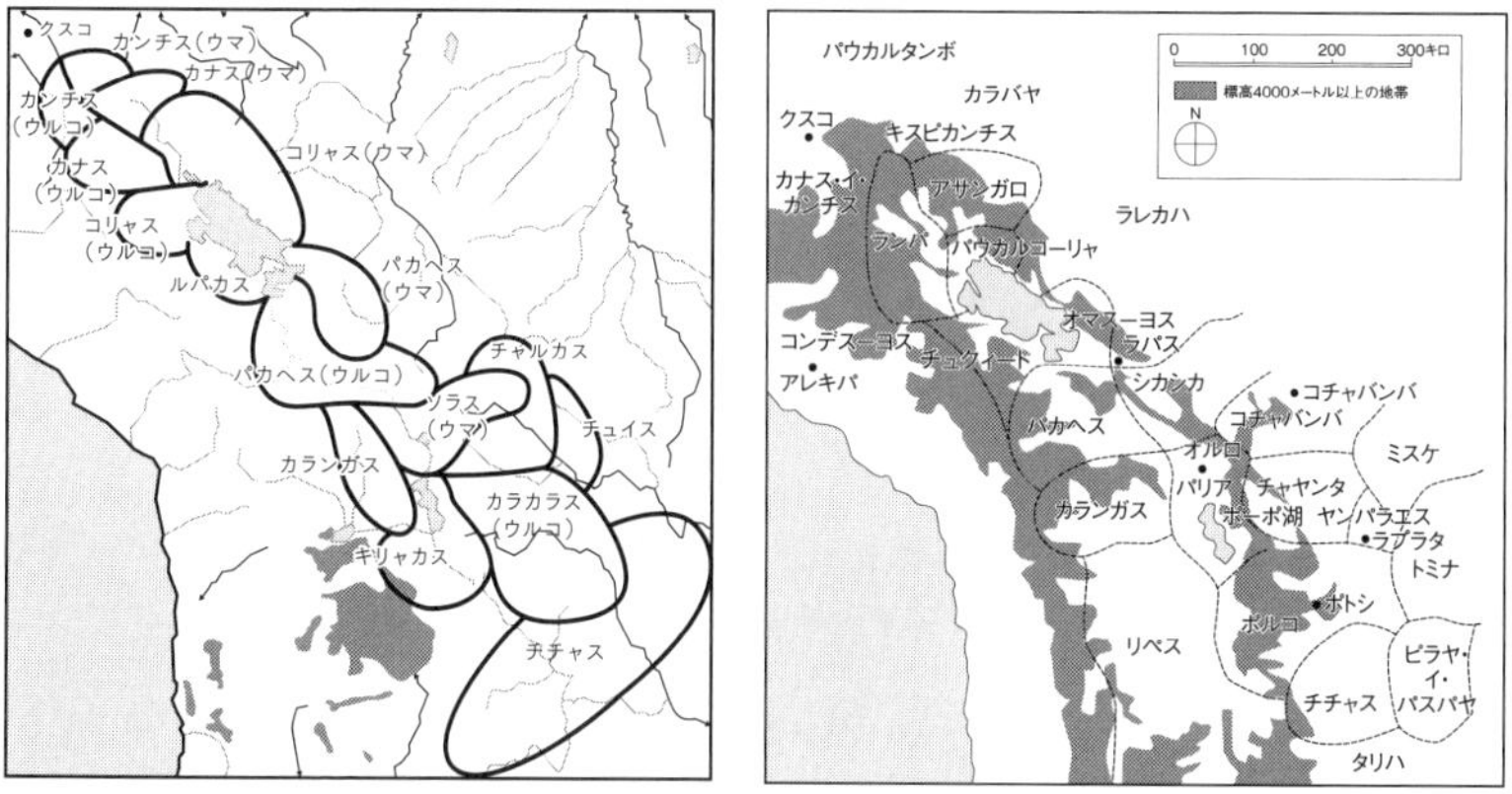

図2　アルト・ペルーの空間構成

左は先スペイン期のアイマラ首長国のおおよその配置。ティティカカ湖畔の多くの首長国がウルコとウマの2つに分かれている。右はスペイン植民地支配下チャルカス地方のコレヒミエントの分布図。両図を見比べると、例えば先スペイン期のウルコ／ウマ・パカヘスの領域が、スペイン統治下ではそれぞれパカヘス、オマスヨースという2つのコレヒミエントに置き換えられたことが分かる。

出所：Thérèse Bouyesse-Cassagne, “Aymara Concepts of Space”, p. 204; 眞鍋周三『ボリビアを知るための73章【第2版】』、p. 219をもとに作成

いたものの、両者は基本的には対等な関係にあった。また両者の間には一定の緊張があり、時に土地をめぐる争いも生じていた。

現在でも、アンデスの人々の暮らしのさまざまな次元において双分制は生きている。ボリビアを例に取ると、ポトシ県チャヤンタ郡に位置する集落マチャのように、副王トレドが16世紀後半に規定して以来、今に至るまで10のアイリュが2つに分かれて村落を運営している地域もある。なぜ双分制はここまでアンデスに普及したのだろうか。理由の一つとして、政治権力が特定の集団を支配する上で、双分制が生み出す緊張関係が有効であった点が指摘されている。インカ、そしてスペインも、アルト・ペルーの広大な空間を統治するために、双分制を再利用したのである。

（佐藤正樹）

22

ポトシ鉱山

★世界が求めた銀ができるまで★

スペイン人を征服活動に駆り立てた原動力の一つは、金銀財宝への欲望であった。彼らがアンデスの豊富な鉱物資源に気がつくのに時間はかからなかった。こうして植民地時代には数々の鉱山が開発されたが、その中で傑出して重要だったのが、ボリビア南西部に位置するポトシの銀鉱山「セロ・リコ（豊かな丘）」である。ポトシの銀生産量は凄まじく、植民地時代を通してスペイン領アメリカで生産された銀の6割がポトシに由来すると言われる。本章では、莫大な生産量を可能にしたポトシの銀産業の構造について解説する。

標高4000メートル近く、寒冷なポトシの地は、生活に適しているとはお世辞にも言い難い。しかし、1545年に豊かな銀鉱脈が発見されると事態は急変する。瞬く間にスペイン人が大挙して街を形成し、エンコメンデーロ（第19章参照）たちは先住民を採掘活動に従事させた。街は急成長し、1561年にポトシは正式に街としての認可をスペイン王から得る。しかし、この最初のシルバーラッシュはそう長くは続かなかった。1560年代の後半までに、高純度な鉱石を掘り尽くしてしまったからである。これ以降は、純度は低くとも鉱石を大量に採掘し、

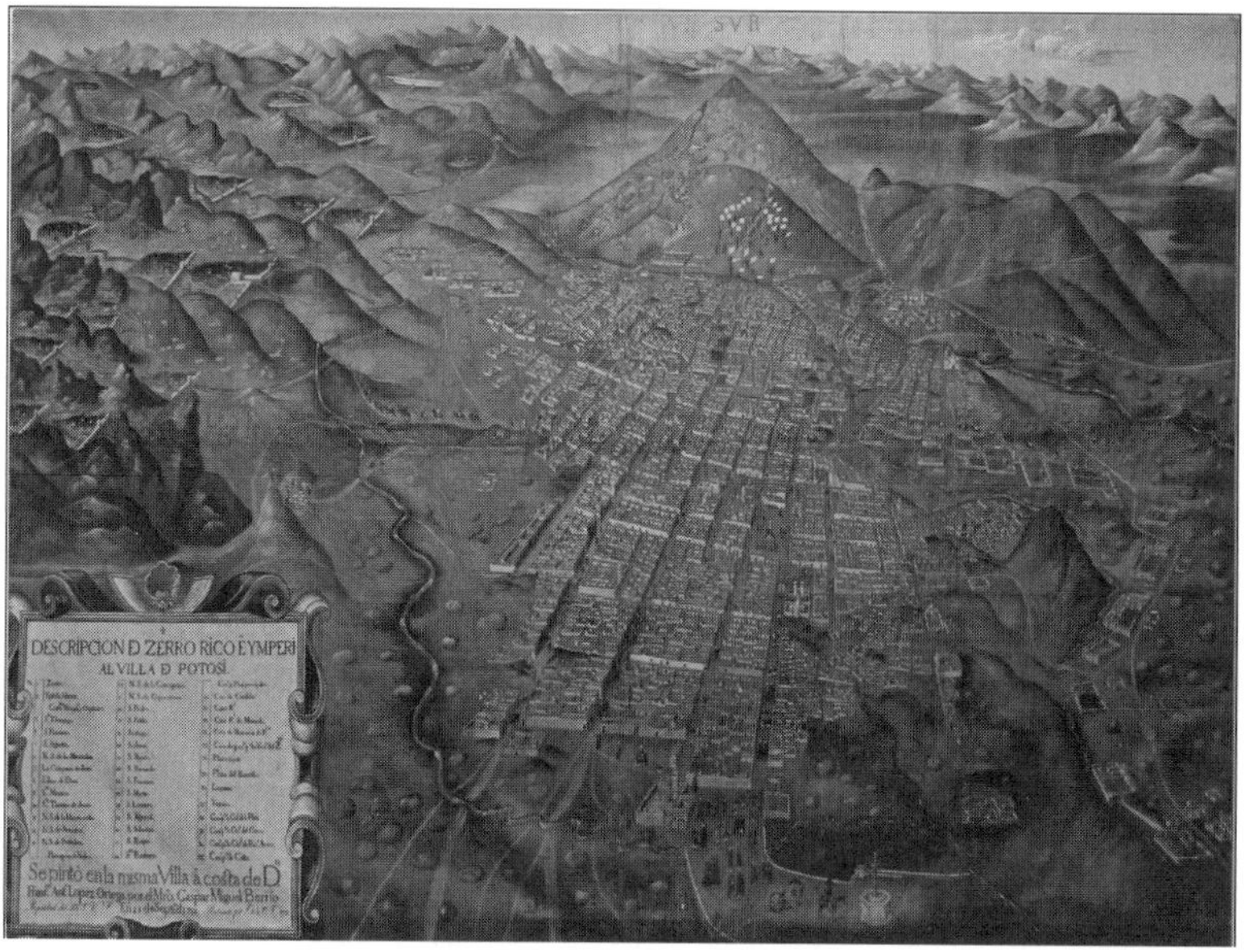

セロ・リコとポトシ市街（Miguel Gaspar de Berrío, 1758 年作）

セロ・リコ（中央上部）と隣り合う山系（左上部）に人工湖が形成されている。リベラ川は、当時セロ・リコと市街を区切るように流れていたが、現在では地中化されている。チャルカス植民地博物館蔵。

効率的に製錬する仕組みが必要となった。それを実現したのが、第20章でも触れたペルー副王フランシスコ・デ・トレドである。

副王トレドはポトシにおいて技術と労働力の二側面で改革を行った。まず、技術面では鉱石から、純度をある程度高めた粗銀を製錬する手法を刷新した。当初ポトシではインカ期から続く素朴な溶鉱炉（ワイラ）による製錬が主であった。一方ヌエバ・エスパーニャ副王領では1554年に、水銀を用いて銀鉱石から合金を作り、加熱して水銀を蒸発させて粗銀を取り出す手法（水銀アマルガム法）が工業化される。トレドはこの新しい製錬法をポトシに導入したのである。スペイン王室にとって幸運なことに、1563年にはペルー副王領内のワンカベリカで水銀鉱山が発見され、水銀の供給が容易になっていた。効率的な製錬作業のために、まずトレドはポトシの市街近郊に多数の人工湖を建設し、その水を用いておなじく人工のリベラ川を整備した。そして鉱山の麓、リベラ川沿いに砕鉱所を設置させた。砕鉱所では水力稼働のミル（粉砕器）によって鉱石を細かく砕いたのち、水銀を用いて製錬が行われた。こうして、鉱石を粗銀へと製錬する新しい技術と、そのために必要な材料・設備が揃った。あとはこれらの砕鉱所に鉱石を供給できれば良い。そのためには継続的に大量の労働力を鉱山内に投入する必要があった。

鉱石の採掘作業は非常に過酷であり、アフリカから連れてこられた黒人奴隷は鉱山内での労働には耐えられなかった。つまり採掘は先住民頼みとなる。トレドはインカ期にさかのぼる仕組みを再編して大規模な輪番制の強制労働システムを構築し、労働力供給の問題を解決した。第20章でも触れた通り、トレドはアンデス各地を視察しながら人口台帳を作成し、先住民を村落に集住させていった。この時のデータに基づき、ポトシから一定距離圏内にあるコレヒミエントに属する先住民村落に対し、18歳から50歳までの成人男性人口の16％相当を労働力として毎年供出させたのである。集められた労働力はおよそ1万4000人に達した。彼らは3つのグループに分けられ、一年間にわたり一週間交代で採掘を行った。残った人々は砕鉱所での作業や、役人の指示する業務に従事した。これをミタ制度という。ミタは、先住民言語ケチュア語において「順番労働」を意味する。ミタに従事する先住民のことをミタヨという。なお、ミタヨとは別に、個人で採掘作業を請け負う賃金労働者も存在し、彼らはミンガードと呼ばれた。17世紀初頭の時点では、ミンガードとミタヨの比率はおよそ7対3であった。ただし、前者の大半は、非番あるいは労働義務を終えたあとのミタヨであった。このことからも、労働力の根幹をミタ制度が支えていたことが分かる。

ミタの徴発は、アイリュ（第21章参照）単位で、先住民首長カシケを通じて行われたため、カシケは

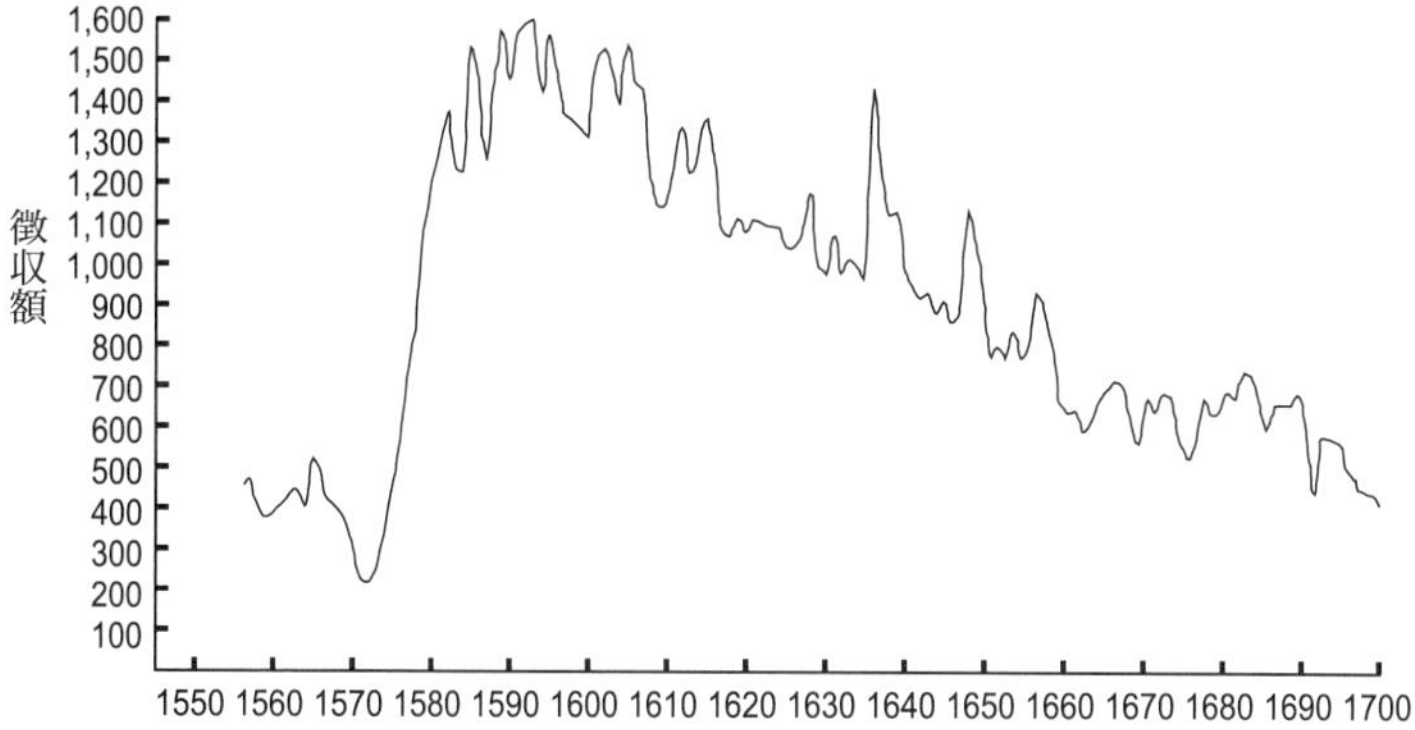

図1　ポトシにおける5分の1税徴収額の推移（1556-1700年）単位:1000ペソ
出所：Jeffery A. Cole, *The Potosi Mita 1573-1700*, p. 16.

ミタ制度において先住民共同体とスペイン王室の間の重要なつなぎ手となった。トレドはミタヨを集めてポトシまで連れてくる任務のために、ミタ隊長と呼ばれるポストを新たに作り、該当地域のカシケに持ち回りで担当させた。劣悪な労働環境を嫌って村から逃げ出す先住民が続出したこともあり、ミタ隊長の任務は困難をともなった。定められた労働力を供給できずに投獄されるミタ隊長もあとを断たなかった。

こうして鉱石の採掘から粗銀製錬までの行程は整備されたが、市場で流通する銀ができ上がるには、まだいくつかの段階を経る必要があった。砕鉱所で作られた粗銀は、続いてポトシ王庫（第20章参照）に持ち込まれる。王庫内で粗銀は熔解され、スペイン王室の規定する含有率（約93%）の銀塊に加工される。この時、銀塊価格の20%相当分が「王の5分の1税」として王庫に支払われる。課税が済んだ銀塊には刻印が押され、理論上はこれを以って、晴れて市場を出回ることが可能になった。5分の1税徴収額の推移を見ると、1570年代にトレド

5分の1税支払い済みの銀塊（左）、1649年鋳造の8レアルペソ銀貨（右）
出所：（左）Glenn Murray, *Guía de las cantidades acuñadas. Cecas de Potosí y Lima*, p. 86.
（右）Daniel Oropeza Alba氏提供

が行った改革がポトシの生産性を著しく上げたことがよく分かる（図1）。

前述の改革に加えて、トレドはそれまでペルー副王領の首都リマにあった鋳造局を、ポトシ王庫に隣接した場所に移設した（1574年）。課税の済んだ銀塊のうち、一定量がそのまま鋳造局に持ち込まれ、8レアルペソをはじめとする銀貨が鋳造された。以降、植民地時代を通じてポトシは主要な貨幣の供給源となる。

ポトシの銀生産量は17世紀初頭にピークを迎える。この頃には街の人口は16万を数え、ポトシはロンドンやセビーリャに匹敵する大都市となった。ポトシの銀も、その品質の高さゆえに世界中で求められるようになっていた。しかし高い需要に逆行するように、鉱山の銀産出量は緩やかに下降していく。そして1640年代になると、ポトシ鋳造局で組織的な不正改鋳が行われる。鋳造局に出入りするスペイン人が結託し、秘密裏に銅を加えることで含有率を下げ、額面価値以下の銀を作り出したのだった。彼らは不正鋳造によって供給量の低下を誤魔化していた、とも言える。しかし銀の劣化は遠からず外部の知るところとなり、世界の市場に混乱を引き起こした。スペイン王室は長期にわたる調査を行い、不正関係者の処分と銀の品質回復を実現したものの、このスキャンダルはポトシの歴史において転換点となった。これ以降、ポトシの生産力の陰りは明らかになり、スペイン本国への銀送付量においてもペルー副王領はヌエバ・エスパーニャ副王領を下回り、再び上回ることはなかったのである。とはいえ、単独鉱山としてのポトシは依然として巨大な生産量を誇り、その重要性が薄れることはなかった。ミタ制度についても、主に人道面で幾多の批判があったにもかかわらず、チャルカス地方がボリビア共和国として独立する直前まで維持された。

（佐藤正樹）

23

トゥパク・カタリ反乱

★変化する植民地支配への先住民共同体の応答★

スペインによるアンデスの植民地支配は300年近く続いたが、18世紀後半に入ると綻びが目立ち始める。その象徴とも言えるのが、1780年前後に中央アンデス南部で相次いだ先住民による大規模な反乱である。インカの旧都クスコを包囲したトゥパク・アマル2世がよく知られているが、アルト・ペルーでもトゥパク・カタリと名乗る人物が主要都市ラパスを包囲し、スペイン人支配層を恐怖に陥れた。先住民の反乱はなぜこの時期に集中して発生したのだろうか。本章ではその答えを18世紀以降に生じた植民地の変化に求めつつ、トゥパク・カタリとその反乱について紹介する。

アンデス植民地の変化は、まず外部からもたらされた。アメリカ大陸を征服したハプスブルク朝スペインは1700年に断絶し、ブルボン朝スペインが翌年成立する。スペインとフランスの一体化を懸念したイギリス・オランダはこれに反発し、スペイン継承戦争が起きた。植民地社会にとって重要だったのは、講和のために結ばれたユトレヒト条約を経て、多くの交易船が大西洋岸のブエノスアイレスに寄港するようになったことだ。その結果、これまでペルー副王領内の商取引を独占的に支配してきた太平洋岸のリマの大商人たちは大きな損失を被った。問題は、彼らがアンデスの先住民社会を利用してその損失を埋め合わせようとしたことである。すなわち大商人たちは各地のコレヒドール（第20章参照）と結託し、あらゆる商品を実費の数倍の価格で先住民に強制的に売りつけたのである。商品強制分配制（レパルティミエント）と呼ばれるこの行為自体は、コレヒドールの蓄財の手段として以前から行われていた。だがこのような事情から18世紀以降にさらに活発になり、先住民共同体を苦しめたのである。

加えて、ブルボン朝スペインが帝国再建のために行った植民地改革も、アンデスの先住民共同体にとって新たな負担となった。改革以前には、先住民共同体と植民地政府との間には、納税義務の妨げとならない限り、先住民は自分たちの習慣を守ることができるという、ある種の協定が存在していた。ブルボン朝の改革は、このような先住民共同体に担保されていた行動の余地を奪っていった。例えば新税創出や増税に加え、それまで特権的に貢納を免除されていた先住民首長カシケやミタヨ（第22章参照）を含む全ての先住民が課税対象となった。

このような外的な変化は、先住民共同体の内部にも重要な変化をもたらした。徴税や強制分配といった義務を果たせないカシケをコレヒドールが罷免し、自らと利害の一致する人間に置き換えていったのである。カシケが共同体よりもコレヒドールの側につくようになると、カシケと平民の信頼関係は蝕まれ、その名望も低下していく。代わりに力を増していったのが、村落の会議体であるカビルド（第20章参照）である。先住民共同体の代表は、カシケからカビルドへと移っていった。こうして18世紀後半のチャルカス地方では、カシケの命令よりも民の合議の方が重要である、とする空気が醸

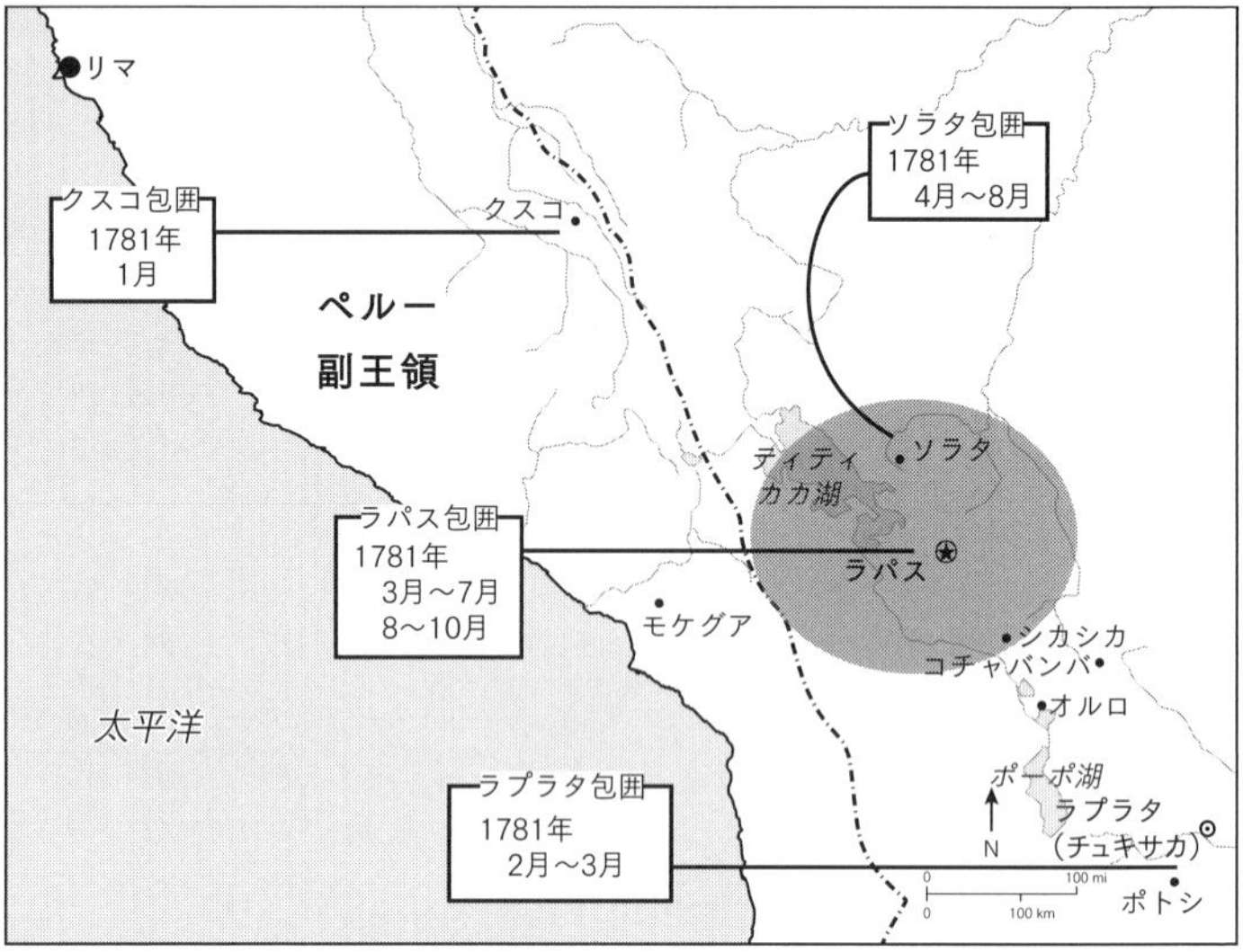

図１　先住民反乱によって包囲された主な都市・村落
出所：Sinclair Thomson, *We Alone Will Rule*, p. 17 をもとに作成

成されていく。この時期のチャルカス地方の先住民社会に、急進的な人民主権の思想を見出す研究者も少なくない。

トゥパク・カタリの大反乱は、それが先住民首長ではなく平民によって指揮されたという点において、上述した先住民共同体の内的変化を象徴するものであった。彼の本名はフリアン・アパサといい、ラパスの南方150キロメートルほどに位置するシカシカ地方出身の、平民身分の先住民であった。アパサは当時の人口台帳には「コカとベーズの布を扱う行商人」として記録されている。彼は商いのためにアルト・ペルーの各地を移動し、その過程で支持者を得ていった。彼が自称した「トゥパク・カタリ」という名前は、同時代の先住民反乱のリーダーであったトゥパク・アマル２世と、トマス・カタリに因んでいる。前者はクスコ地方で、後者はチャヤンタ地方で、それぞれコレヒドールの暴政に対して蜂起していた。ラパスに居住するスペイン人たちが北のトゥパク・アマル２世への対策を講じていた1781年2月、トゥパク・カタリは蜂起し、ラパス市を長期間に渡って包囲した。
　トゥパク・カタリの闘争は、先行する2つの先住民反乱に比べるときわめて急進的であった。白人層をすべて敵とみなして殺しただけでなく、教会への放火や聖職者の殺害も数多く発生した。また、カタリは自らに従わない場合は味方の先住民に対しても暴力を厭わなかった。他の先住民リーダーとの対立もあってラパス陥落は実現せず、カタリは1781年11月に処刑される。こうして中央アンデス南部での先住民大反乱は、2年ほどで終結した。この間、先住民側の死者は10万人、スペイン人側の死者は1万人であったとも言われる。当時のペルー・ボリビアの人口（200万弱）を考えると、事態の深刻さがよく分かる。

ボリビアの紙幣に象られたトゥパク・カタリとバルトリーナ・シサ

2019年発行の新200ボリビアーノ紙幣にはトゥパク・カタリとその妻バルトリーナ・シサが象られた。ボリビアを独立に導いたシモン・ボリバル、独立宣言が調印されたカサ・デ・ラ・リベルタと併置されていることから、彼らがボリビア建国の英雄と捉えられている様子がうかがえる。

出　所：https://www.bcb.gob.bo/webdocs/nfb/billetes/nfb/billete200.html（最終アクセス日：2024年2月1日）

　チャルカス聴訴院の領域は19世紀初頭にボリビア共和国として独立するが、独立運動を牽引したのは植民地社会の支配層、すなわち現地生まれのスペイン人であった（第24章参照）。先住民は、独立後も引き続き国家の周縁に追いやられた。トゥパク・カタリの存在も、長きにわたり忘却される。しかし20世紀半ばに始まった先住民の復権運動と共に、彼は再発見される。現在のボリビアでは、「トゥパク・カタリ」は偉大な先住民の指導者として半ばシンボル化し、人々の尊敬を集めている。

（佐藤正樹）

コラム3

ポトシと石見、2つの世界遺産

佐藤正樹

ポトシの銀産出量がピークに達した17世紀初頭、その銀が最終的に行き着いた先は中国であった。中国国内の銀価格が、諸外国のそれに比べて著しく高かったからである。では価格差はなぜ生じたのだろうか。それは当時の中国の国内事情による。16世紀、明朝政府は北方民族との戦費として、輸送コストが低く価値の高い銀を大量に必要とした。銀を入手するために、それまで現物納入されていた税は銀で代納されるようになっていく。当時用いられていた紙幣が乱発によってインフレを引き起こすなど、もはや通貨として機能しなくなっていたこともあり、財政が銀ベース化すると、民間の支払い手段も銀に移行していった。このような変化が、中国国内での銀需要を高めたのだ。中国内外の銀の価格差は1540年代から1640年代まで続き、この間に何千トンもの銀が世界中を経由して中国に流入した。その大部分をポトシが供給したことは言うまでもないが、それに迫る銀を送り込んだのが日本の石見銀山（島根県）である。ポトシと比較するために、石見銀山の最盛期をみてみよう。

石見に銀鉱が存在することは古くから知られていたようだが、本格的な銀山の開発は、ポトシ発見の少し前、1527年に始まった。技術革新を経て生産量を大きく増大させた点も、ポトシと石見の共通点である。当初石見は銀の製錬は行っておらず、採掘した鉱石は博多などの外部で製錬していた。しかし朝鮮で行われていた灰吹法が1533年に伝わり、

ポトシと石見、2つの世界遺産

石見銀山、龍源寺間歩（坑道）の入り口。上部には採掘作業の安全を祈願して祠が設置されている。

採鉱と製錬を現地で実施できるようになると、銀の大量生産が本格化した。なお、ポトシは銀の製錬に水銀を用いたのに対し、石見では鉛を用いた。

石見を中心とする日本発の銀、すなわち倭銀は、日朝貿易を有利に進めるための商品として、当初は朝鮮に持ち込まれた。１５３０年代のことである。しかし早くも１５４０年代には倭銀の行き先は中国に切り替わる。大量の倭銀が流入したことで朝鮮半島内の銀価格が急落し、取引が利益を生まなくなったからである。石見銀山の生産量の大きさを物語る出来事と言えよう。石見の成功は日本各地の鉱山開発を誘発し、日本列島の銀生産は17世紀前半まで拡大を続ける。倭銀は、17世紀初頭の時点で世界の銀生産量の30％ほどを占めていたと推定されている。一方ポトシのシェアは60～70％に達していた。これらの銀を中国は貪欲に吸収したのである。

とはいえ、中国における銀価格は１６４０年代には国際価格にまで下落する。興味深いのは、ほとんどタイミングを同じくして、供給側の産出量も落ち込んだことである。ポトシも石見も、銀産出量のピークは17世紀初頭であった。衰える産出量を前に、ポトシで不正鋳造が起きたことは第22章で述べた。石見銀山も１６２４年頃から産出量は大きく減少し始め、17世紀後半以降、江戸幕府の主要輸出品は銀から銅へと変わる。こうして見ると、世界をつないだ銀、その二大産出拠点であったポトシと石見は、足並みを揃えて「銀の世紀」を駆け抜けたとも言えよう。現在、両鉱山はともに世界遺産に登録されている。

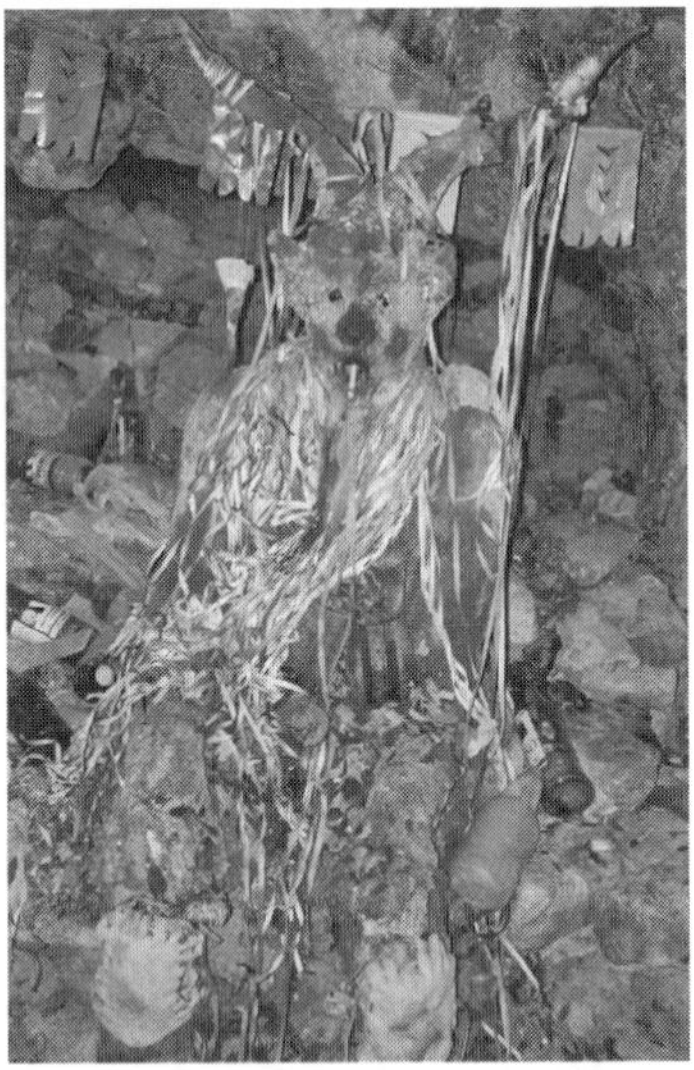

ポトシの場合、坑道の奥深くに鎮座する守り神「エル・ティーオ」に酒やコカの葉を振る舞うことで安全を祈願する。
出所：Kris Lane, *Potosí*, p. 184.

Ⅳ

共和国の時代

24

共和国の独立

★苦難の歩み★

ラテンアメリカの独立運動は主に現地生まれのスペイン人（クリオーリョ）によって牽引されたが、ボリビアの独立運動もその例外ではない。その複雑なプロセスを本章では見ていこう。

1780年代に勃発した大規模な先住民反乱で打撃を受けたチャルカス地方（アルト・ペルー）だったが、その後、植民地政府の立て直しが図られ、インテンデンテ制（監査官制度、それまでの不正の多かったコレヒドール制に代えて導入された制度）の導入で各行政地区（ラパス、チュキサカ、コチャバンバ、ポトシ）で改革が実施された結果、18世紀末には経済が回復に向かった。ところが、その後勃発した欧州におけるナポレオン戦争で、本国スペインは一時ナポレオンの革命フランスと同盟し、その敵対国イギリスとも戦争状態に入り、植民地と本国は海路を隔てて分断された。この結果、アルト・ペルーの命綱だった銀の製錬に必要であった水銀供給が断たれ、鉱山経済が打撃を受けた。さらに、1808年3月、スペインの宮廷革命の影響で親ナポレオン派が倒れ、フェルディナンド7世が即位したが、ナポレオンはこの機にスペインに侵入し、フェルディナンド7世を廃位に追い込み、自身の兄ジョセフ・ボナパルトを王位につけた。こ

現在の100ボリビアーノス紙幣　手前の女性がフアナ・アスルドゥイ、右奥が独立の英雄スクレ

の結果、フェルディナンド7世の復位を目指す自治評議会がスペイン各地に生まれ、これがイギリスと同盟するという複雑な構造となり、植民地にも動揺が波及した。この中で、アルト・ペルーは、ペルー副王領（首府リマ）とラプラタ副王領（首府ブエノスアイレス）から地理的に離れていることも幸いし独立運動の中心地になっていく。ナポレオン派と反ナポレオン派（自治評議会派）の対立の中で、市民はどちらを支持するか決定するため「開かれた市町村会（カビルト・アビエルト）」を開催した。１８０９年７月27日、この混乱の中から、ラパスのペドロ・ドミンゴ・ムリーリョが台頭し、革命委員会を率いて独立宣言を出すに至った。これはラテンアメリカにおける独立の嚆矢として評価されている。もっとも、この動きは、クスコから出動した副王軍の迅速な動きで鎮圧され、以後、ボリビアは１８２５年に独立するまで混沌とした時代に突入した。

１７７６年以降、チャルカスは、現在のアルゼンチンの首都ブエノスアイレスに本拠を置くラプラタ副王領に管轄されていたが、１８１０年５月、同副王領で反乱が発生し、副王が追放されブエノスアイレス自治評議会が権力を掌握した。同年９月、ブエノスアイレスの革命派はアルト・ペルーに侵攻し、コチャバンバの市民を革命に巻き込んだ。コチャバンバは一旦は解放されるが、その後、１８１１年６月に巻き返しを図ったペルー副王軍に敗れ、再度副王領に組み入れられるなど、この地域では、再三アルゼンチン革命軍とペルー副王軍が対決を繰り返し、総じて副王側に分があった。こうした混乱の中で独立を目指す革命派はゲリラ化し、この中で女性闘士フアナ・アスルドゥイ・デ・パディリャ（前ページ）のようなボリビア史に名を残すヒロインも生まれた。

事態が変わったのは、ラプラタ出身の軍人サン・マルティンが動き始めてからである。潜在的な脅威であり続けたペルー副王軍に対して、あえて西に展開してペルー副王領の南部チリを解放に導いたサン・マルティンは、機を見てリマを占領した。しかし、強力なペルー副王軍を制圧するには至らず、北部の現エクアドルを解放したシモン・ボリーバルとグアヤキルで会談し、ペルーの将来をボリーバルに委ねた。１８２４年12月アヤクチョの戦いで、ボリーバル子飼いのアントニオ・ホセ・デ・スクレ率いる軍がペルー副王軍を破り、これでようやくアルト・ペルーの解放が決定的になった。

解放が決まったとはいえ、国の形を決めるのは容易ではない。ボリーバルはラテンアメリカ全体を連邦として組織し、欧米に対抗できる強力なエリアの創出を考えたが、グラン・コロンビア共和国とペルー共和国の歩調が合わないことに鑑み、そうした考えを断念した。結局は、アルト・ペルーも独立国とすることに同意し、１８２５年８月６日に独立宣言が出された。そしてボリーバルは暫定大統領に就任した。

新しい国家は、チャルカス地方を構成していたラパス、ポトシ、チュキサカ、コチャバンバ及びサンタクルスの５つの監査官領（インテンデンシア）を県に再編し、モホス及びチキトスを加えて生まれた。１８２６年９月にはチュキサカ県からオルロ県が分離創出され、後年、ポトシ県からは海岸部リトラル県、サンタクルス県からはベニ県、そして最後にベニ県からパンド県が生まれることになる。なお、タリハ県は独立時まだアルゼンチンとの間でその帰属が決まっていなかった。また、ボリーバルは、1825年12月28日にアタカマ砂漠にコビハ港を設置し、新国家の主要港に定めた。このコビハ港の振興が次の世代の課題となった。

1825年8月6日、アルト・ペルーは主権国家として独立し、同年8月11日に国名を「ボリーバル（の）共和国」とした。その後、「ボリーバル共和国」は、「ボリビア共和国」と呼称されるようになった。

新しくスタートした新生ボリビア共和国だったが、激しい独立運動が長期にわたって続いたことで、収入源であった鉱山産業は深刻な打撃を受けていた。また、1825年7月に先住民の鉱山への強制動員をボリーバルが廃止したため、鉱山部はすっかり活気を失ってしまった。独立によりスペイン帝国が崩壊したことでかえって域内の連結が失われたことも痛手であった。

スクレは、各セクターの収入や財産に応じて課税する画期的な税制の導入、教会財産の整理を行い、教会の力を削ぐなど一部に画期的な改革を行い、教会を政治の世界から分離した。このため、ボリビアはキリスト教の圧力から解放され、信教の自由が徹底された国となったとの評価もある。しかし、スクレの改革も独立戦争で疲弊した経済の抜本的な回復には至らず、1825年12月22日にボリーバルが廃止した先住民への貢納は1年後に復活し、先住民貢納に依存する経済体制が確立し、経済改革は先送りにされた。現在では結局、独立は人口の上で圧倒的だった先住民を排除したクリオーリョの国家建設だったと評価されている。

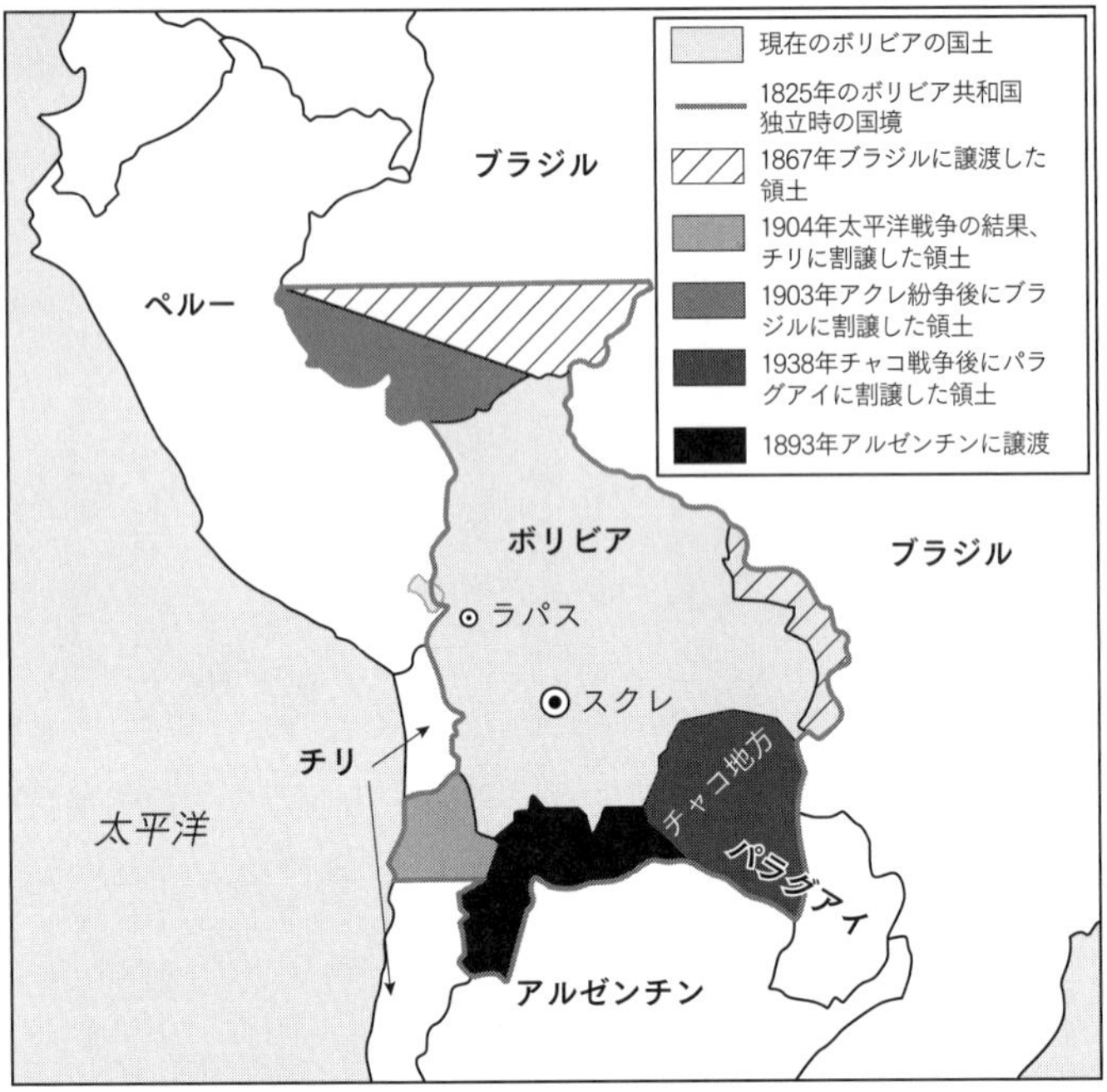

独立時からの領土喪失
出所：Marioface125, CC BY-SA 4.0 <https://creativecommons.org/licenses/by-sa/4.0> をもとに筆者作成

１８２８年、スクレはチュキサカで暗殺未遂にあい、これが契機となって政界から引退することになった。この後、彼の後継者となったのが、ラパス出身で、独立戦争の途中から革命側に転じたアンドレス・デ・サンタ・クルスであった。彼のもとで、ボリビアは歴史上唯一の領土拡張期を迎えることになる。

（大島正裕）

25

サンタ・クルスの実験

★ペルー・ボリビア連合の建設★

アンドレス・デ・サンタ・クルス（1792～1865年）は、スペイン系の父親とケチュア系の母を持ち、ラパスで生まれたメスティソであった。元々は王政派の軍人として頭角を現し、その後、解放軍に転じてサン・マルティンやボリーバルと共に転戦した。当時エル・アルトと呼ばれたボリビアの解放は、強力なペルー副王軍の存在で苦戦の連続であったが、1823年にサンタ・クルスは、セピタの戦いで故郷ラパスを解放に導き、その軍事的才能を見せつけた。その後、一旦は副王軍の巻き返しを許したものの、1824年にスクレがアヤクチョの戦いで副王軍を破ったことでボリビアの解放は達成された。

サンタ・クルスはボリビアの解放が達成されると、スクレ政権下でラパス県知事を務め、1826年から1年間だけペルー大統領も務めた。その後、スクレが政権を辞すと、サンタ・クルスはボリビア大統領に就任した。時に1829年5月のことであった。

ボリビア史研究の第一人者クラインは、「サンタ・クルスは国家の政治、社会、経済すべての秩序を安定させた」と述べたが、混乱の続くボリビアの安定に資した行政手腕とその精力

アンドレス・デ・サンタ・クルス
出所：*Especial, Página Siete*, 6 de agosto de 2015

的な活動は特筆できるだろう。特に独立戦争時に疲弊した経済の再建は重要で、彼は国内の綿衣産業を育成するため、外国綿製品の輸入を全面的に禁止する保護政策を採用し、貿易港をコビハ港に制限したため、同港はサンタ・クルス時代に活況を得た。さらにペルー方面から入ってくる輸入品には高関税を課し、戦時中に荒廃した鉱山の開発を再開するため鉱山への各種税を緩和した。しかし、こうした経済再建策も十分な効果を上げられず、綿衣製品の生産量は植民地期の4分の1程度に留まり、国内需要を賄うのに一部輸入を解禁しなくてはならなかった。鉱山開発は資本の不足で思った以上の成果が上がらなかったため、経済は依然として先住民貢納に大きく依存していた。だが、官僚制度の整備、大学復旧などの教育政策、医療施設の開設、司法の整備などその後のボリビアの近代的発展に貢献した政策も多かった。

ボリビアの国内発展に奮闘したサンタ・クルスだったが、その最大の事績は、その対外膨張策、「ペルー・ボリビア連合」の樹立である。

スペイン植民地からの解放後、南米ではボリーバルが大コロンビア（現ベネズエラ、コロンビア、エクアドル及びパナマ）を目指しており、現在のような国境線に落ち着いていなかった。植民地時代、ボリビアはペルー副王領に属していたこともあり、独立以降、ペルーと単一の国を構成しても不思議では

第25章
サンタ・クルスの実験

なかったが、結果的に別々の国として独立した。だが両国を一体とする思想が潰えたわけではなかった。独立当初の混沌とした状況の中では、ペルーとボリビアの完全な一体化を目指す考え方や、ペルーとボリビアのそれぞれの政治的・経済的主権を維持した「連合」を形成する考え方、さらにペルー南部のアンデス文化の濃いクスコとボリビアの近似性を重視し、ペルー南部にボリビアを併合すべしとの考え方などいくつかの考え方があった。サンタ・クルスは、ラパス生まれではあるが、ペルーの大統領を務めた経験もあり、両国連合の考えを持ち、ペルーとボリビアの政治的・経済的な主権を維持しながら両国をひとつにまとめる機会を待っていた。

好機は1835年にやってきた。当時のペルーはオルベゴソ政権だったが、まず、ペルー南部のアグスティン・ガマラがこれに反旗を翻し、前大統領フェリペ・サンティアゴ・サラベリがリマを攻め、オルベゴソをリマから追い出し、そのオルベゴソはペルーのアレキパに籠り、一旦はオルベゴソに敗北したガマラもペルー南部に戻り、活発な活動を開始するなどペルーで内戦が勃発した。謀略に長けたサンタ・クルスは、この状況下でオルベゴソと手を組み、ボリビア軍を投入し南部ペルーを制圧した後、一気に北部ペルーも制圧した。1836年5月から8月にかけて、サンタ・クルスは、南ペルー国、北ペルー国を建国し、10月28日にリマでこの2ヵ国とボリビア共和国の連合を実現した。これが、ペルー・ボリビア連合（コンフェデラシオン・ペルー・ボリビアーナ）である。サンタ・クルスはボリビア共和国の大統領と北ペルー及び南ペルーの最高護民官（スプレモ・プロテクトール）を兼務し、さらに外交総括も引き受けた。ボリビアは、経済的には鉱山の回復が見込めず、目ぼしい産業も育成されていなかったが、ペルーは経済的な潜在力があった。このような点から見てペルーとの連合は、特

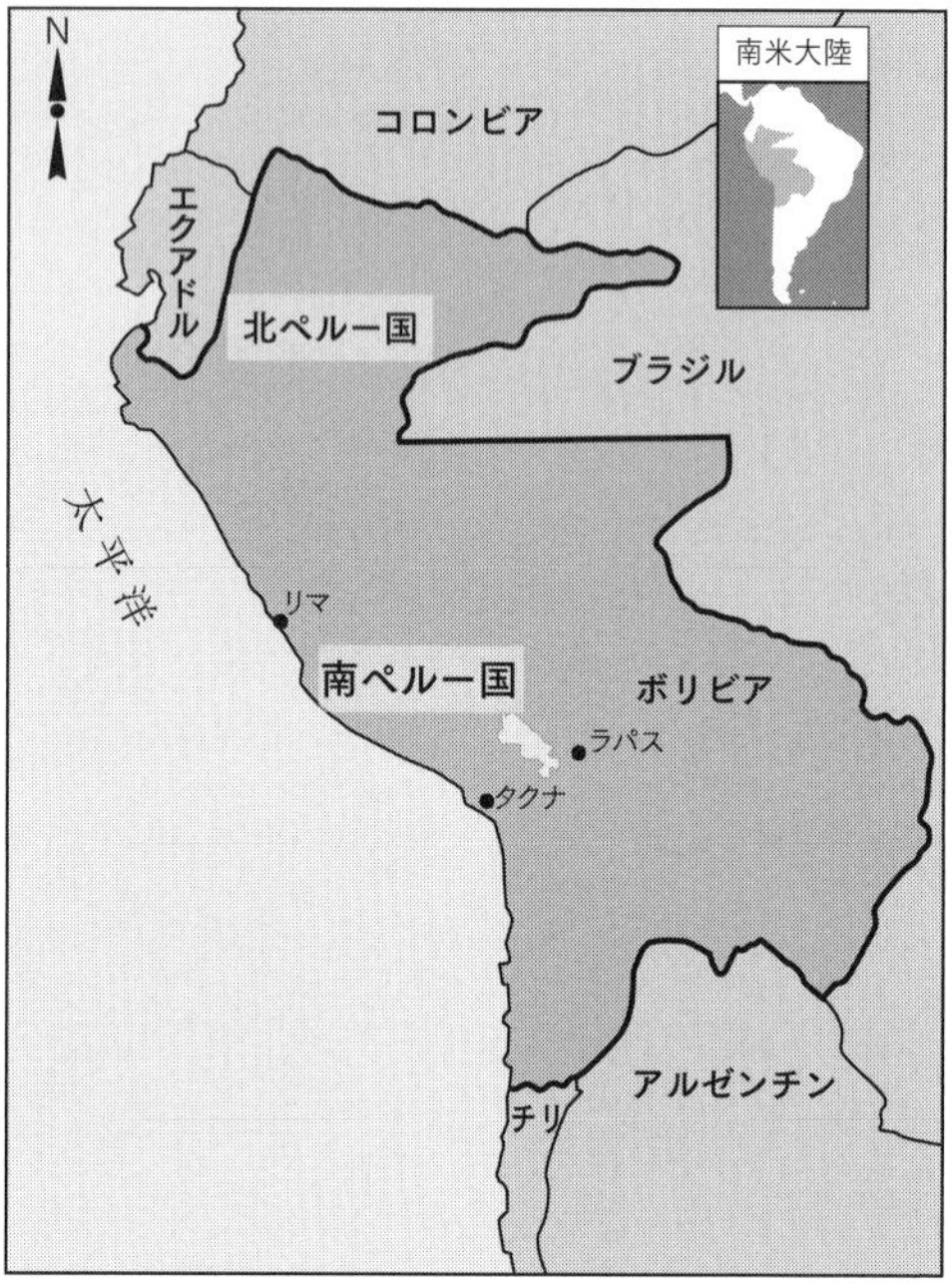

図1　ペルー・ボリビア連合の版図

出所：Mesa Gisbert, Carlos, *La historia del mar boliviano, el largo camino a casa*, Editorial Gisbert, 2016, p.55

にボリビアにとって望ましいことだった。

南米の勢力図を書き換える大国となったペルー・ボリビア連合は、隣国に脅威を与えた。特にチリとアルゼンチンは軍事的な対応を迫られ、エクアドルやコロンビアも外交的に対抗しようとした。中でも警戒を募らせたのはチリだった。チリは1830年代に、太平洋岸のバルパライソ港を貿易港として大いに発達していたが、サンタ・クルスはペルーのカリャオを優遇し、欧州との貿易の流れを変えようとしていた。19世紀後半に入ってもペルーとチリは欧米との結びつきを求めて、太平洋地域で激しいつば迫り合いを演じることになる。

他方、連合内部では当初から内紛を抱えていた。ガマラは、サンタ・クルスに代わろうとしていたし、ボリビア内部でもラパス出身のサンタ・クルスが権力を維持することは、ボリビアの本来の首都スクレ（チュキサカ）の失墜を招くとの危惧があった。こうした内部要因も絡み、１８３９年には、ガマラがチリと連携し、ユンガイの戦いで連合軍に勝利を収めたことでサンタ・クルスは失脚し、彼は欧州への亡命を決意せざるをえなかった。

ガマラはこの時代のもうひとりの主役である。彼はサンタ・クルスの両国連合の考え方に対して、ペルーがボリビアを併合すべしとの考えを持っていた。ペルー・ボリビア連合崩壊後、ボリビアではベラスコが政権を担うが、長くはもたず、国内に混乱が生じた間隙を縫ってガマラがボリビアに侵攻した。ボリビアはこの危機に対して、たたき上げの軍人指導者ホセ・バリビアンを中心にまとまり、インガビの戦いでガマラを返り討ちにして敗死させた。ここにようやく両国連合・併合の夢は消え去った。ただこれ以降、ボリビアは隣国との関係で優位に立つことはできなくなり、国内問題に集中していくことになる。

（大島正裕）

26

バリビアンからメルガレホへ

★ボリビアの国家形成★

サンタ・クルスの英雄的な時代は、ボリビアが他国へ積極攻勢できた最後の時代だった。ガマラを敗死させて次代を託されたホセ・バリビアン（任期：1841～47年）から、悪名高いマリアノ・メルガレホ（任期：1864～71年）まで、7人の大統領が統治するが、この30年間はその後の国のあり様が作られた時代である。ここでは、バリビアンとメルガレホを中心に初期のボリビア国家の形成を見てみよう。

1805年に生まれたホセ・バリビアンは名門出身だが、若くして軍隊に入り独立戦争に参加した、たたき上げの軍人であり、独立後はサンタ・クルスの協力者として頭角を現した。その後、サンタ・クルス失墜後に大統領に就任したバリビアンは、大統領の直接選挙を定めた1843年憲法の制定、北部のベニ県創設、軍隊の合理化、経済の再建などで実績を上げていく。ここで特に重要なのは、バリビアンがボリビア史上初めて本格的に国土を把握しようとしたことであろう。1846年、当時の優れた統計学者ホセ・マリア・ダレンセの指揮の下、ボリビア初の国勢調査が実施された。このときの国勢調査の結果、ボリビアの人口は約138万人と把握できた。ボリビアの国土面積は、太平洋、アマゾン地域を失う以前で現在よりも格段に広かったが、複雑な地勢にも影響され、人口はまばらで産業が育っておらず都市人口も少なく、国内で最も栄えているラパスでさえ4万3000人にすぎなかった。独立戦争以降、荒廃した銀鉱山は近代的設備の欠如で復興されておらず、国庫の40％を先住民貢納で賄う状況だった。

バリビアンは、国土の正確な地図を作製しようとしたが、その中でラパス県の東部低地、いわゆるアマゾン地域はアクセスも難しく、広大な面積を擁し全体像が把握できない地域であった。当時、この地域はサンタクルス県に所属し、モホス・イエズス会伝道所（ミシオネス・ヘスイティカス・デ・モホス）と呼ばれていたが、バリビアンは、1842年にこの地域を「ベニ県」とし、トリニダに県庁を置いた。すでに一部の外国資本家が進出しており、人口希薄のため全体の管理は難しかったが、この地域はアマゾン川の支流が網の目のように走っており、河川網の把握は、大西洋側への輸送路の開発につながるものとして期待された。米国で自動車が開発、普及してくると、タイヤの原料となる天然ゴムの需要が一気に増し、ゴムブームが訪れるなど、この地域の重要性が高まってくる。

他方、ペルー・ボリビア連合崩壊後、隣国との緊張が緩和していた太平洋岸だったが、この地域でも農業肥料となるグアノ（鳥糞）や硝石が注目され始め、特に1857～66年にアタカマ砂漠南部のメヒリョネスでグアノの採掘が進んでくると、チリとの関係が再び緊張してきた。アンデスの中心都市ラパスから太平洋岸のボリビアの主要港コビハまで約1000キロメートル、19世紀当時は約1ヵ月の距離だった。ただしこの地域は、1846年の国勢調査によると4250人と極めて人口希薄だった。太平洋岸でのグアノや硝石の発見、その開発を考慮し、ボリビアはもともとポトシ県の管

メルガレホ大統領
出所：Mesa Gisbert, Carlos, *La historia del mar boliviano, el largo camino a casa*, Editorial Gisbert, 2018, p.90

轄下であったこの地域の管理を少しずつ強化することに決め、１８３９年にはリトラル区（ディストリート・デル・リトラル）としたが、太平洋岸に沿って国家形成を進めてきたチリのこの地域への進出も目覚ましかった。

　こうした状況下でボリビアでは、アチャ政権後に権力を奪取した軍人出身のマリアノ・メルガレホが大統領になった。メルガレホは、特に先住民の共有地を接収するいわゆるメルガレホ法で悪名高い大統領だが、彼の先住民対策については第28章にまわし、ここではメルガレホが外国との関係で領土問題にどう対処したかを見てみたい。

　まずは太平洋岸である。１８６５年、メルガレホは、ペルーからアリカ港の自由使用の権利を得て、さらに両国間の通関関税についての関係を結んだ。他方、１８６６年にチリの圧力もあり、同国との間で条約を締結し、両国の境界線を南緯24度、23〜25度の間に広がる一帯は両国の共同開発とし、同地域の資源の収益を均等に分配することにした。この結果、メルガレホ時代に太平洋岸は活況となり、66年条約の国境線近くのアントファガスタ港をコビハ港に代わる主要港として育成した。メルガレホは、１８６７年にはリトラル区を「リトラル県」に格上げし、政府としてもこの地域の扱いを強化した。後世には飲んだくれの暴君と呼ばれ歴史上評判がよくないが、この時代の経済成長を準備した大統領とも言える。ただ、こうしたメルガレホの政策は、リトラル県内の人口でボリビア人を圧倒するチリに有利に働き、チリは英国の資本協力を得て、アントファガスタ港と「アントファガスタ硝石・鉄道会社」を拠点に精力的に活動を拡大し、これが太平洋戦争の遠因となった。他方、この太平洋岸への外国投資から得た利益を使って、ボリビアではアルティプラノの銀鉱山の開発が進み、このため、独立戦争以来停滞していた銀採掘量が増え始めたという側面もあった。1870年には、リトラル県内陸のカラコレスでも銀鉱脈が見つかり、外国投資は活況を呈していった。

メルガレホ時代の領土問題としてもう一つ重要なのが、アマゾン地域の一部をブラジルへ譲渡したことである。この譲渡は、国土の縮小という点で、後世のボリビア人の評判は悪いが、ボリビアの体質のようになっていた保護貿易を自由貿易に転換しようとした政策の一環として見ると、合理的な判断だったと言えるかもしれない。バリビアン時代からアマゾンの河川網を使ってどのように大西洋への通行を確保するかはボリビアの関心事であり、メルガレホはそれに具体的な解決策を与えようとした。ブラジルはボリビアに対して、ブラジル領内の河川を自由に通行する権利を認めたため、ボリビアはアマゾンから大西洋に向けての出口を確保できた。他方で、この1867年に締結した両国の条約（アヤクチョ条約、ムニョス・ネット条約などの名前で知られる）を通じて、ボリビアはブラジルに対して約10万3000平方キロに当たる面積をブラジルに譲渡することに決した。このことで、ブラジルとの北の国境が確立したが、この30年後には、アヤクチョ条約でボリビア領と定められたアクレ地方の問題でブラジルとの間に係争が発生することになる。なお、メルガレホは、自由貿易の実現のためにアルゼンチンとも領土確定交渉を行った。

バリビアンからメルガレホに至る流れで生じた太平洋岸でのチリとの交渉、アマゾン地域におけるブラジルとの交渉が、後に太平洋戦争とアクレ紛争となって帰結することになる点で、この時代はボリビアの歴史家から常に振り返られる重要な期間となっている。

（大島正裕）

27

太平洋戦争

★海岸部の喪失★

1870年に南緯23度付近のカラコレスで銀鉱が発見されると、ボリビア政府は銀の利益独占を目指して、1866年条約中の南緯23～25度間の両国の資源分配に関する条項の撤廃をチリに対して要請したが、その後締結された74年条約は、南緯24度を両国の境界線と定め、23～24度域内で活動するチリ会社への輸出税率を25年間引き上げないことなどを主な内容と定めた。ボリビア人の人口が少ないため、太平洋側の経済活動はますますチリに有利に働くことになった。

1878年、ときの大統領イラリオン・ダサは、74年条約を破棄し、アントファガスタ市のチリ系硝石会社に対して硝石の輸出税の引き上げを通告した。同社はそれを拒否し、これが戦争（太平洋戦争、ラ・ゲーラ・デル・パシフィコ、1879～83年）の直接の引き金となった。

1879年2月14日、チリはアントファガスタ市に軍艦2隻を送り、同市を瞬く間に占領した。ボリビアは先手を取られた形となった。チリはここから北上してコビハ、メヒリョネス及びカラコレスを攻略し、ボリビアの主要な鉱山部も占領した。ダサ大統領が、チリ軍侵攻の情報を受け取ったのはアントファガスタ攻撃から11日後の2月25日のこと。太平洋岸を根城にしているチリと遠隔地から太平洋岸を管理せざるをえないボリビアのスピード差が浮き彫りになった。チリ軍はアタカマ砂漠の通商路の要の町カラマにも進撃した。守備隊がほとんどいない中、ボリビア住民は１３５名からなる抵抗義勇軍をラディスラオ・カブレラの指揮のもと組織した。リトラル県サン・ペドロ・デ・アタカマ市出身の商人エドゥワルド・アバロアも義勇軍に参加した一人であった。同年3月21日、チリ軍約５００人は、カラマ総攻撃を開始した。一瞬の隙をついて反撃に転じたアバロアらであったが、激しい銃撃に喉を撃ち抜かれてしまう。しかし、アバロアは不屈の闘志で必死の抵抗を続け、チリの降伏勧告を無視して「降伏なんて誰がするか、クソったれ」と後に有名となる言葉を絞りだし、2発の銃弾に倒れた。

　当時のボリビアは、前年の干ばつや疫病の流行で国民の暮らしが疲弊しており、独力でチリ軍に対抗する力はなかったため、ダサは１８７３

図１　太平洋戦争関係地図

出所：アーリ、エドウィン他（増田義郎監修・翻訳『大陸別世界地図４　南アメリカ大陸歴史地図』東洋書林、2001、p.103から筆者一部修正）

カラマの防衛隊。2列目中央がエドゥアルド・アバロア

出所：Mesa Gisbert, Carlos, *La historia del mar boliviano, el largo camino a casa*, Editorial Gisbert, 2018, p.120

年に結んだペルーとの秘密条約をもとにペルーに支援を要請した。この条約では、両国が共通の敵に対して共同戦線を張ることを定め、来るべき時期がくるまで秘密とされたため秘密条約の名前で呼ばれる。

ペルーの参戦を知ったチリは、1879年4月6日、ボリビアに正式に宣戦布告を行った。この時点で、ボリビアのリトラル県の主要部はほとんどチリに占領されており、ボリビアはペルー海軍が制海権を回復してくれることに望みをつないだ。ボリビアに海軍戦力はなく、優秀なペルー海軍に希望を託すしかなかった。ペルー・ボリビア同盟軍は、チリが次に狙うであろうペルー領のタラパカ県の硝石積出港ピサグアの防衛にまわった。4月30日、ダサもペルーのタクナに約1万4000人の軍を率いて入った。チリはペルーの参戦で勢いづいた同盟軍に危機感を感じたようで、当初は、外交でボリビアを離反させるよう手を打ったが、10月にメヒリョネスの近くアンガモスの海戦で、ペルーの海将グラウ提督が戦死して以降、海戦でもチリが優勢となった。

制海権を得たチリは、11月2日、海上からピサグア攻撃を開始した。わずか1000人の同盟軍は、海岸際に胸まで浸かってチリ軍を迎え撃ったが、チリ軍の上陸軍は1万人を超えており、やむなく撤退した。

ところで、4月にタクナまで出張ったダサの6200人の駐留軍は無傷のまま残っていたが、10月末まで何ら動きを見せなかった。ダサが重い腰を上げたのは11月8日。ペルー軍とイキケまで南下し、チリ軍を急襲する作戦だった。ダサに率いられた2100人の軍は、アリカまで鉄道で移動し、そこから徒歩でイキケに向かった。しかし、乾燥した砂漠の中の過酷な行軍で水不足が露呈し、カマロネスと呼ばれる地点で遂に行軍がとまり、11月16日にダサは撤退を決定した。これは後に「カマロネスの撤退」と言われ、ボリビア史の不名誉なエピソードになった。ダサの援軍の見込みはなくなったが、ペルーのプラド大統領はブエンディア将軍に指令し、イキケ近隣のサン・フランシスコ山に陣を置くチリを急襲した。ペルー・ボリビア同盟軍約9000人に対し、チリ軍は7800人と同盟軍の数がやや上回り、当初は同盟軍の突撃が功を奏し、高台の砲台の占拠にも成功したが、結局は高台を守り切れず撤退せざるをえなかった。

アルト・デ・アリアンサ古戦場

このサン・フランシスコの戦いは、政治的な波紋を広げ、ペルーでは大統領プラドが欧州に亡命し、ピエロラが大統領に就任した。ボリビアでは「撤退」もあり、軍の有力者で戦後自由党の有力者にもなるエリオドロ・カマチョ大佐がダサを罷免した。1880年1月、ラパスに置かれた戦時評議会は、たたき上げの軍人で第5軍を率いていたナルシソ・カンペロを大統領に任命した。カンペロは、同盟軍の総司令を兼ね、次なる決戦の地タクナに入った。

1880年5月26日、マヌエル・バケダノ将軍に率いられたチリのタクナ侵攻軍1万9000人が、約1万2000人の同盟軍と対峙した。カンペロが本営とするインティオルコ高原は「同盟軍の丘（アルト・デ・アリアンサ）」と呼ばれ、ここで激戦があったため、この戦いは後にアルト・デ・アリアンサの戦い（あるいはタクナの戦い）と言われた。同盟軍はここでも敗北し、タクナは占領された。

ボリビアの戦いはここまでだった。ペルーはその後も3年間チリと戦い続けるが、ボリビアは戦争の幕引きに入った。

軍人大統領時代が終焉を迎え、銀などの一次産品の取引相手や鉱山開発資本をもつチリとの関係を重視した保守党と、よりナショナリスティックな自由党の時代が幕を開けた。まず主導権を握ったのは保守党で、議会の権限を強化して銀の輸出拡大に効率的な機能を持つ文民指導体制の樹立を目指した。1884年の選挙で国政を握った保守党は、チリとの休戦条約を締結し、太平洋岸に銀を運び出す鉄道網の建設に全力を投じていった。1888～92年のアルセ政権は、太平洋岸のアントファガスタ市から主要鉱山をつなぎ、ラパスに到る鉄道網の敷設に着手した。しかし、1899年まで続いた有力な銀鉱山を握るアルセ、パチェコ、アラマヨなどの「保守党寡頭制」の時代は、次代の輸出品として銀の代わりに成長してきた錫（スズ）産業と結びついた自由党の反発を生み、この両者が世紀転換期に激突することになる。

（大島正裕）

28

連邦戦争とアクレ紛争

★錫とゴム★

1860年代、活況が戻ってきたアルティプラノの銀鉱山への食糧需要が増加し、渓谷部（バリェ）やユンガスでは農業生産が活発になった。鉱山の需要に応えるために政府は効率的な農業生産振興を進める必要性に迫られた。ところが、生産効率を上げるためには、農村部の先住民共同体のもつ共有地の解体と大農園化が不可欠と認識され、1864年、メルガレホ大統領（第26章参照）は先住民の共有地を接収して法律公示から60日以内に先住民自身が金銭で購入し、購入不可の場合、強制的に土地から退去させられ、居住者を失った土地は国家に接収され、競売に付せられることを定めた。土地を購入できた先住民は全体の30％だけだったと推定される。この過程で資金力のある農園主や商業主が土地を買い漁り、農村に大農園が拡大していった。このため先住民は各地で反乱を起こした。メルガレホは軍隊を動員して反抗した先住民を容赦なく殺害した。頻発する先住民の反乱に同法はいったん廃止されたが、メルガレホの失脚後、共有地の永代所有を禁止した1874年法（非継承法）が制定された。

太平洋戦争後、チリからの多額の資本を引き出し、安定的

サラテ・ウィリュカ
出所：Condarco Morales, Ramiro, *ZÁRATE El "temible" Willka, Historia de la rebellión indígena de 1899*, Editorial El País, 2011, p.450

な経済体制を実現できるような政府を望む銀鉱山主（アルセ、パチェコ、アラマヨなどの銀財閥）が結成した保守党に対して、チリに強気の自由党は、世紀転換期に銀の国際的価格が下がり始め、それに代わって主要な輸出産品になった錫（スズ）の財閥と結びつき、これに上述の背景で時の政府への反発を進めていた先住民を取り込んで反保守派戦線を構築していった。ラパス県のシカシカ地方のアイマラの領袖（カシケ）だったパブロ・サラテ・ウィリュカは、自由党と共闘し保守党との戦いに加わったが、内乱途中からは独自の動きを見せることになり、奪われた共有地の返還と共に先住民自身の政府の樹立さえ目指したと言われる。自由党もこれに恐れをなし、保守党との戦いを終えた後、先住民への弾圧を逆に強化していく。サラテも捕まり、結局悲劇的な最後を遂げたと伝わる。この戦いは、当初、自由党が連邦制のスローガンを掲げたことから「連邦戦争」と呼ばれるが、むしろ彼らは保守派以上に中央集権的体制を進めるべく、自由党政権初代のパンド（任期：1899〜1904年）がラパスに政府を移すと連邦制の旗を早々におろすことになった。

政権に就いた自由党は、自由貿易体制への本格的移行を目指したが、今度は北で大事件が勃発する。

第28章

連邦戦争とアクレ紛争

1867年、メルガレホ大統領はブラジルに領土を譲渡したが（第26章参照）、19世紀の終わりごろ、アクレ川が南北に走る広大なアクレ地方はゴム産業で注目を浴びていた。1885年ガソリン自動車が発明されると、自動車のタイヤ生産に必要なゴムの需要が急激に増加した。天然ゴムはアマゾンの原生で、1880～1910年頃は「ゴム・ブーム」と呼ばれるほどゴム輸出が活況を呈した。ところが、人口稀薄なこの土地では常に労働者不足に悩まされ、ゴム会社はゴム採取人のリクルートのために報酬を上げるなどして必死に人数を集めようとした。初期の日本人移民も20世紀初めに、このゴムの活況の噂を頼りにペルーからボリビアへ移動していった。

ボリビアもゴム産業が活況になってから、アクレ地方の管理を強化すべくアクレ川の川縁にプエルト・アロンソ税関を設置してゴム業者から税を取り立てる一方、密輸業者の取り締まりを強化してアクレ地方での地盤確立を図った。

1899年、こうしたボリビアの政策に反発するスペイン人ルイス・ガルベスはゴム業者を束ねて決起し、ボリビアからの分離独立を宣言し、アクレ共和国を建国した（第1次独立運動）。1901年にパンドは派兵し、4月には分離運動を鎮圧した。インフラの欠如もあり管理が難しいと考えたボリビア政府は、この地の管理開発を米国系企業の「ボリビア・シンディケート」に委託した。ところが、1902年8月には、この地方のブラジル人プラシド・カストロが、またもや独立運動を開始し（第2次独立運動）、独立運動に触発されて派兵したブラジルは、カストロを擁護してアクレ地方のボリビア派を駆逐し、1903年4月にはボリビアの統治の要プエルト・アロンソ税関とボリビアの主権地域を占領した。同地のボリビア人は、ゴム業界でこの地方で成り上がり、ベニ県のカチュエラ・エ

アクレ共和国の国旗と独立を指揮したホセ・ガルベス

出所：Gamarra Téllez, María del Pilar, *Barraca gomera y dominio amazónico, el conflicto del Acre (1899-1903)*, El CEPAAA, Producciones CIMA, 2018, p.141

スペランサに拠点を持つ「ゴム王」ニコラス・スアレスを盟主に抵抗したが、ボリビアは装備が充実した大国ブラジルとの全面対決を躊躇し、外交的解決に望みを託した。だが結果は思ったとおりには進まなかった。ブラジルの外交術に翻弄されたボリビアは、1903年11月に締結したペトロポリス条約で、200万ポンドの補償金と同地における鉄道敷設の権利と引き換えに、約19万平方キロメートルの広大なアクレ地方をブラジルに割譲した。そして翌年アクレ独立の雄カストロは暗殺され、アクレ地方はブラジルに併合された。

ゴムはアマゾン原生ではあったが、種子が秘密裏に外部へ持ち出されており、英国領のマレーのプランテーションでゴムの大量生産が開始されると、冒険的採取に委ねられていたアマゾンのゴム輸出量は凋落していった。前述したとおりアルティプラノでも銀の国際価格の下落に応じて、輸出量が減り、その代わりに銀鉱山近隣で採掘され、缶詰の原料や工業製品の加工などで使用される錫の需要が拡大した。その後、保守党政権下で持ち込まれた近代的な銀採掘方法が錫採掘にも適用され、折しも鉄道インフラの発展などいくつもの要素が重なり、錫の輸出は1913年には輸出全体の70％を占めるに至った。錫を独占し始めた新興財閥パティーニョ、ホッホチルド、そして銀鉱山主からの転身に成功したアラマヨの三大新興錫財閥が登場した。

自由党の時代は1920年まで続くが、付言しておくべきもうひとつ重要な事項が、1904年のチリとの講和条約である。自由党は太平洋岸のチリに占領された領土を放棄し、同地方の港の設置も放棄した。これに対して、チリはアリカとラパスを結ぶ鉄道建設のコストを引き受け、ボリビアがアリカかアントファガスタ港にアクセスするための権利を認め、さらにボリビアが各港に税関を設けることを認めた。また、チリは戦時の補償としてボリビアに30万ポンドを支払うなどしたが、この条約は将来に禍根を残すことになった（コラム4参照）。

その後、自由党は大統領モンテスの下で、好況の錫輸出をバックに鉄道網を整備するなど順調に国内経済を整え、1920年まで政権を維持するが、徐々に強権的になり、反対勢力共和党の台頭を許すことになった。

（大島正裕）

29

チャコ戦争

★現代史の転換点★

1940年代、ひとりのボリビア人が世界の長者番付に名を連ねていた。その名をシモン・パティーニョ（1860〜1947年）という。「錫男爵」と呼ばれた人物である。1860年にコチャバンバ県サンティバニェスのメスティソの家庭で生まれたシモンは、中等教育しか受けていなかったが、早くから商業を学び始め、若くして鉱山に関心を持ち始めた。1890年代には、多くの鉱山管理会社で経験を積み、ポトシ県のラ・サアベドゥラ鉱山の採掘権を得ると、1900年、世界でも有数の錫の鉱脈を掘り当て、そこから一気にボリビア国内の錫鉱山を手に入れ、財閥を形成していった。シモンはフランスや米国に居住し、世界経済の動向を把握し、パティーニョ財閥は錫の採掘のみならず、1916年には英国のウイリアム・ハーベイ社を傘下に収めるなど製錬部門も強化し、パティーニョ財閥を巨大な企業体に育て上げた。

このパティーニョに加え、銀財閥から転じたアラマヨ及びユダヤ系のホッホチルドが錫財閥を形成し、1913年には、錫はボリビアの輸出全体の70％を占めるようになっていた。そしてこのような錫財閥の権益を保証する政治家を中心にして「ロスカ」とよばれる政治体制が生まれた。

錫を主要産品としてその経済と結びつくことで1920年まで続いた自由党政権だったが、乱暴な政権運営に嫌気がさした反対派バウティスタ・サアベドゥラやダニエル・サラマンカが共和党を創設し、反自由党グループを糾合すると、1920年には共和党が自由党に代わって政権を担当することになった。

サアベドゥラ大統領（任期：1921〜1925年）から始まった共和党政権下、国内政治での危機、労働組合による抗議運動、さらにはアルティプラノの先住民共同体による抵抗や反乱、これに加えて、20年代後半の世界恐慌に対処することになり、遂にはそれまでの国のあり方を根本的に破壊するチャコ戦争（1932〜35年）へ突き進んでいった。

国内政治では、1920年以降、サアベドゥラとの共和党内の争いに敗れたサラマンカが真正共和党を立ち上げ、共和党は早々に分裂した。これに対して、サアベドゥラは民衆を味方につけることで乗り切ろうとし、社会労働関連法を制定する。例えば1924年1月に制定された労働事故に関する法では雇用者の責任を規定し、労働者の権利保護を定めた法律を制定した。ところが、1923年末にはウンシア鉱山でストライキを行った鉱山労働者を武力で鎮圧するなど本質的には寡頭支配体制の維持を優先した。

農村では急激な農業近代化が先住民共同体の解体を伴って行われ、共同体が解体された。さらに大農園（アシエンダ）に吸収され、先住民がコロノ化（小作農化）していくにしたがって農村での不満も蓄積され、1920年代以降アルティプラノでは反乱が頻発した。先住民史研究者のシルビア・リベラ

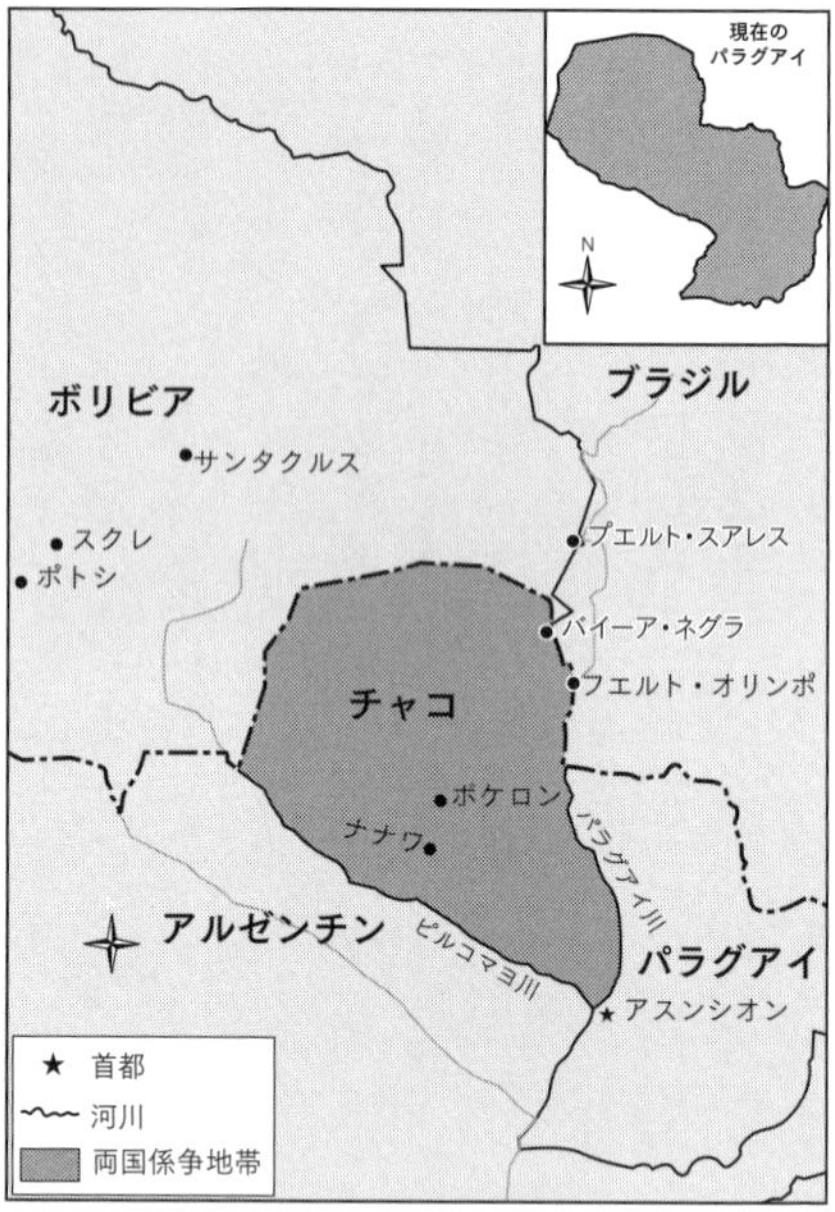

図1　パラグアイとの係争地帯グラン・チャコ。戦後、ボリビアはこの地帯を喪失した
出所：Coordinadora de Historia, *Bolivia, su historia, Tomo V, gestación y emergencia del nacionalismo 1920-1952*, La Razón, 2015, p.90, Tomo-V.pdf

によると、当初は、土地所有の正当性を証明する文書をもっての法廷闘争からはじまった新しい潮流も農園主（アセンダード）の暴力的搾取に対抗するよう武力反乱が主流になっていった。しかし、局所的な反乱であったため各個に鎮圧されていった。

こうした国内の不安もある中で、世界恐慌の波が押し寄せ、錫の国際価格が下落すると国内不安は一気に顕在化していく。国内の債務は増加し続け、政府は適切な政策を打ち出せないまま行き詰まり、1928年にはサアベドゥラの後継のエルナンド・シレス政権下で、国民の目をそらすためパラグアイとチャコ地方で小競り合いを演じてもいる。しかし状況を打開できず暴力的になっていくシレスに代わり、大統領の座についたのが共和党の創設者のひとりで今や真正共和党を率いていたダニエル・サラマンカ（任期：1931～34年）だった。

サラマンカが大統領に就任したとき、世界恐慌に加え、国内の政治的分裂が相次ぎ、独立以来係争となっていたチャコ地方（正確には北部チャコと呼ばれるグラン・チャコの一部）についてパラグアイとの領土係争が燻っていた。チャコは、約32万平方キロの広大な面積を持つが、人口はわずか7万人しかいない。係争地帯は人口が少ないゆえに、両国は小型の要塞を多数配置していた。

多くの研究者が、チャコ戦争の決定的な原因について議論を重ねてきた。例えば以前有力だったのは、この地帯で油田が見つかり、ボリビア側の採掘権をもつスタンダード・オイル社とパラグアイ側の採掘権をもつダッチ・シェル社の代理戦争がこの戦争であるとの解釈である。しかし、こうした解釈は、今はやや安易とされている。

チャコ戦争では、南米の戦争で初めて戦車が使われた。パラグアイ軍によって拿捕された戦車の写真
出所：Tte. Cnel. (S.R) González, Antonio E., *Historia integral de la Guerra del Chaco 1932-1935, Tomo II*, El Lector, 1998

戦争の決定的な原因を見つけるのは難しいが、対パラグアイ戦争がボリビア政府内の対立を解消し、寡頭支配体制の亀裂を修復していったのは事実である。サアベドゥラ派もサラマンカに賛同した。さらにサラマンカは、ボリビアの主要な問題は、経済危機でもなければ社会的危機でもないと言い放ち、最も重大な問題は共産主義者の存在だと問題をすり替えた上で、挙国一致でパラグアイとの戦争に向かう方針を鮮明にした。このとき、パラグアイは19世紀のパラグアイ戦争の影響もあり、依然として貧困国のひとつで、軍隊は貧弱で空軍ももっていなかった。これに比べて、

ボリビアは20世紀初頭から大幅な軍の近代化に取り組んでいた。負けるはずはないとの自信がサラマンカを戦争に駆り立てたようだ。この時期のボリビア軍の近代化に特に功績があったのがドイツ人のハンス・クントである。ドイツ帝国軍の参謀本部に勤務し、その後、ボリビア政府からの要請を受けてボリビアに赴いたクントは、１９１０年代からボリビア軍の顧問として国軍の育成に携わってきた。

１９３２年７月15〜16日、パラグアイ軍が、チャコ地方のラグナ・チュキサカ（パラグアイ側ではピチアントゥタ）と呼ばれる一帯の水源となっている地域の要、ロペス要塞を攻撃し、占領したとの報がもたらされた。実はこの地域は、パラグアイが１９３１年から実効支配してきたところで、これを１９３２年６月にボリビア軍が奪い、それにパラグアイが反撃したものだったが、この衝突を巧みに利用したサラマンカは世論を扇動してパラグアイとの開戦につなげた。当初は、チャコ地方のパラグアイ側の要塞を攻略して、戦争の早期終結を意図していたサラマンカだったが、やがて戦線は拡大していく。ボリビア側の目論見と違い、パラグアイはホセ・フェリックス・エスティガリビア将軍の下、装備が劣っているにもかかわらず粘り強く戦った。ボリビア側ではサラマンカと軍の総司令の思惑がかみ合わず、ついにはドイツにいたクントまでが呼び戻され総司令を務めたが、徐々に戦局はボリビア軍不利に傾いていった。

（大島正裕）

30

チャコ世代の挑戦

★国民統合の気運★

１９３２年7月の開戦後、ボリビア軍はパラグアイ領内の重要要塞を落とし、7月31日にはボケロン要塞を占領した。パラグアイ軍はこれを重くみて反抗に転じ、9月にボケロン要塞の攻防といわれる凄惨な戦いを迎える。マヌエル・マルサナ将軍率いる守備隊４４８名の装備は、小銃３５０丁、機関銃40丁、大砲2、対空砲２。これに対して、パラグアイは９０００人を超える兵で攻め寄せた。ボケロン要塞救援のためパラグアイの囲みを破った部隊もあったが、ボリビア軍の被害は増えるばかりで、水や医薬品不足にも悩まされ、20日間もの激闘の後、遂に多数の死者を出して敗北した。ただ、その戦いぶりは敵であるパラグアイ側も賞賛するほどであった。

この後、ボリビアではサラマンカの影響力が弱まり戦局は好転せず、１９３２年の末から翌年末にかけて、パラグアイ軍がボリビア側のチャコ領を占領していった。この結果、１９３４年11月までにチャコの大部分が占領された。ここでようやく軍の反乱で大統領サラマンカが更迭され、副大統領ホセ・ルイス・テハダ・ソルサノが大統領に昇格した。チャコ地方の油田地帯の占領を目指すパラグアイだったが、このあたりが同軍の限界で、ビリャモンテスの戦いで、ボリビアの若き英雄ヘルマン・ブッシュ少佐がパラグアイ軍を撃退すると、ようやく停戦交渉が始まった。結局、アルゼンチンの仲介で、1935年6月14日講和が実現し1938年7月21日に、ブエノスアイレス講和条約が締結された。ボリビアは3年間にわたるチャコ戦争の結果、24万平方キロにおよぶ広大なチャコ地方を喪失した。太平洋沿岸の局地的な戦争にすぎず、動員数もさほどではなかった太平洋戦争と比べ、チャコ戦争でボリビアは20万人以上の兵士を動員し、6万人以上の犠牲者を出した。アルティプラノの先住民も動員され、国内では反戦運動が起こったが、動員された全国の兵隊は、乾燥し水不足でマラリアの恐怖とも戦い、戦後、このチャコ従軍兵の中から国を改革する新しいエネルギーが登場した。彼らを「チャコ世代」と呼ぶ。

チャコ世代をまず牽引したのは青年将校たちであった。1936年5月に政権を維持しようとしたテハダ政権に対してクーデターを起こし、戦間期からチャコ戦争後半の総司令官エンリケ・ペニャランダ将軍を補佐したダビド・トロが政権を奪取した。トロは、穏健左派、チャコ帰還兵、労働運動とも合同し軍事評議会を樹立し、戦争中暗躍していたスタンダード・オイル社を国有化し、石油公社（YPFB）を創設。さらに労働省の設置や労働組合の発足義務を規定した法律の制定や鉱山銀行の設置などを進めた。1937年7月には、より急進的改革を目指すビリャモンテスの戦いの英雄ブッシュが34歳の若さで政権につく。ブッシュは、1938年憲法を制定し、経済政策への国家の介入を認め、先住民のスペイン語教育を進めるなどナショナリズムに基づいた政権運営を試みるが、反対派からの圧力もあってか、1939年8月に大統領官邸の執務室で謎のピストル自殺を遂げた（この2代の政権を「軍事社会主義政権」という）。この後、チャコ戦争後半の総司令令ペニャランダの下に守旧派が結束し、一旦は寡頭支配体制が復活した。

チャコ戦争を潜り抜けた中間層、特に知識人は、当時外国から流入してきたマルクス主義などの影響も受け、急激にこれまでの伝統政党と異なる新しいタイプの政党を組織し始めた。左翼革命党（PIR）、労働者革命党（POR）など左派系政党に加え、1941年には、52年の革命の主役となる国民革命運動（MNR）が、ビクトル・パス・エステンソロら法律家やジャーナリストを中心に結成された。MNRは左右両派に門戸を開き、反寡頭制のスローガンを掲げ、鉄道労働者や鉱山労働者の組織化を図ったボリビア初のポピュリズム型政党だった。また、ジャーナリズムを巧みに操り、1942年12月の錫財閥パティーニョ家所有のカタビ鉱山での軍による数百人もの鉱山労働者の虐殺事件（カタビ鉱山虐殺事件）を契機に鉱山労働者への絶大な影響力をもつフアン・レチンとも共闘し、組織は急激に拡大していく。

青年将校の中にもチャコ戦争の従軍者グループ「祖国の大義（RADEPA）」というグループが生まれ、強力なナショナリズムを掲げてMNRと連合した。このRADEPA・MNRは1943年12月に決起し、ペニャランダを退け、RADEPAのグアルベルト・ビリャロエルが34歳の若さで大統領に就任した。ビリャロエルは、先住民言語であるケチュア語を話す新しい時代に相応しい人物であった。しかし、米国がMNR内の反ユダヤ主義的言説からMNRとナチスとの関係性を疑い、新政権は米国の承認を勝ち得るために一旦はMNR閣僚を政権から除外するなどの措置を行ったこともあり、改革は順調に進まなかった。だが、1944年にはレチンの協力を得て、鉱山労働者組合（FSTMB）を組織し下からの力を強化していった。また、チャコ戦争以降、兵隊として白人層や都市

先住民全国会議の開会宣言を行うビリャロエル、前列左から３番目はパス
出所：*BOLIVIA, su historia Tomo V, Gestación y emergencia del nacionalismo 1920-1952,* Artes Gráficas Sagitario, p. 109

メスティソ（混血）層と共にチャコの戦場で戦った先住民の中で、特にコチャバンバ渓谷の先住民農民たちが、トロ、ブッシュ政権下の親労働者政策の流れにも乗り、農民組合を結成し、反農園主の動きを見せ始めた。農村では、都市や近隣の町に住む大農園主の家で一定期間無償労働を行うという前時代的な「ポンガへ制」という悪習が残っていて、同制度廃止が借地要求や教育の権利と共にこの時代の農民運動のスローガンとなっていった。この運動の中から、ルイス・ラモス・ケベド、フランシスコ・チパナ・ラモスなどの新しい先住民指導者が登場してきた。

　このような状況下で、ビリャロエル政権は、1945年5月に先住民全国会議を組織する。ラパスで開催されたこの会議には、約1000人もの先住民農民が参集し、5月15日に大統領令が可決された。この先住民全国会議の成果を示す大統領令の中で、ポンガへ制は廃止され、無償労働に対する罰則が規定され、コロノが生産物を販売する権利や農園主の学校創設を規定するなど、当時としては先進的な方針が打ち出された。先住民農民への影響は計り知れず、ビリャロエルは現代に至るまで先住民政策の先駆的大統領として評価されることになる。とはいえ、結局はこの大統領令は施行には至らず、また、ビリャロエル政権は、鉱山労働者や農民組合へのヘゲモニーをめぐって他の社会主義政党と対立関係にあり、大衆の広い支持を得たわけではなく、先住民全国会議に象徴される親先住民政策に嫌悪感を示した市民も少なくなかった。結果、1946年7月にラパスで市民暴動が起こり、ビリャロエルはムリーリョ広場で市民によって縊《くび》り殺されることになる。

トロ、ブッシュ、ビリャロエルによって進められてきた一連の改革の動きは、ビリャロエルの死によって一旦は引き戻されるが、40年代を生き残ったMNRによって、ボリビア史の分岐点となる52年革命が準備されることになる。

（大島正裕）

コラム4

海の出口問題

大島正裕

ラパスにさして大きくもないのどかな広場がある。「アバロア広場」といって、ラパス滞在中の週末、私はこの広場の正面にあるアレクサンダー・カフェのテラスでコーヒーを飲んだ後、広場の中を一回りして、周辺を散歩することが大好きだった。この広場のど真ん中に巨大な人物モニュメントがある。エドゥアルド・アバロア、太平洋戦争のカラマの戦いで戦死し、英雄となったあのアバロアである。そして、彼の戦死した3月23日がボリビアの「海の日」として重要な祭日になっており、国民に太平洋戦争の敗北と海岸部を失った悔恨の記憶を呼び起こす重要な式典がこの広場で行われる。その日ばかりは大統領を始めとした政府の高官がこの広場に集まり、国

アバロア広場にあるエドゥアルド・アバロアの最期を再現したモニュメント

コラム4

海の出口問題

民全体が海岸部の回復を誓い合うのだ。

海岸部を失ったと書いたが、ボリビア政府は「失ったもの」を取り戻そうとしてきた。「海の出口問題」は、ボリビアの経済発展の鍵を握る問題であり、どうしても諦めきれないというのが本音なのだ。1904年の条約で太平洋岸を喪失したとはいえ、特に1919年以降は、国際連盟などの国際機関を活用してチリへの働きかけを続け、チリの外交筋から交渉の可能性を打診されることもあった。この「海の出口問題」は、ボリビア国民の宿願であり、国民の結束を高めるスローガンにもなってきた。ボリビア輸出業者は主にアリカやイキケを輸出港として使用し、その港湾使用料を払ってきたが、2004年に、チリ政府が、アリカ港の管理を民営化したことで、その使用料が引き上げられた。このことでボリビアの「海の出口問題」はさらに争点となっていった。

2006年に政権に就いたエボ・モラレス大統領は、とりわけこの「海の出口問題」を内政の観点からも重視し、2011年4月に歴代大統領を召集し、「元大統領常設顧問委員会」を設立し、本件が政治的な主義主張を超えた国民問題であることを国民に知らしめ、2014年に『エル・リブロ・デル・マル（海の本）』という小冊子を作成し、政府やマスコミを通じて国民や外交団など幅広い層に配布した。表紙は海の色「青」でプリントされ、

海の本

海岸部の歴史、太平洋戦争の歴史、戦後の歴史、チリ高官の発言記録などが網羅されている。特に圧巻なのは、チリや国際的著名人の「海の出口問題」に関するボリビアに対する「譲歩」を匂わせる発言を余すところなく整理したことで、ボリビア側の執念を感じさせる。

さらにボリビアは、この問題についてチリと二国間で交渉を継続してもらちがあかないと考え、国際的な枠組みで本件を解決しようとしてきた。２０１３年４月にボリビアはエドゥワルド・ロドリゲス元大統領を代表として、オランダのハーグの国際司法裁判所（ＩＣＪ）にチリが交渉に応じるよう求める提訴を行った。２０１４年からは、２００３～05年に大統領を務め、歴史学者として海の問題の歴史的経緯にも精通し、２０１６年には『ボリビアの海の歴史』を著したカルロス・メサが本問題のボリビア国際代表に就任し、モラレスと連携してＩＣＪでの提訴内容の説明に努めた。こうして、チリが交渉の席につくようしぶとく働きかけたものの、２０１８年にＩＣＪはボリビアの提訴内容を棄却し、チリはボリビアと本件について交渉の席につく必要はないと判断した。ボリビアの夢はまたもや破れたことになる。とはいうものの、この問題が決着したとは誰も考えておらず、ボリビアの国家問題として、引き続き声高に主張されていくにちがいない。

V

多民族国へ向けての政治

31

ボリビア革命

★政治的大転換の光と影★

1952年4月9日、MNR（国民革命運動）は軍の一部を招いてクーデターを起こし、11日に政権獲得を実現した。この事件はボリビア革命（la Revolución Boliviana）、52年革命（la Revolución del 52）あるいは国民革命（la Revolución Nacional）と呼ばれる。

革命前夜

ボリビア史では、革命に先立つ1946年から1952年までを、スペイン語の「6年間」を意味する単語を取ってエル・セクセニオと呼ぶ。ビリャロエル政権が倒された後の選挙では、保守政治家の間でその手腕が買われたエンリケ・エルツォグが大統領に当選した。エルツォグは1949年に大統領を辞し、副大統領のマメルト・ウリオラゴイティアが政権を引き継いだ。

エル・セクセニオの間、言論や結社の自由は厳しく制限された。MNR党員など反政府の立場を取る者が次々と当局に身柄を拘束され、亡命を余儀なくされる者もいた。この状況のもと、政府に反対する諸勢力は政権の獲得を構想した。例えばMNRは、パラグアイに亡命していた党首ビクトル・パス・エステンソロを大統領候補とし、選挙を通じた制度的な政権獲得を目指した。一方、鉱山労働者組合（FSTMB）は1946年に自らが前衛となって社会主義革命を起こすと定めたプラカヨ綱領を採択した。政権獲得を明確に企図しなかったものの、既存の秩序に挑戦する動きも見られた。農村に住む高地部の先住民はビリャロエル政権の崩壊後、アシエンダでの労働を拒否する、アシエンダの土地を占拠するといった抗議行動を活発化させた。また、軍の内部でも保守的な政権に不満を持つ士官が存在した。

1951年に行われた大統領選挙では、MNRのパスが首位となった。ウリオラゴイティアはパスのような「共産主義者」に政権は渡せないとし、軍に政治への介入を求めた。これに伴い軍人が大統領に就任し、選挙の無効を宣言すると、MNRが反保守の軍人や労働組合などと歩調を合わせ、クーデターを実行した。

ビクトル・パス・エステンソロ

政権獲得の道のり

MNRの試みは早々につまずいた。4月9日午前、ラジオを通じたMNRの呼びかけに応じ、政府に不満を持つ市民が首都ラパスをはじめ主要都市で街頭に大挙した。ところが、MNRに協力してきた軍人がその規模の大きさに驚くと、社会秩序の維持を理由に、政権の防衛に回ってしまった。

軍との対決を迫られた反政府側に武力を供給したのは警察と鉱山労働者であった。警察はかねてより治安維持の職域をめぐって軍と対立しており、ＭＮＲを支持した。また、鉱山労働者は火炎瓶から、鉱山掘削で使うダイナマイトにセメント片を付けた「手榴弾」まで、様々な手製の武器をクーデター以前から用意していた。

当時の新聞によれば、4月10日の時点では軍が圧倒的な優位にあった。ところが、4月11日に鉱山労働者がラパス周辺に到着すると、武器を得たＭＮＲ側が大統領府近辺にある駐屯地や士官学校など、軍の拠点を次々と占拠した。この結果、大統領は首都を去り、政権交代が実現した。

パス政権の改革

ＭＮＲは抗議の中止を市民に伝え、15日にパスがボリビアに帰国すると、最高裁判所が１９５１年選挙の結果を認め、パスが正式に大統領となった。パス政権の課題は、ＭＮＲに集う勢力にどの程度の権力を与えるかであった。とりわけ、武力闘争を勝利に導いた鉱山労働者の処遇が焦点となった。

労働者はパスの帰国直後に、労働組合の全国組織であるボリビア労働連合（ＣＯＢ）を結成し、鉱山労働組合のリーダーであり、ＭＮＲにも参加していたフアン・レチンを書記長とした。ＣＯＢはパスに対し、自らに政権の主導権を渡すよう要求した。パスはこれを拒否したが、鉱山石油、農民担当、労働社会保障の3省の大臣ポストを、レチンを含むＣＯＢリーダーに与えると共に、これらの省が担当する政策をＣＯＢの同意なく決定しないことを約束し、レチンもこれを了解した。ＭＮＲとＣＯＢの共同統治（cogobierno）と呼ばれる体制がここに登場した。

この共同統治体制のもと、様々な改革が進められた。まず、鉱山労働者が強く要求してきた国内鉱業大手3社の鉱山国有化が実現した。そして、ボリビア鉱山公社（COMIBOL）が設立され、国有化された鉱山の運営を担った。石油公社YPFBと共に、COMIBOLは鉱物資源産業の主要企業となった。ただし、鉱物資源産業の全てが国有化されたわけではなく、資金と技術を持つ外資系企業の活動をパスは歓迎していた点には注意が必要である。

改革の波は農民にも及んだ。1952年7月に政府が普通選挙権を保障する政令を発し、農村部に有権者が急激に増えた。1953年からは農地改革、すなわち地主から土地を買い上げ、土地を持たない者に分配する事業が始まった。さらに農民の組織化も進められ、各村落に農民組合を設け、それらを統合する組織としてボリビア農業労働者全国連合（CNTCB）が作られた。CNTCBは農地改革の窓口となるなど農民向けの利益供与を担うと共に、選挙などにおいて組合員を動員する組織にもなり、政府与党を支える基盤となった。

軍制も変更された。MNRの政権獲得の前後に、武装した労働者や農民の集団が自然発生的に出現した。これらは後にCOBなど労働組合の指揮下に入ったが、MNRはこれをそのまま政府公認の民兵隊とした。とりわけ、農民民兵隊は規模が大きく、COBが管理する農民担当相が各地の農民組合を通じて武器を配布した。

民兵隊を正規化したことに伴い、エル・セクセニオまで存在した軍の処遇が問題となった。COBは民兵隊をボリビア唯一の軍隊とすることを望んだが、パスは軍を温存し、エル・セクセニオの間に当時の大統領と対立して要職から外された将校を登用し、その指揮にあたらせた。パスは自身の政権が民兵隊ひいてはCOBに依存することを回避した。

教育もまたパス政権の重要な政策領域であった。公教育の普及はセクセニオ以前から政府の課題であったが、1950年時点で初等教育の就学率は3割程度とされた。パスは公教育を通じた知識の普及と国民意識の発揚が自らの政権を支えると考え、初等から高等に至る教育制度の整備に力を入れた。データは限定的であるが、1976年までに初等教育就学率は7割を超えたと推計されている。

一連の大きな改革を起こしたMNRの政権獲得は長らく革命と呼ばれてきたが、現在ではそう呼ぶことを疑問視する者もいる。セクセニオ以前と同様、パスは文化的に同質的なボリビア国民を作り出すことを意識しており、先住民など多様な文化を持つ集団の存在を尊重しなかったことがその理由である。農村部先住民の組織が農民組合と称されたように、先住民は階級（所有する生産手段に基づく集団の分類）の観点から農民として扱われた。また、農地革命の狙いが地主の持つ遊閑地を減らし、農業生産を向上させることにあったことから、土地を持たない先住民が多数居住していた高地部では積極的な土地の分与がされたものの、人口が少なく、狩猟など移動を行う者も多かった低地部の先住民には土地は与えられなかった。低地部で代わりに土地の供与を受けたのは、企業的な大規模農業を行うことが見込まれた地主層であった。

（宮地隆廣）

32

MNR政権の挫折と軍事政権

★与党の内紛が招いた軍の政治介入★

MNR（国民革命運動）政権（～1964）

1952年に政権を獲得して以後、MNR政権は大統領選挙を3回（1956、60、64年）、議会選挙を5回（56年から64年まで2年ごとに）実施した。大統領選では、1956年にはパスと共にMNRを創設したシレスが、1960年と64年にはパスがMNRから立候補し、軒並み70％以上の得票率で勝利した。議会選でも上院と下院の双方でMNRは大半の議席を占めた。

MNR政権は普通選挙制を実現したが、それでボリビアが民主制になったわけではない。政府当局は野党の活動を恣意的に取り締まった。選挙管理委員会もMNRに支配され、野党党員の立候補が却下されるなど、選挙は競争的ではなかった。

政権を苦しめたのは与党の派閥であった。保守のワルテル・ゲバラ・アルセ、中道保守のパス、中道革新のシレス、革新のレチンが派閥を作り、農民組合をはじめ全国各地の市民団体の支持を取り合った。MNRはCOMIBOL（ボリビア鉱山公社）の創設など政府による経済管理の強化を基本方針としていたが、革命直後に深刻な不況に見舞われ、その後は激しい物価上昇に見舞われたことから、1956年には当時のシレス政権

フアン・レチン

が財政の緊縮を決定せざるを得なくなるなど、方針を政策として実行できない状況に直面した。そして、労働者による経済の管理を広げたいCOB（ボリビア労働連合）、その代表者であるレチンは緊縮財政など政府の役割縮小に強く反対した。

程なくして、MNRの解体は現実となった。まず、ゲバラ・アルセが1960年大統領選挙でパスの立候補に反対し、自ら出馬した。パスはレチンを副大統領候補に迎え、労働者票を背景に選挙で勝利した。レチンは1964年大統領選挙でMNRの候補者となることを約束されていたが、パスは大統領に就任すると、議会を通じて憲法を改正した。主な変更点は民兵隊を軍の指揮に入れること、そして大統領の連続再選を可能にしたことだった。再選を目論むパスにレチンが不満を示すと、パスはレチンを党から追放した。シレスもパスの立候補に反対し、党の再結束を唱えるも実現せず、MNRを去った。パスは支持基盤を軍に求め、1964年大統領選では副大統領候補に空軍将校レネ・バリエントスを据えた。

追放されたMNRのリーダーたちは1964年の選挙をボイコットした。レチンは労働者の意向に従い、街頭での激しい抗議行動や国営鉱山でのストライキを率いた。この混乱を前に、バリエントス率いる軍はパス政権が統治不能に陥っていると判断し、同年11月にクーデターを起こした。

軍事政権の登場（〜1971）

ボリビア史ではバリエントス政権の登場をもって軍事政権の時代が始まったとされるが、後に見られた統治の形態は多様であった。まず、クーデター後の政府を統治したのは、空軍の長であるバリエントスと陸軍の長であるアルフレド・オバンドが率いる評議会（フンタ）であり、フンタの長としてバリエントス、オバンド、あるいは両者が共同で大統領を務めた。

バリエントスはフンタの統治を長期化させる意向を持っていなかったとされる。バリエントスは、出身地であるコチャバンバ県内で1950年代後半に勃発したMNR派閥間の抗争を懐柔した実績を持つ。1960年より軍は本務である国防に加えて、診療所の建設など農村部の生活改善を支援する業務に携わった。バリエントスは住民との接点を生かし、組合関係者の接待から児童へのサッカーボールの寄付まで地道な利益供与を行って、「大衆の将軍」として知名度を高めた。

バリエントスは自らの人気を理解しており、早くも1965年末に民政移管を謳って選挙の実施を宣言し、軍役を辞して自ら出馬した。パスらMNRの主要リーダーは全て亡命しており、バリエントスは1966年に実施された大統領選挙で難なく勝利した。かくして、バリエントスは文民の大統領として政権を担うことになった。

バリエントスはMNR政権の改革の成果を基本的には維持したが、それを積極的に深化させることはなかった。一方、反政府的な鉱山労働者に対しては、軍を動員して逮捕・殺害することを辞さなかった。また、1959年のキューバ革命を率い、ボリビアでも社会主義革命の実現を目論んだチェ・ゲバラ率いるゲリラ部隊を討伐した（コラム5参照）。自国の共産主義化を恐れる保守派の士官はこの時期に増えたと言われる。

1969年4月、バリエントスを乗せたヘリコプターが墜落した。大統領の死に伴い、MNRのシレスの異母兄弟で、副大統領であるアドルフォ・シレスが大統領に昇格した。シレスは労働者に寛容な姿勢を示し、亡命していたレチンもこの時に帰国したが、大統領の座を狙っていた陸軍のオバンドが9月にクーデターを起こした。

オバンドは外資系石油企業の国有化を図るなど、政府による積極的な経済統制に意欲を示すも、政策の実行に迅速さを欠いた。COBが改革の徹底を求めると、1970年10月に軍内の保守派が政権の左傾化を阻止すべくクーデターを起こした。COBは大規模なストライキを起こしてクーデターを拒否する姿勢を示すと、それに共感する一部の士官がCOBと協力して、政権を奪取した。

この士官たちを率いたのは陸軍のフアン・ホセ・トーレス将軍である。トーレスは、隣国ペルーのファン・ベラスコ軍事政権を模した社会主義的な軍事政権の実現を目論んだ。意思決定機関として、軍が指名した職業団体の代表によって構成される人民議会が設けられた。COB傘下の労働組合に多くの議席が与えられ、レチンが代表に任命された。

バンセル政権

人民議会は全鉱山における労働者の経営参加などに加え、軍の組織改革を行うことも決めた。自身の地位を脅かされた保守派の軍人は1971年8月にクーデターを起こし、トーレスを国外に追放した。クーデターを率いたのは陸軍のウーゴ・バンセル大佐である。

バンセルはサンタクルス県出身で、米国で士官教育を受けた人物である。バリエントス政権時には教育相を務めた経験もある。しかし、バンセルの統治はバリエントスとは2つの点で大きく異なる。

第一に、バリエントスよりも政治的自由を厳しく制限した。バンセル政権発足直後から、左派政党は活動を禁じられ、レチンを含む多くの政治家が亡命を余儀なくされた。また、バンセルは当初、トーレス政権に批判的であったパス率いるMNRを政権に招き、大臣のポストを与えたが、MNRが軍政の長期化に懸念を示すと、バンセルは1974年にMNRを含むすべての政党活動を禁止した。

第二に、東部低地帯の開発を優先した。広大な未耕地を有する低地帯に企業的な農業・牧畜業を新興すべく、政府系金融機関による企業への優先的な融資や、道路をはじめとするインフラ整備を進めた。ボリビア最大の空港である、サンタクルス県のビルビル国際空港の建設構想が具体化したのもバンセル政権の時である。

ウーゴ・バンセル

バンセルは1978年まで政権を担った。1970年代前半にボリビアの主力輸出品である鉱物と石油の国際価格が高騰し、好況であったことが政権の長期化を支えたと言われている。しかし、好況が終わると、バンセルが享受してきた政治的安定も失われることになった。

（宮地隆廣）

33

二重の移行

★軍事政権の崩壊と新自由主義政策の導入★

１９８０年代から90年代にかけて、多くのラテンアメリカ諸国がいわゆる二重の移行を経験した。具体的に言えば、軍事政権や文民の独裁政権が倒れ、民主制が成立する政治体制の移行が起きると共に、経済成長のために政府が積極的な役割を果たす方針から、政府の役割を極力小さくする方針、すなわち新自由主義へと経済開発の戦略も移行した。ボリビアもまたその例外ではない。

民政移管

安定したバンセル政権運営に逆風が吹き始めたのは１９７０年代後半のことである。１９７７年に発足した米国ジミー・カーター政権は、非民主的な政権であっても反共産主義であれば黙認するという従来の米国の外交方針を翻し、深刻な人権侵害を行う政府を批判するようになった。バンセル政権もまたその対象となった。

同じ時期に経済も不況に向かい、市民の不満が顕在化する事件も起きた。１９７７年末、鉱山労働者の妻４名が子どもたちと共にラパス市内の教会でハンガーストライキを行った。主な

表1　民主制への移行期（1978-82）の大統領

就任年月日	大統領	職業	政権獲得の形態
78.7.21	J. ペレダ	空軍将軍	大統領選後、クーデター
78.11.24	D. パディジャ	陸軍将軍	クーデター
79.8.8	W. ゲバラ	政治家・上院議長	総選挙後、議会が指名
79.11.1	A. ナトゥシュ	陸軍大佐	クーデター
79.11.16	L. ゲイレル	政治家・下院議長	大統領辞任後に昇格
80.7.17	L. ガルシア・メサ	陸軍将軍	総選挙後、クーデター
81.8.4	フンタ	陸海空軍司令官	クーデター
81.9.14	C. トレリオ	陸軍将軍	評議会（フンタ）が任命
82.7.21	G. ビルドソ	陸軍将軍	評議会（フンタ）が任命
82.8.6	H. シレス	政治家	1980年選挙で勝利

出所：舛方・宮地 (2023: 207)

要求は、反政府的であるとの理由で逮捕されたり、ＣＯＭＩＢＯＬ（ボリビア鉱山公社）を解雇されたりした夫の地位回復であったが、後にこれを模倣したストライキが複数発生した。カトリック教会やマスメディアもまた、政府の抑圧を恐れず、この動きを公然と支持した。

バンセルはＣＯＢ（ボリビア労働連合）など労働者層の不満を総じて厳しく抑えてきたが、企業層から全面的な支持を得ていたわけでもなかった。バンセルの関心が東部低地帯に偏っているなど、政府と協議できる企業層は限られていた。また、市民の自由を制限することが逆に左派の強い反発を生み出しているという批判も生じた。

以上のような圧力を前に、バンセルは１９７８年に民政移管選挙を実施した。その後、ボリビアでは10度もの大統領の交代を経て、１９８２年にようやく民主制が安定した（表1参照）。頻繁に政権が交代した主な原因は、軍の内部で政権を維持するか否かで意見が割れたことにあり、３回行われた総選挙（１９７８、79、80年）の結果を不満とする軍人がクーデターを起こした。民政移管の決定打となったのは1980年7月にクーデターによるルイス・ガルシア・メサ政権の発足である。ガルシア・メサは軍に批判的な市民の殺害をためらわなかったのみならず、麻薬取引に絡んだ蓄財を行うなど深刻な汚職に手を染めた。これに伴い、軍の名声がこれ以上傷つくことを嫌った士官がガルシアをクーデターで追放し、1980年選挙の結果に基づく民政移管に合意した。

軍政末期の経済

すでに述べた通り、軍政末期のボリビアは不況であった。これは当時の短期的な情勢の影響を受けていると共に、ボリビアが長らく採用してきた開発戦略の限界の表れでもあった。1930年代の軍事社会主義政権に始まり、1952年革命以後に歴代政府の基本方針となった開発戦略とは、錫(スズ)や石油など主要な資源を政府が管理するなど、政府の積極的な経済介入を基調としていた。1960年前半からバンセル政権の末期まで経済は堅調に成長したが、その成長を支えたのは鉱物と炭化水素資源の輸出であった。製造業の発展は限定的で、低地部で成長しつつあった農業や畜産業、林業も国際的に十分な競争力を持っていなかった。

1970年代には産油国が原油価格を引き上げ、石油危機が発生したが、産油国はこれによって得た多額の収入を先進国の銀行に預けた。この預金を元手に銀行はラテンアメリカ諸国に積極的な融資を行い、ボリビア政府もまた多額の貸付けを受けた。その資金は政府系企業への投資、あるいは政府系金融機関を通じた特定の企業への融資に回った。アルゼンチン輸出向けの石油公社YPFBのガス生産施設の整備など、成果は一部見られたものの、国全体の生産能力は十分向上せず、税収も増えなかった結果、政府は対外債務を抱えることになった。

軍政の末期にはこうした苦境に追い打ちをかける事態が相次いだ。１９８０年より主力輸出品である錫の国際価格が下落し、輸出額が大幅に減少した。１９８１年には米国が自国の物価高に対応するために利上げを行い、ドル高が生じたことで、ドル建ての対外債務も増価してしまった。同年には天候不順による不作も生じた。

シレス政権の挫折と新自由主義

シレス政権の発足により、これまで軍政か民政かを問わず見られた、政治的な自由に対する制限がなくなった。一方、中道左派に位置するシレスは経済面で深刻なジレンマに立たされた。有権者の期待に応えるには、積極的な財政支出を行い、貧困や格差などボリビア社会の問題を解決する必要がある。しかし、軍事政権から引き継いだ対外債務の返済も迫っていた。

エルナン・シレス

シレスの解決策は、紙幣を増刷し、財政支出を維持するというものであった。通貨供給の大幅増加は物価の上昇につながるが、これは賃金の目減りを意味するため、ＣＯＢはストライキを繰り返し、賃金の引き上げを求めた。シレスはＣＯＢの圧力に屈し、政府部門の賃金を引き上げ、それに伴う出費の増加もまた紙幣の増刷で賄った。この結果、シレス政権期の物価上昇は記録的な水準に達した。ある推計によれば１９８５年のインフレ率は約1万１８００％であった。１００％が物価の倍増を意味することを考えれば、この率の深刻さが理解できる。

シレスは経済の混乱の責をとって、総選挙を1年前倒しして実施することを決めた。大統領選挙では、退役したバンセルとＭＮＲ（国民革命運動）のパスの接戦となり、最後は議会での決選投票によりパスが勝利した。１９６４年のクーデターから20年以上を経て、パスは政権に返り咲いた。

パスは政権発足直後に、１９５２年に自ら導入した政府主導の開発戦略を転換する決定を下した。米国の経済学者の意見を入れつつ、経済企画相ゴンサロ・サンチェス・デ・ロサーダら閣僚数名は2週間程度で政策パッケージを定めた。１９８５年8月29日、大統領はこれを政令２１０６０号として定めた。

政令の主な内容は対米国ドル固定為替相場制の導入、輸入の自由化、そして政府系企業の縮小・解体であった。ボリビア通貨の価値を米国ドルに結びつけることで通貨の信頼を回復させると共に、経済に対する政府の介入を減らすことで経済の均衡を取り戻すことが狙いであった。政令の発表後に物価上昇が急速に収まるなど、その成果は国内外で注目を集めた。その後、政令はしばらく覆されることなく維持されたため、政令の導入はボリビアにおける新自由主義の転換点とされる。

（宮地隆廣）

34

サンチェス・デ・ロサーダの時代

★政治の構図を変える多様な改革★

合意された民主主義

１９８５年発足のビクトル・パス・エステンソロ政権以後、ボリビアでは「合意された民主主義」と呼ばれる政治が続いた。パス・エステンソロが率いる中道右派のＭＮＲ（国民革命運動）、バンセルが率いる右派の政党である国民民主行動（ＡＤＮ）、パス・エステンソロの甥で、学生運動家から政治家となったハイメ・パス・サモラが率いる中道左派政党の革命左翼運動（ＭＩＲ）が当時の主要政党であったが、いずれも大統領選挙で過半数の票を取ることはできなかった。当時の憲法ではこのような場合、上位２名の候補者を対象に議会両院の議員が決選投票を行うと定めていた。この結果、決選投票に先立つ政党間の交渉が行われ、多数派を組むことで合意できた党が与党となった。

シレス政権が財政の拡大によって経済を混乱させたことを踏まえ、いずれの政党も政令２１０６０号を基調とする新自由主義の路線を変えることは考えていなかった。右派政党と左派政党の対立は失われ、多数派を形成する交渉は双方をまたぐ形で展開された。１９８５年に発足したパス・エステンソロ政権はＭＩＲと連立を組んだ上に、ＡＤＮとも政令２１０６０号の推進で協力を得ており、その見返りとしてＡＤＮに地方行政のポストを与えた。１９８９年に発足したＭＩＲパス・サモラ政権はＡＤＮと、１９９３年に発足したＭＮＲサンチェス・デ・ロサーダ政権はＭＩＲと、１９９７年に発足したＡＤＮバンセル政権は再びＭＩＲと協力した。連立の際には小党が招かれることもあり、バンセル政権に至っては5党で連立政権を発足させた。

新自由主義が暗黙の了解事項となり、政党の対立軸がなくなることは、政党に異なる影響をもたらす。財政拡大にもともと積極的でない右派の政党であれば、新自由主義と政党の主張に乖離はない。しかし、貧困や格差を解消すべく積極的な財政の必要性を訴えるＭＩＲのような左派政党の場合、政党が掲げてきたイデオロギーを曲げて、ＭＮＲやＡＤＮなど右派政党と連立を組むことになるため、政党が有権者に示してきたイメージを自ら傷つけることとなった。

ゴニの改革

上記の政権はいずれも新自由主義を受け入れたものの、政策推進の積極さには大きな差があった。パス・サモラは政府系企業の民営化を試みたが、不調に終わった。サンチェス・デ・ロサーダは民営化を実現したのみならず、21世紀のボリビア政治に影響を与える大きな改革を実施した。そしてバンセルはこの改革を踏まえた民営化を行った。以下では、サンチェス・デ・ロサーダによる広範な改革の中身を説明する。

ボリビアの人々はサンチェス・デ・ロサーダを、名のゴンサロから来たあだ名である「ゴニ」と呼ぶ。ゴニの父親はＭＮＲにつながりの深い人物であり、１９５２年革命の前には米国に居を構えていた。ゴニもまた米国で生まれ、米国の大学で学位を取り、英語なまりのスペイン語を話す。ゴニは米国に住みつつ、ボリビアで映画制作から鉱業までビジネスを広く展開し、成功を収めた。民政移管が始まる1978年にはMNR所属の国会議員となり、政界入りを果たした。その後、パス・エステンソロ政権のもとで政令21060号の作成に携わったが、大統領になるとさらなる改革を多方面に展開した。

まず、政府系企業の民営化においては、株式の50%をボリビア政府が保持しつつ、残りの50%を民間企業が取得することとした。これによって、民間企業は政府系企業を完全に買収する必要がなくなり、半分の出費で企業を所有・経営できるようになる一方、利益の一部が株主であるボリビア政府に回ることとなった。ゴニはこの利益を年金の資金に充てた。この枠組みのもと、鉄道をはじめ多くの政府企業に民間の投資が入るようになった。

ゴンサロ・サンチェス・デ・ロサーダ

地方分権化も重要な改革の柱であった。ゴニ政権発足当初、ボリビアには県都を中心に市が24しかなかったが、1994年に大衆参加法を定め、全国に311の市を設けた。そして、中央政府の税収の20%を人口に応じて各市に比例配分することとした。行政と市民の距離が縮まり、市議会や市長といった地方行政ポストも大幅に増えた。

農地改革の制度も変更された。1953年に改革が始まって以来、土地所有権の移転が進められてきたが、地籍の管理は十分ではなかった。また、人口密度の高い高地部から人口希薄な低地部に向かって農民が移動し、農地を開くことが相次いだ。土地の所有者を明確にすることは、安定した経済活動を行う基盤になるとの発想に立ち、ゴニ政権は新しい農地改革法を定め、地籍確定を推進した。

ネオリベラル多文化主義

先住民のプレゼンスが強く打ち出されたこともゴニの改革の大きな特徴である。コロンブスのアメリカ大陸到来から500年を迎えた1992年の前後から、先住民への関心がラテンアメリカ全体で高まった。ゴニもまたその流れに乗った政策を行った。

まず、1993年の大統領選挙において、ゴニは副大統領候補としてアイマラ先住民活動家のビクトル・ウゴ・カルデナスを選んだ。カルデナスは1970年代末に先住民の尊厳を求める政党を組織した人物である（第35章参照）。1952年の革命で見られたように、MNRは先住民の問題に長らく無関心であったため、ゴニとカルデナスが組んだことは市民に驚きを与えた。

政権発足後には議会を通じた憲法改正も行われた。1967年に制定された当時の憲法では、ボリビア社会にある多様な文化を尊重する文言こそあるが、「先住民」という言葉は登場しなかった。改正後には、ボリビアは多様なエスニック集団と複数の文化を持つ（multiétnico y pluricultural）国であると定義され、先住民の権利を法律の枠内で保障することが謳われた。

先住民の権利の保障に踏み込んだ法律の例として先述の新農地改革法がある。同法は先住民のテリトリーを原初共同体地（TCO）と名づけ、先住民が集団で所有し、誰にも譲渡することが許されない土地とした。また、TCO内で鉱物の採掘など天然資源の利用が行われる場合は、事前に住民の合意を得る必要があることも定められた。

TCOを定めた背景には、グアラニーをはじめ低地帯に居住する先住民の働きかけがあったとされる。低地先住民はボリビア人口の5％に及ばない小さな集団であるが、1970年代末より運動を組織するようになり、企業家や開拓農民に奪われた土地の回復を求める抗議を行うようになっていた。ゴニはこの抗議を抑え、土地所有の安定化を図るべく、先住民のテリトリーを保障することを決めた。

さらに、教育改革においても、異文化間教育の推進を主たる方針とした。それまでの公教育においては、スペイン語を用いることが原則であった。この改革により、先住民言語で教育を受けられることを権利として保障することとなった。

ゴニの改革はネオリベラル多文化主義の典型例として知られている。これは、多文化性の承認や教育制度の改善など象徴的な領域では積極的に改革するが、貧困や格差の解消など実物的な領域の改革には消極的であることを意味する。こうした傾向はゴニ政権に限らず、当時のラテンアメリカの政権に広く見られた。

（宮地隆廣）

35

先住民の政治参加

★運動の組織化と政権獲得を目指す動き★

１９７０年代末に始まる民政移管に伴い、ボリビアでは選挙を通じて、政府を運営する市民の代表を選ぶ機会が確保されるようになった。ボリビアの人口の過半数を占める先住民の立場から考えれば、自らの利益を代表する政治家を政府や議会に送り込む機会が開けたことになる。選挙に立候補し、当選を果たした先住民政治家は１９５２年の革命前にも存在していたが、本章では民政移管から１９９０年代までの先住民の国政への政治参加について説明する。

民政移管まで

選挙への参加については、民政移管を機に先住民が集まる組織において活発に議論された。主に高地に住むアイマラやケチュアの場合、ボリビア農業労働者全国連合（ＣＮＴＣＢ）を構成する農民組合がその中心となった。軍事政権、とりわけバンセル政権が農民組合の要求に関心を向けなくなったことから、農民の要求を政府に伝える組織から、政府に異議申し立てをする組織へとＣＮＴＣＢを改める運動が発生した。この運動を支持する者が１９７８年にＣＮＴＣＢから離れ、ボリビア農民労働者組合連合（ＣＳＵＴＣＢ）を創設した。一方、グアラニーなど多様な小規模の集団を抱える低地先住民については、ドイツの人類学者ユルゲン・リースターが創設したＮＧＯにて各集団のリーダーが会合を重ねた。

選挙に対する理解は高地と低地で異なっていた。ＣＳＵＴＣＢなど高地先住民組織では、選挙は先住民の要求を国政に反映させる重要な機会と見なされた。実際、先住民の利益実現を追求する政党、いわゆる先住民政党が複数組織され、議会選挙に立候補者を送った。１９９３年に副大統領となったビクトル・ウゴ・カルデナスもこの活動に携わった（第34章参照）。１９８２年の民政移管時点ではアイマラ先住民２名が下院議員（定数１３０）に当選した。

これに対し、低地先住民は選挙というイベントや政党という組織それ自体に否定的であった。普通選挙権が保障されて以来、政党は選挙運動時に利益をばらまき、選挙が終われば有権者を顧みなかったことを低地先住民は問題視した。特定の党利に絡めとられることなく、政府と良好な関係を構築して、生活向上のための政策を引き出すことこそ適切な行動であるとされた。

１９９２年まで

先住民組織にとって、民政移管後の経験は苦いものであった。先住民政党の議員は議会において全く影響力を持たず、先住民に有利な法案を通過させることができなかった。また、先住民政党は先住民の抱える貧困や格差を解決すべく、積極的な財政支出を主張したが、１９８５年以後は新自由主義が開発戦略の基調となった（第33章参照）。

これに伴い、高地先住民組織であるCSUTCBでは、選挙は本当に自らの利益になるのかが議論されるようになった。引き続き選挙に参加する重要性を訴える意見がある一方、民主制に幻滅したリーダーは、先住民を中心とする大衆が立法府を自ら作り出し、既存の立法府を無力化することを提案した。この提案は、コロンブスのアメリカ大陸到来から500年にあたる1992年に向け、CSUTCBから度々発表されたが、ボリビア国民はもとよりCSUTCB内部でも意思統一ができず、この試みは失敗した。

一部の高地先住民は武力による政権の打倒も試みた。彼らは社会主義思想に触発された非先住民の知識人と手を組み、1980年代半ばにトゥパク・カタリゲリラ軍（EGTK）を組織した。EGTKは農村部で軍事教練を行いつつ、送電塔を破壊するなどの工作を行ったが、主要メンバーが次々と逮捕され、1992年までに事実上の活動停止に追い込まれた。

一方、低地先住民は民政移管後にCIDOBという略号を持つ組織を発足させた。政治活動に関するCIDOBの方針は民政移管前のものを引き継いでおり、政党政治から距離を置いて、その時々の政府との交渉を重視した。CSUTCBとの協働も検討されたが、CSUTCBは自らが主導して権力闘争を行うことを唱えたため、CIDOBはCSUTCBとの協力を避けた。

ゴニの改革とMAS

1992年までに閉塞感が生じた先住民の国政参加は、後に先住民組織の内外で生じた変化に伴い、劇的に進展した。まず先住民組織内では、選挙参加を再評価する動きが力を得た。CSUTCBでは、中部にあるコチャバンバ県チャパレに拠点を置く農民組合がその中心となった。チャパレは、ボリビア市民の日用嗜好品であると共に、麻薬の原料であるコカインを含有するコカの葉を栽培する地域であり、1980年代より警察や軍が麻薬取り締まりを理由に農民に暴力を振るうことが問題となっていた（コラム6参照）。チャパレの農民組合は政府を掌握しない限り、農民の被害は続くと考え、自らの代表を政界に送り込むべく政党という政治手段を持つべきであると唱えた。また、選挙を忌避してきたCIDOBも同じ時期に選挙参加を容認するようになった。陳情に対する政府の対応が不十分であること、そしてCIDOBに参加する先住民集団が増加したことで、CIDOBは先住民を広く代表する組織であると自らの役割を再定義し、1991年ごろより政党との協力関係を模索するようになった。

一方、先住民運動の外では、同じ時期にサンチェス・デ・ロサーダ（ゴニ）の政治改革が進められた。1993年制定の大衆参加法により、市長や市議の数が大幅に増えた（第34章参照）。これは先住民人口の多い市で先住民政党が躍進する機会を与えた。

大衆参加法制定後の初選挙である1995年12月の地方議会選挙で、CSUTCB傘下の候補者は続々と当選した。CSUTCBは新党の登録を試みたが、手続きを完了できなかったため、候補者は既存の政党に所属して出馬した。とりわけ、チャパレにあるすべての市でCSUTCBの候補者は大勝を収めた。

この成功を踏まえ、CSUTCBは1997年の国政選挙にも候補者を送り込むことを決めた。新党の政党登録は再び拒否されたため、立候補者は再び既存の左翼政党から出馬し、4名の議員が当選した。そして、この時の選挙キャンペーンの過程で、ＣＳＵＴＣＢは社会主義運動（ＭＡＳ）という政党を自らの政治手段とすることを決めた。

ＭＡＳの党名にある社会主義は左派の社会主義ではなく、ドイツのナチス党に代表されるヨーロッパ右派の国家社会主義、すなわち国家が市民を各種組合のもとに組織し、組合を通じて社会を動員する全体主義的思想を意味する。国家社会主義に触発されたボリビアの保守層が１９３７年に政党を結成し、そこから派生した党がＭＡＳである。民政移管後、ＭＡＳは国政選挙で議席を取れずにいたが、国家の縮小を図る新自由主義には批判的で、奇しくも先住民運動と同じ意見を持っていた。政党登録の手続きを回避したいＣＳＵＴＣＢはＭＡＳを自らの党にしたい旨を伝え、ＭＡＳもそれを了承した。

抱える先住民人口の規模が小さいＣＩＤＯＢは、政権獲得に向けて一体となって特定の政党を支援するＣＳＵＴＣＢとは異なり、各リーダーが協力可能な政党を地元で選ぶ方針を取っていた。そして、実際に選挙に携わった経験から、ＣＩＤＯＢは自律的に政党と関係を結べることを確認し、先住民は政党に利用されるものだというかつての不信感は払しょくされた。

（宮地隆廣）

36

エボ・モラレスの時代①

★共和国から多民族国へ★

水戦争とガス戦争

20世紀末からボリビア政治は激動の時代を迎えた。1997年に大統領に就任したADN（国民民主行動）のバンセルは病気のため2001年8月に辞職し、副大統領のホルヘ・キロガが昇格した。2002年にはMNR（国民革命運動）のサンチェス・デ・ロサーダ（ゴニ）が再び大統領となるも翌年に辞任し、副大統領のカルロス・メサが政権を担った。後にメサもまた辞任に追い込まれ、2005年に最高裁判所長官のエドゥアルド・ロドリゲスが大統領となった。

これらの政権のもとでは激しい反政府運動が見られた。1997年のアジア通貨危機の影響で、2000年前後のラテンアメリカ諸国はボリビアを含めて不況であった。新自由主義政策を採用する政府への不満は高まりやすい状況にあり、各政権の政策に即してその不満が爆発した。

まず、バンセル政権下の2000年2月ではいわゆる「水戦争」が起きた。コチャバンバ市の水道事業が外国企業に買収され、水道料金が大幅に値上げされると、同市の街頭で抗議運動が起き、これを機に失業などその他の問題を取り上げる抗議も各地に広がった。バンセルは民営化を取りやめ、運動は沈静化した。

キロガ政権以後には「ガス戦争」と呼ばれる紛争が起きた。バンセルは米国とメキシコに天然ガスを輸出すべく、隣国チリの北部の港を使うことを構想し、キロガはその具体化を試みた。キロガらを破って2002年の大統領選挙に勝利したゴニもこの構想を支持した。

この構想には主に3つの批判が生じた。第一に、太平洋戦争でボリビアが失った領土であるチリ北部を経由することが問題視された。第二に、国内のガス供給が不十分なまま、輸出を優先する必要性が問われた。そして第三に、天然資源を司る石油公社YPFBが1990年代にゴニ政権のもとで民営化され、複数の国の外国企業が所有者となったことから、外国に資源が奪われるという拒否感が示された。

ゴニ政権が発足直後に増税策を発表し、抗議運動が発生すると、ガス輸出の問題も大きく取り上げられた。2003年10月9日、エル・アルトで軍が抗議者に発砲して死者を出すと、抗議は一層激しさを増した。ゴニは事態の収拾をあきらめ、翌月に大統領を辞任した。

水戦争とガス戦争には、外国の利益を優先した自国資源の利用という共通のイメージが背景にある。そして、いずれの紛争も新自由主義に基づく政策が関わっているため、抗議行動は必然的に新自由主義を批判するものとなった。

モラレス政権の発足

これらの抗議行動を主に先導したのがMAS（社会主義運動）である。新自由主義を支持する「合意された民主主義」では有力な左派政党であるMIR（革命左翼運動）が連立与党に加わったことから（第34章参照）、MASはMIRに代わって新自由主義を批判できる主要左派政党の位置を得た。植民地化が先住民の地位を損ねたことと、国民の利益にならない資源利用が見られることを重ね、ナショナリズムに訴えるMASの主張は先住民のみならず国民全体に広く支持された。さらにMASは、先住民を含む多様な集団の存在を反映したボリビア国家像を示すべく、憲法の改正も提案した。

MASの党首はチャパレ農民組合の代表であるエボ・モラレスである。モラレスは高地部であるオルロ県の農村に生まれたアイマラであるが、若くしてコカの生産地であるチャパレに移住し、農民組合の活動に従事した。後にモラレスは暴力的なコカ生産撲滅に立ち向かうリーダーとして知名度を上げ（コラム6参照）、1997年総選挙では下院議員に当選し、2002年大統領選挙では次点となった。

ゴニの辞任後に政権を担ったメサはMASの主張に対応することで、抗議の沈静化を図った。まず、ガスを含む炭化水素資源の輸出に関する国民投票を実施した。YPFB民営化の法律を廃し、地中にある資源を国有化すると共に、国内需要を優先した上で輸出を行うことなどが問われ、結果は賛成多数となった。メサはまた制憲議会開催の準備も始めた。

MASの要求に傾くメサ政権に反応したのはサンタクルスを中心とする東部低地4県であった。ボリビア国土の右半分を占めるこれらの県はスペイン語で半月を意味するメディア・ルナと呼ばれる。炭化水素資源を有し、アグロビジネス関連の大企業を擁する東部4県は、中央政府による資源と経済活動の管理強化に難色を示した。2005年2月には、サンタクルスの社会団体が県の権限強化に関する国民投票を求める署名を集め、選挙管理委員会に提出したことから、メサは地方分権化の具体案の検討を始めた。ところが、MASなど左派勢力はこれを右派への妥協と見なし、再び激しい抗議運動を起こした。メサは2005年6月に大統領を辞任し、憲法が次の政権継承者と定める上院と下院の議長も辞任した。その次の政権継承者が最高裁判所長官のロドリゲスであり、憲法の規定に従い、総選挙を実施した。

エボ・モラレス（Presidencia de Perú, CC BY-SA 4.0）

大統領選挙にはMASからモラレス、ADNら右派の政党連合である社会民主権力（PODEMOS）からキロガが大統領選挙に出馬し、モラレスが得票率53・7％で圧勝を収めた。議会選挙でも下院（定数130）でMASが過半数の72議席を得たが、上院（定数27）では12議席に留まり、PODEMOSに1議席及ばず、第2党となった。

憲法改正

2006年1月に発足したモラレス政権は憲法改正に早速着手した。憲法の全面改正には、制憲議会を立ち上げ、議員の選挙を行う特別法を成立させる必要があった。モラレスは、県の権限強化を求める国民投票を制憲議会選挙と同時に行う約束をすることで、上院を支配する野党を説得した。投票は2006年7月に実施され、制憲議会（定数255）ではMASが約54％にあたる137議席を得た。国民投票については、東部4県でこそ過半数の賛成票を得たものの、国全体では反対票が57・6％に達し、否決された。

制憲議会の運営は混乱を極めた。特別法は議会に出席した議員の3分の2の賛成をもって新憲法案を可決すると定めており、それだけの議席を持たないMASの提案は野党の反対に直面した。さらに、先住民の権利保障について、どの集団にどこまで特別な権利を認めるかをめぐり党内で意見が対立するなど、MAS側の準備不足も露呈した。1年以上の議論を経ても野党の合意を得られなかったMASは、制憲議会の会場を突然変えることで野党議員の出席を排し、2007年11月に自ら準備した草案を可決した。

2008年には東部4県で反政府の動きが活発化した。5月と6月に東部4県が独自に自治権に関する住民投票を行って賛成多数との結果を発表し、9月と10月には反与党の市民が与党支持者を襲撃して死傷者を出す事件も起きた。事態の打開を図るべく、モラレスは野党と協議して草案を修正することを決めた。2009年1月に新草案を憲法とする国民投票が実施され、61・4％の賛成を得た。新憲法は翌月より施行された。

新憲法の最大の特徴はナシオン（nación）という概念の使い方にある。ラテンアメリカ諸国の憲法では通常、ナシオンは国民を意味し、常に単数形で用いられる。これに対して新憲法はナシオンを民族の意味で用い、ボリビアが複数のナシオンで構成されるとする。国名もまたボリビア共和国からボリビア多民族国へと改められた。

（宮地隆廣）

37

エボ・モラレスの時代②

★長期政権とその理由★

２００６年1月に発足したエボ・モラレス政権は２０１９年11月に政権を降りるまで、約13年も続いた。これはボリビア史上最長である。この間、２００９年と２０１４年に総選挙が行われ、モラレスは大統領選挙で過半数の票を得て勝利し、ＭＡＳ（社会主義運動）は上下両院で過半数の議席を獲得した。なぜ、これほど長く政権を維持することができたのだろうか。

好調な経済

第一の要因は好調な経済にある。アジア通貨危機の余波を受けて生じた２０００年前後におけるラテンアメリカ諸国の不況は、その後急速に解消した。主な原因は、中国などアジア諸国の経済成長が著しく、農産品や工業製品の原料となる鉱物などを大量に輸入したことにある。ボリビアも例外ではなく、天然ガスや金などを主な輸出品として、２０００年から２０１４年にかけて輸出額（ドル換算）を10倍にも伸ばした。

経済成長にも目を見張るものがあった。図1はハイパーインフレ直後の１９８５年から２０１９年までの経済成長率である。２０００年に落ち込んだ経済成長率は着実に回復し、２０１４

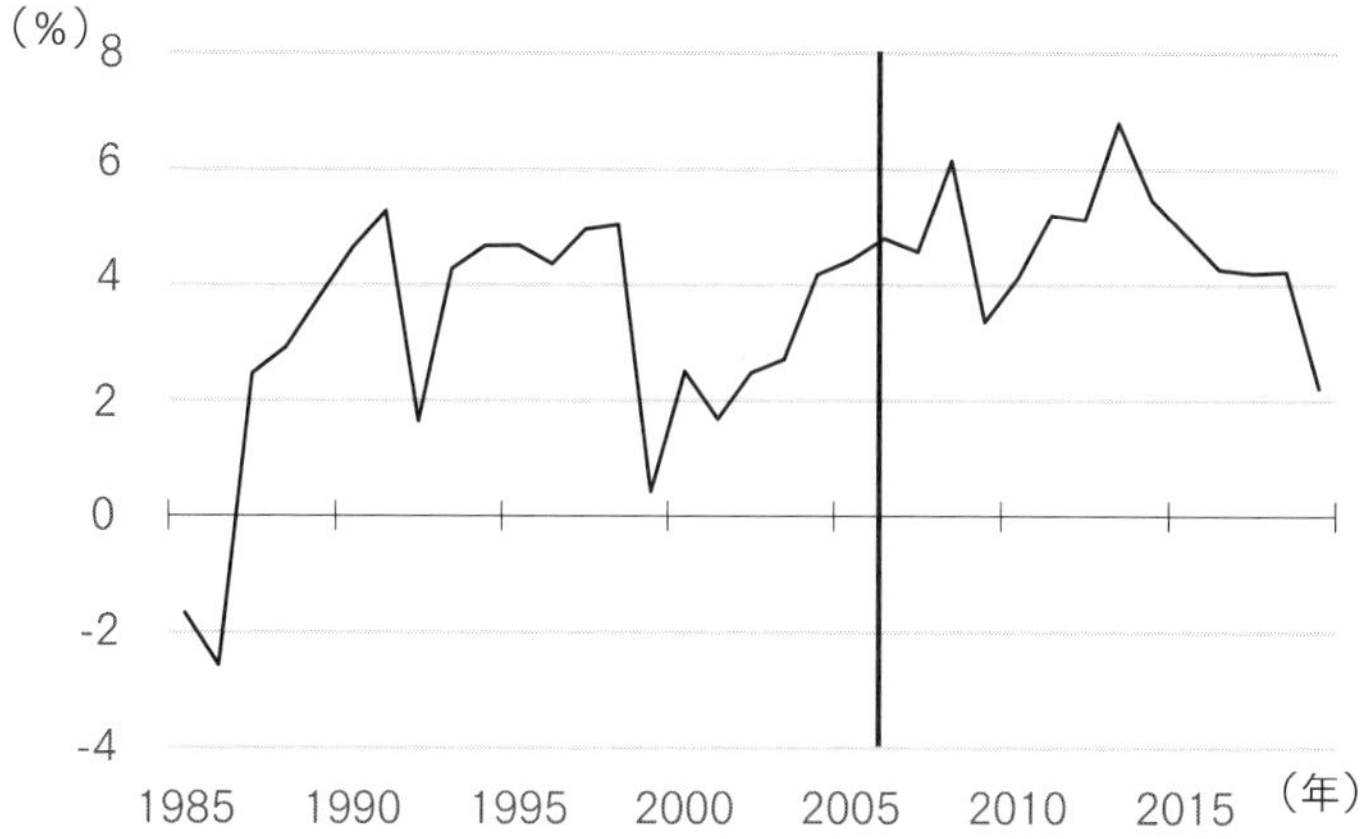

図１　ボリビアの経済成長率（1985-2019 年）
※ 縦線はモラレス政権発足の 2006 年を表す

年には６・８％もの成長率を記録した。不況は与党に対する不満を引き起こすが、再選を果たした２度の選挙においてモラレスはそうした逆風を受けずに済んだ。

貧困と格差の解消

モラレス政権は発足直後に、新自由主義に代わる新しい経済モデルを発表した。これは、政府が炭化水素資源や鉱物資源にまつわる産業を戦略的部門として管理し、そこから上がる利益を他部門の産業育成や国民の福祉改善に用いるというものである。資源を開発する企業が政府に納付する金額は引き上げられ、先述の資源価格の高騰も後押しして、中央政府の税収は２００６年から２０１４年にかけて実質ベースで倍増を遂げた。

政府は税収増を利用して電力設備や空港、道路など経済活動を促進する基盤を整えることに加え、公立小学校の就学児童や妊婦といった特定の層にターゲットを絞った現金給付策も行った。モラレス政権と同時期に登場したラテンアメリカの左派政権の中には、ベネズエラに代表されるように、過度な財政支出を行うことで経済を混乱させる場合もあったが、モラレス政権はマクロ経済指標の安定を損ねない程度に財政支出を抑えた。

モラレス政権の間に貧困は大幅に減少した。一日の平均支出が2・15ドル（2017年米国ドル）未満であることを貧困と定義すると、2000年の貧困率は24・2％だったが、モラレス政権最終年の2019年には1・9％にまで減少した。格差の指標であるジニ係数もまた、同じ期間に61・6から41・6へと目覚ましく減少した。ただし、この改善がモラレス政権の政策による効果なのか、それとも単なる好況の帰結なのかは研究者の間で意見が分かれている。

与党の結束

第二の要因は、モラレスがMAS内部でリーダーシップの維持に成功したことにある。全国で展開された公共事業は大統領の成果とされ、受益者である地元住民の支持をつなぎとめたとされる。その主な資金源であり、モラレスが先住民の福祉向上を名目として創設した農民先住民基金（FONDIOC）では不透明な資金の流れが明らかになっているが、モラレスは汚職を処罰する側に回り、私腹を肥やしたという疑惑をかけられることはなかった。

また、党首と党員が良好な関係を構築する手段として大臣ポストなど公職の分配がある。MASはその母体であるCSUTCB（ボリビア農民労働者組合連合）や労働組合COB（ボリビア労働連合）など、多様な社会組織の代表者によって運営されており、公職の任命にあたってはこれらの組織との協議が考慮された。また、公職に就任した後も、MASを構成する組織はその働きぶりを観察し、評価が低ければ交代を求めることができた。選挙における立候補者の選定にあたっても、比較的開かれた議論が政党や支持組織との間で持たれた。

反政府勢力の分断と沈黙

第三の要因は、MASと政権を争う勢力が結束を欠いたことにある。2009年大統領選挙ではコチャバンバ市長を務めたマンフレド・レイエス、そしてMIR（革命左翼運動）党員として1990年代に大臣を務めた経験を持つ企業家のサムエル・ドリアが、2014年大統領選挙ではドリアと元大統領のキロガが出馬した。いずれも右派に位置づけられる候補者だが、それぞれに政党を有し、結果として反モラレス票は分断されてしまった。

モラレスに対抗する注目すべき勢力は東部諸県とりわけサンタクルスの政治家である。広大な農地と炭化水素資源を有するサンタクルスはボリビア経済をけん引する県であるが、その利益が税として中央政府に吸い上げられることに抵抗してきた。この運動は1952年革命以前にまでさかのぼるが、これが発展してサンタクルスの利益を要求する市民組織となったのがサンタクルス市民委員会（CPSC）である。モラレス政権下のサンタクルス市長選挙で勝利を重ねたルベン・コスタス、モラレス政権期に野党の上院議員として積極的な政府批判を展開したヘルマン・アンテロなど、所属政党の違いを超えて有力政治家が集まる組織であった。しかし、CPSCが統一して新党を作る合意はなされなかった。

モラレスがCPSCのリーダーに選択的な圧力をかけることもあった。連邦制の導入など地方政府の権限強化を積極的に唱えたＣＰＳＣ元代表のブランコ・マリンコビッチはその例である。モラレス政権は彼の所有する土地を農地改革の対象として接収するのみならず、サンタクルスを分離独立させるべく外国からテロリストを招き入れたとの理由で逮捕した。さらに、憲法改正後の２０１０年に成立した地方自治枠組法にて、司法に告発された民選の地方公務員は判決を待たずに公職を停止されうることが定められた。２０１３年２月に裁判所が違憲判決を下すまで、政府はこの規定を選択的に行使し、東部諸県の有力政治家を選挙活動における不正などを理由に告発した。コスタスは公職の停止を免れたが、彼が率いる地方政党の政治家は告発を受け、政党を発展させる可能性を奪われてしまった。

モラレスに反対するもう１つの潜在的な勢力は先住民であった。天然資源の輸出を政府の経済戦略の柱に据えたモラレスは、先住民のテリトリーで資源採掘や道路建設を行うことを厭わなかった。ボリビアの中央部にあるイシボロ・セクレ国立公園＝先住民テリトリー（ＴＩＰＮＩＳ）などで、先住民は政府が推進する開発事業に抗議する行動を起こしたが、政府は先住民のリーダーに公職を供与するなどして分断を図りつつ、抗議者を逮捕して、反対を沈黙させた。

最後に、政府に反対する勢力を取り締まるのは検察であり、それを裁くのは司法である。検察の人事を政府が握ることは２００９年の憲法改正前後で大きな変化はないが、２００９年の新憲法は、最高裁判所や憲法裁判所などの判事も選挙で選ぶこととなった。候補者は議会が確定し、有権者の間でＭＡＳの支持が高かったことも手伝い、ＭＡＳの影響力が司法で高まったことも野党に圧力をかける仕組みとして作用した。

（宮地隆廣）

38

2019年の混乱

★政権交代の正統性をめぐって★

２０１９年10月20日に実施された総選挙は大きな混乱を招いた。大統領選挙に立候補していたモラレスは国外に去り、上院の第二副議長であるジャニネ・アニェスが大統領に就任した。一連の過程について全容は未だ解明されておらず、以下の内容は暫定的な説明である。

モラレスの出馬

モラレス政権下で定められた２００９年憲法の第１６８条によれば、大統領と副大統領の再選は1度のみ認められる。モラレスは憲法制定後に実施された2度の選挙で勝利したので、２０１９年の大統領選挙には出馬できない。ところが、ＭＡＳ（社会主義運動）はモラレスの立候補を決めた。

２０１４年選挙で勝利した後、モラレスは次の選挙に出馬しないとマスコミに語っていたが、後に党の決定に従うと発言を変えた。当時、ＭＡＳに集う社会組織にはそれぞれに希望の候補者がいたが、モラレスに代わる候補者の擁立で意見を一致させることができず、現職の続投で合意に達した。モラレスの有力な後継者とされたサントス・ラミレスが汚職で有罪判決を受けるなど、後継者選びに誤算が生じたこともしばしば指摘される。

モラレスに立候補の可能性があるなら、それを妨げる障害を除く必要がある。ＭＡＳはまず憲法第１６８条の修正を問う国民投票の実施を議会で提案した。議会は２０１５年11月にこれを可決し、国民投票は翌年2月に実施されたが、反対票が51・３％に達し、提案は否決された。

その後、ＭＡＳがモラレス再選を合法化するさらなる手段を講じる恐れをマスコミが頻繁に報じたが、それは現実のものとなった。２０１７年９月にＭＡＳの議員が中心となって、公職者の再選を制限する選挙法の条文に対する違憲審査を裁判所に求めた。憲法は市民の政治的権利を保障していること、そしてボリビアが批准し、国内法と同等に扱われる米州人権条約もまた政治的自由を保障していることを根拠に、市民が立候補する権利は妨げられないというのがその主張であった。判断は２ヵ月後に発表され、批准した国際法と国内法の整合性を根拠に、選挙法の条文は違憲であると共に、整合性を持たない第１６８条を含む憲法の各条文は適用不可能であるとした。

次の争点の場は選挙管理委員会（ＴＳＥ）であった。ＴＳＥの意思決定は議会に指名された６名の委員によって下される。ＴＳＥは２０１６年の国民投票の運営にあたり、その結果は実効性を持つと宣言していたことから、モラレスの立候補を認めることはできない立場にあった。しかし、違憲判決から立候補の可否を決するまでに２名の委員が辞任し、委員が補充された後に多数決をとった結果、過半数の４名が立候補を容認した。さらにその後、ＴＳＥ職員の辞任や解雇が相次いだため、与党がＴＳＥに圧力をかけ、自党に有利な選挙運営をしようとしているとの批判が野党などから出された。

アニェスの大統領就任

大統領選挙の主たる立候補者はMASのモラレスと元大統領であるメサであった。メサが率いる新党はMASと近い公約を掲げる一方、恣意的な法の運用や汚職の問題を指摘することでMASとの差異化を図った。選挙前の世論調査ではモラレスの有利が報じられたが、首位と次点の候補者の得票差が10％以上に達しない場合、憲法の規定に従い決選投票が行われることから、モラレスがメサに10％を超える差をつけて、一発で勝利を収められるかに注目が集まった。

TSEは正式な開票結果とは別に、開票の速報を逐次発表した。投票日の19時40分時点で開票率は83・9％であり、得票率はモラレスが45・7％、メサが37・8％であった。その後、速報はしばらく停止し、翌日18時に情報が更新されると、開票率は95・3％、得票率はモラレスが46・9％、メサが36・7％となった。

突如として10％を超える得票差が生じたことから、結果が操作されている疑いが生じ、街頭では激しい抗議が発生した。抗議者の主な要求は、ボリビアが加盟する国際組織であり、加盟国の選挙の監視や運営支援を行ってきた米州機構（OAS）がTSEの選挙運営の監査を行うことであった。モラレスもまたOASの立入りを認めた。

OASの監査が進む間、MASの支持者と抗議者が街頭で衝突するのみならず、与野党の政治家が襲撃されたり、住居に被害を加えられたりする事件も各地で発生した。OASは後に監査報告を発表し、開票記録の操作など多数の不正が確認されたため、10％以上の得票差が生じた結果は不自然であると結論づけた。モラレスは選挙のやり直しを宣言したが、街頭での抗議は収まらなかった。

一方でモラレスは軍と警察に対し、市民の暴力を取り締まり、治安を回復するよう命じた。しかし、いずれも指示には従わず、警察は大統領官邸の警備すら放棄したため、大統領の身辺は軍が護った。同日の11月10日午後、軍司令官はモラレスに対し、社会を沈静化させるべく辞任することを勧めた。同日のうちにモラレスは辞意を示し、翌日にはボリビアを去り、メキシコに向かった。

憲法によれば、大統領が辞任した場合、副大統領、上院議長、下院議長の順で権力を継承する。モラレスが辞意を表明した際、これら3名と上院の第一副議長も辞意を表明したため、上院の第二副議長であるアニェスが上院の長と見なされた。アニェスは12日に自らが大統領であることを宣言し、憲法裁判所も同日にアニェスを大統領とする判断を示した。

政権交代をめぐる解釈

アニェスの大統領就任に対しては、その合法性が現在まで議論されている。論点は大きく3つある。第一の問題はOASの対応にある。監査の結果は正確なのか、そして国民の代表を決めるという重要なイベントに国民を代表しない国際機関が介入したことは拙速ではなかったかという疑問が出されている。OASの監査を認めたのは当時の正統な大統領であるモラレスである上に、監査結果もOASの意見に過ぎず、何ら強制力を持たない以上、OASに何も問題はないという意見もある。

第二の問題は軍がモラレスに辞意を促したことである。軍は政治に介入しないという民主制の原則が破られたことを重く受け止め、アニェスの就任をクーデターと表現する者も少なくない。一方、軍が政権を取る意図を示していなかったことや、モラレスが出国後に発表した回顧録にて、軍に促される前に辞任を決めていたと記していることなどを理由に、軍の行動を問題としないとする見方もある。

第三の問題は議会にある。モラレス出国後、アニェスら野党議員は政府の運営について議論すべく、議会の開催を要求した。開会には定足数を超える議員の出席が必要だが、与党であるMASの議員は出席を拒んだ。このため、野党議員は定足数に達しないまま議会場に集まり、そこでアニェスが大統領就任を宣言した。つまり、宣言は法的裏づけのない空間でなされたことになる。これに対しては、憲法第170条が大統領任期の終了要件として、死亡と共に大統領の不在が決定的であることを挙げており、これと大統領の承継順位の規定をもって、アニェスの就任を合憲とする見方もある。

（宮地隆廣）

39

MASの復権？

★野党の迫害と与党の乱れ★

モラレスが出国し、暫定的に大統領を務めたアニェスは２０２０年に総選挙を実施した。結果はモラレス不在ながらＭＡＳ（社会主義運動）が圧勝を収め、再び政権に返り咲いた。しかし、現在のＭＡＳはモラレス政権期のＭＡＳとは異なる性格を持ちつつある。

アニェス政権

アニェスは東部４県の１つであるベニ県に１９６７年に生まれ、自営業等を経て、１９９０年代に夫が政界入りしたのに合わせて、政治と接点を持った。２００６年の制憲議会選挙では野党議員として当選し、憲法改正後には上院議員を２期務めた。保守色の強い政治家であり、大統領就任時に官邸のバルコニーから市民に向けて姿を見せた際、聖書を掲げたことはその象徴とされる。２００９年憲法は先住民の宗教を含め多様な信仰を認めているのに対し、国家の元首が特定の宗教、しかも国教としての地位を失ったキリスト教の信仰を公に示したことは議論を呼んだ。

アニェスがまず取り組んだ課題は激しい社会紛争を収めるこ

とであった。その対応は強硬であったと評価されており、ラパス県エル・アルト市センカタなどMAS支持者による激しい抗議行動が発生した場所では、抗議が沈静化するまでに合計で30名を超える死者が出たことが確認されている。OASや国外の大学の調査では軍や警察が躊躇なく市民に発砲したと報告されるが、ボリビア政府機関の調査ではそのような事実はなかったとされる。

アニェスはまた、モラレス政権に関連する主要人物を厳しく追及した。モラレスに対しては、出国前に支持者を動員し、首都を封鎖して食料供給を断とうとしていた証拠を挙げ、内乱罪で訴えた。同様の提訴はモラレス政権期の主要閣僚に対してもなされた。

暫定政権であるアニェスにとっては総選挙の実施も重要な業務であった。アニェスは就任から早くも1週間後に、2019年選挙を無効とし、選挙管理委員会（TSE）委員を選出し直した上で、大統領令によって総選挙の実施を決定する法案を示し、MASが支配する議会もこれを可決した。TSEは当初、2020年5月に実施予定としたが、3月に新型コロナウイルス感染症（COVID-19）が確認されたため、結果として10月まで選挙を延期した。

感染拡大に伴う経済の停滞は著しく、2020年の成長率はマイナス8・7%を記録し、1952年革命直後以来の最低水準となった。医療体制も十分でなく、COVID-19に起因する人口100万人あたりの同年の死者数は政府発表では約750名、専門家の推計ではその倍以上とされた。これは日本の約30〜60倍に相当し、世界屈指の高水準であったとされる。さらに、抗議行動の取締りに用いた弾薬からCOVID-19対応の人工呼吸器まで、不透明な政府購買の実態が複数発覚するなど、汚職に対する市民の批判も絶えなかった。アニェスは大統領選挙に出馬したが、世論調査で自らの支持が低迷していることから、結局出馬を撤回した。

大統領選挙では、モラレス政権期の経済担当大臣であるＭＡＳのルイス・アルセ、元大統領で２０１９年選挙の次点であったメサ、そしてサンタクルス市民委員会（ＣＰＳＣ）の代表として２０１９年選挙の抗議運動を率いたフェルナンド・カマチョが争った。結果は、得票率55・1％のアルセが次点で28・8％のメサを大きく引き離し、当選を決めた。議会選挙でも、ＭＡＳが上院で21議席（定数36）、下院で75議席（定員１３０）と過半数を占めた。市レベルで得票率を比較すると、２００９年や２０１４年の選挙と同様、高地部と農村部でＭＡＳの支持が高い傾向が見られ、モラレス政権期にＭＡＳが連勝を収めてきた有権者の支持構造が継続していたことが確認されている。

アルセ政権

アルセはモラレスとは対照的なキャリアをたどった人物である。両親は教師であり、首都のラパスに生まれ、海外の大学院にまで進んで経済学を修め、中央銀行に長らく勤務した後、モラレスから大臣に任命された。農村に生まれ、大学には進まず、農民組合のリーダーであったモラレスとは、住んできた場所が全く異なる。

社会組織が運営するＭＡＳにおいては、モラレスがチャパレの農民組合を代表しているように、党のリーダーは支持基盤を持つのが一般的である。公務員であったアルセには自らを推す社会組織はない。それにもかかわらず、アルセがＭＡＳの大統領候補になれたのは、モラレスと彼を支持する組織がアルセを推したからである。

ルイス・アルセ

ＭＡＳの有力政治家の１人として、モラレス政権期に外務大臣を長らく務めたダビ・チョケワンカがいる。アイマラであるチョケワンカは、欧米由来の資本主義が貧困や環境破壊の根本要因であると指摘し、資本主義以前の先住民の生活に見られたとされる、人間や自然などあらゆる生の調和との共存を唱える。このため、経済成長を優先するモラレス政権の開発戦略や先住民に対する弾圧（第37章参照）をチョケワンカは度々批判してきた。２０１９年大統領選挙の候補者選定では、モラレス政権の長期化に伴い、特定の者が政府の要職を占める期間が長引いたことを踏まえ、党の刷新を求める者がチョケワンカを推したが、モラレスと彼の支持基盤はこれに反対した。２０２０年選挙にあたっても、安定した経済運営で人気と知名度を博したアルセこそ選挙で勝てる人物としつつ、一定の支持があるチョケワンカを副大統領候補に据えることでＭＡＳの結束を図った。

アルセ政権は、ＣＯＶＩＤ‐19が猛威を振るう中、２０２０年11月に発足した。アルセが取った主な対策は、ロシアやインド、中国からワクチンを調達して接種を推進しつつ、感染検査を拡充することで、人々の移動の安全を確保することであった。しかし、感染流行の世界的な傾向に沿った形で、死者数は乾季にあたる2021年中盤に急増しており、一連の政策が目覚ましい効果を発揮したということはない。

アルセはまたMAS政権の正統性の回復に努めた。大統領選挙でアルセの当選が確定すると、内乱罪などモラレスに向けられた訴えを裁判所は却下し、モラレスは2020年11月にボリビアへの入国を果たした。翌年2月には、2019年大統領選挙の混乱に関連してアニェス政権に告訴された者に対し、恩赦を与えることを議会が可決した。それと同時に、政府やMAS党員が多数の野党政治家や公務員を内乱や汚職などの罪で起訴している。これまでに約100人もの政治家、軍人、警察幹部らが訴えられており、2021年3月にはアニェスが、翌年12月にはカマチョが逮捕され、収監されている。

ただし、野党の攻撃に成功しても、MASはかつての安定を取り戻せずにいる。その理由は、モラレス続投に批判的な党員の存在をアルセが利用していることにある。アルセは基盤となる社会組織を持たないが、現職大統領として人事権を持つため、党員の支持を集める求心力を持つ。アルセはモラレス政権下で引き立てられなかった者を大臣などの要職に登用することで、自らの派閥を形成しつつある。現職のアルセ、党首のモラレス、そして先住民の精神的リーダーであるチョケワンカを軸に、MAS内部の亀裂がいかに修復されるか、あるいは広がっていくかは未だ不透明である。（宮地隆廣）

コラム5

チェ・ゲバラの戦い

宮地隆廣

エルネスト・ゲバラ、通称チェ・ゲバラは1928年にアルゼンチンで生まれ、ブエノスアイレス大学の医学部生の時、そして卒業後にボリビアを含むラテンアメリカを旅した。各国の不公正な社会状況やそれに抗する市民の活動に触れると共に、不公正の背景に各国政府を国外から支える米国の影響があることを強く意識するようになった。1955年にはメキシコで、フィデル・カストロ率いるキューバの反政府組織M-26-7に参加した。組織の目的は、深刻な汚職を抱える親米のフルヘンシオ・バティスタ政権を打倒することである。M-26-7は後にキューバに戻り、その実働部隊である反乱軍が農村部に拠点を構え、反政府武力闘争を続けた結果、1959年に政権を奪取した（キューバ革命）。

カストロがキューバでの政権運営に専心する一方、ゲバラはキューバと同様の革命を世界に広げることを構想した。ゲバラはまずアフリカのコンゴに渡ったが、組織の準備が思うように進まず、キューバ政府に促されて断念した。その後、一時的にチェコに潜伏し、そこでボリビアを次なる革命の場とすることを決めたとされる。南米大陸の中心にあるボリビアで革命が起きれば、その影響は四方に及ぶとゲバラは考えていたというのが通説である。

ボリビアでの活動の準備はゲバラの入国前から始まっていた。キューバ政府は首都ラパスに工作員を送り、バリエントス大統領からボリビア共産党（PCB）党員にまで人脈を広げ、情報収集を行った。闇市場からの武器の

エル・アルトにあるチェ・ゲバラの像
(CLAUDIOLD, CC BY-SA 4.0)

調達や農村部の拠点の確保もＰＣＢ党員の協力で実現した。拠点は低地帯に設けられ、サンタクルス県カミリ市から北北東約60キロメに位置する。

ゲバラは１９６６年11月にボリビアに入り、ボリビア人とキューバ人で主に構成される約50名の同志と共に、地勢の把握や周辺住民との接触を図り、翌年３月にはボリビア陸軍部隊の襲撃に成功した。ゲバラはその後、自らの組織をボリビア国民解放軍（ＥＬＮ）と名づけた。しかし、人数に勝るボリビア軍を前にＥＬＮは敗走を重ね、ゲバラも10月８日の戦闘にて負傷し、身柄を拘束された。ゲバラは12日にボリビア軍によって銃殺に処された。

ゲバラがキューバで成功し、ボリビアで失敗した理由は周囲の協力の有無にあるとされる。キューバではバティスタに対する市民の不満が強く、Ｍ‐26‐7反乱軍は住民の協力を得られた。一方、ＥＬＮの拠点の周辺に住む農民には不満が乏しかった。ＥＬＮが農民に対し、政府を倒し、富裕層から財産を奪って、みんなで分け合うことを説明しても、住民はその意義をほとんど理解できなかった。

ＰＣＢの支援も散発的であった。ＰＣＢを含む各国の共産党は、資産を持たない都市労働者を党が組織した上で蜂起することを革命の基本戦略としていた。党を無視し、農村を拠点に少人数で闘争を始めるゲバラの戦略は無謀と見なされた。また、ボリビアでは1953年に農地改革があったため（第31章参照）、PCBは農民を有資産者と見なし、革命の戦力にならないと考えた。PCBが自国の革命を主導する役割をゲバラに奪われたくなかったという指摘もしばしばなされる。

ゲバラに協力する意思を示したのは1964年にPCBを追放された毛沢東主義者（マオイスタス）、そして当時亡命していたファン・レチン率いる鉱山労働者だった。いずれも協力は実現しなかったが、準備が間に合わなかったのか、決断をためらったのか、理由は不明である。なお、マオイスタスは1970年にサンタクルス県農村部でゲリラ活動を立ち上げたが、失敗に終わっている。

コラム6

宮地隆廣

コカとコカイン

　コカは南米北部原産のコカノキ科コカ属の樹木である。木は約3メートル程度まで成長し、常緑である。ボリビアの高地先住民は先植民地期よりコカの葉を採取し、儀礼や医療の目的で使用してきた。現在でも全国で葉が消費されている。最も一般的な使用法は、葉をまとめて口に入れ、植物の灰などアルカリ性の物質と共に片方の頰に集めて嚙み続けることである。頰のあたりは歯科治療で麻酔がかけられたような感覚になると共に、疲労や頭痛などが軽減される。

　コカの葉にはコカインというアルカロイド（有機化合物の一種）が含まれている。純度の高い、いわゆる麻薬としてのコカインの摂取は精神的な依存を生じさせ、脳や心臓などに障害を与える。1キログラムの麻薬を作るには葉が400キログラム以上必要であり、葉に含まれるコカインはごく微量だが、日本を含む多く

収穫できる状態のコカの葉（色の濃い葉を摘む）（撮影：梅崎かほり）

コラム6

コカとコカイン

の国ではコカの葉1枚であっても所持や使用が厳しく制限されている。これに対してボリビアでは、自然な状態であり、人間の健康に悪影響を及ぼさないコカの葉の所有や消費は問題とされず、コカインを単離する化学的処理のされた物質が処罰対象となる。なお、ボリビアでは「コカはコカインでない」という決まり文句をよく耳にするが、ここで言う「コカイン」とは麻薬のように自然な状態でない物質を意味する。

コカの葉の消費を認める一方、麻薬のような加工物を禁ずるなら、葉が麻薬の原料にならないよう、政府が生産と流通を管理する必要がある。現在、コカ畑の所持はラパス県ユンガスとコチャバンバ県チャパレでのみ法律で認められている。また、ユンガス産の葉はラパス市、チャパレ産の葉はサカバ市にそれぞれ1ヵ所ある公定の市場でのみ卸売ができる。

実際のところは、ボリビア産コカの葉の一部は麻薬の原料となっている。コカの葉に灯油などをかけて潰すと、粘りのある白濁した成分が抽出される。これを集めると純度の低いコカインペーストができ、ペーストを化学的に処理することで麻薬が精製できる。ペーストは簡単に生産できるため、ボリビアには多数の生産者が存在し、国内外にある精製工場に供給している。コカ畑の合法的な所有者自身が生産者の場合もある。

政府によるコカの本格的な管理は１９８０年代にさかのぼる。麻薬であるコカインの消費が米国を中心として１９７０年代に増え、ボリビア産のコカの葉がその原料に回るようになったことがその背景にある。まず、コカに代わって柑橘類などの代替作物の生産を推奨する政策がとられた。しかし、消費が定着

しているコカの葉は農家にとって手堅く売れる作物である上に、コカの手入れは比較的

コカの葉を収穫する様子。収穫しやすいよう、木の高さは腰の位置あたりに維持されている（撮影：梅崎かほり）

簡易で、葉の収穫も1年に複数回できるため、コカ栽培が広く放棄されることはなかった。

管理が暴力的な性格を持つこともあった。麻薬取締を世界的に展開する米国の支援を受けた取り締まり部隊（軍と警察の合同組織）が組織され、農民の同意なくコカの木を抜き取ってしまうことがあった。とりわけ、１９８８年制定の法律により、チャパレは段階的にコカ生産を縮小する場所として指定され、強制的なコカ根絶策がとられた。これに抵抗した農民組合がＭＡＳの主要組織であり、当時のリーダーがエボ・モラレスである（第35、36章参照）。現在のコカの管理はこれに比べればはるかに平和的だが、警察など当局担当者が買収され、指定地域外にコカ畑を持つことが黙認されたり、麻薬やペーストの取引が見過ごされたりするなど、管理は不十分である。

VI

経済・資源・外交

40

経済開発の諸条件

★天然資源依存とインフォーマル経済★

ボリビア経済は、伝統的に、主要な輸出産業である鉱物資源生産と先住民農民やプランテーション労働による農業を中心とし、近年になって天然ガス生産と大豆などの輸出農業がそれに加わるようになった。鉱業と農業に依存する歪な産業構造がこの国の経済の特徴であり、それは地理的な分断や政治権力の配分と相まってボリビアの政治経済とその可能性を大きく制約してきた。

植民地時代に銀や錫生産の拠点となったポトシやラパスを中心としたボリビアは、19世紀末に海への出口を失い、内陸国となった。ボリビアの国土は、アルティプラノと呼ばれる標高3800〜4000メートルの西部高地と、アマゾン熱帯地域の東部低地、標高1500〜2500メートルのアンデス東斜面の温暖な渓谷地帯（バリェ）から形成される（図1）。鉱物資源を産出する西部高地のラパス、オルロ、ポトシと、それらの地方に食糧などを供給する渓谷地帯のコチャバンバ、スクレが比較的早い時期から発展してきたのに対して、地理的に遠く離れたサンタクルス、タリハ、コビハやトリニダなどの東部低地は20世紀後半まで地理的に隔絶されてきた。現在の主要都市であるサンタクルスとコチャバンバ間の舗装道路が竣工したのは１９５０年代のことである。

電力、水道、交通などの基礎インフラについては、その多くが鉱業生産に関わる範囲に限られ、鉱業生産によって得られた資本を元に進められた。統治者の関心も外貨を獲得できる鉱業生産にあり、鉱物資源輸出によって得られた利益を支持者に分配することで権力を維持しようとした。その結果、１９５０年代には主要鉱山の多くが国有化され、国家介入型の経済が基調となった。それは同時に、代替産業のための公的投資や自由な市場競争を制限することにもなった。主要な労働力であった先住民系の人々は、鉱山やプランテーションでの使役労働か自給型の農業に従事し、深刻なエスニック差別とも相まって、経済成長のための人的資本への投資が妨げられてきた。識字率の低さ、気候条件が厳しく近代農業に適さないアルティプラノの環境、峻険なアンデス高地から太平洋や大西洋への出口までの交通アクセスの不便さ、鉱業を中心とした権力構造の偏りなどから、鉱業以外の代替的な産業は限られてきた。

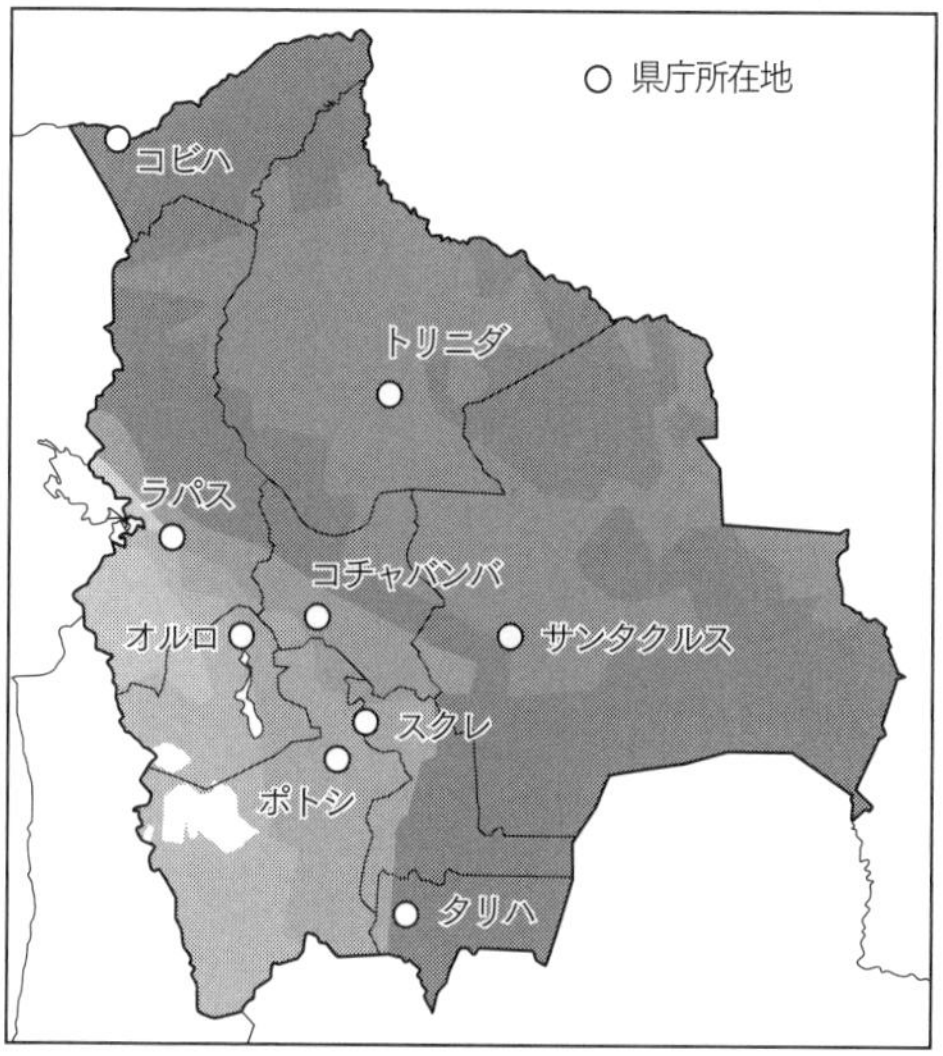

図１　ボリビアの国土と地形
出所：筆者作成

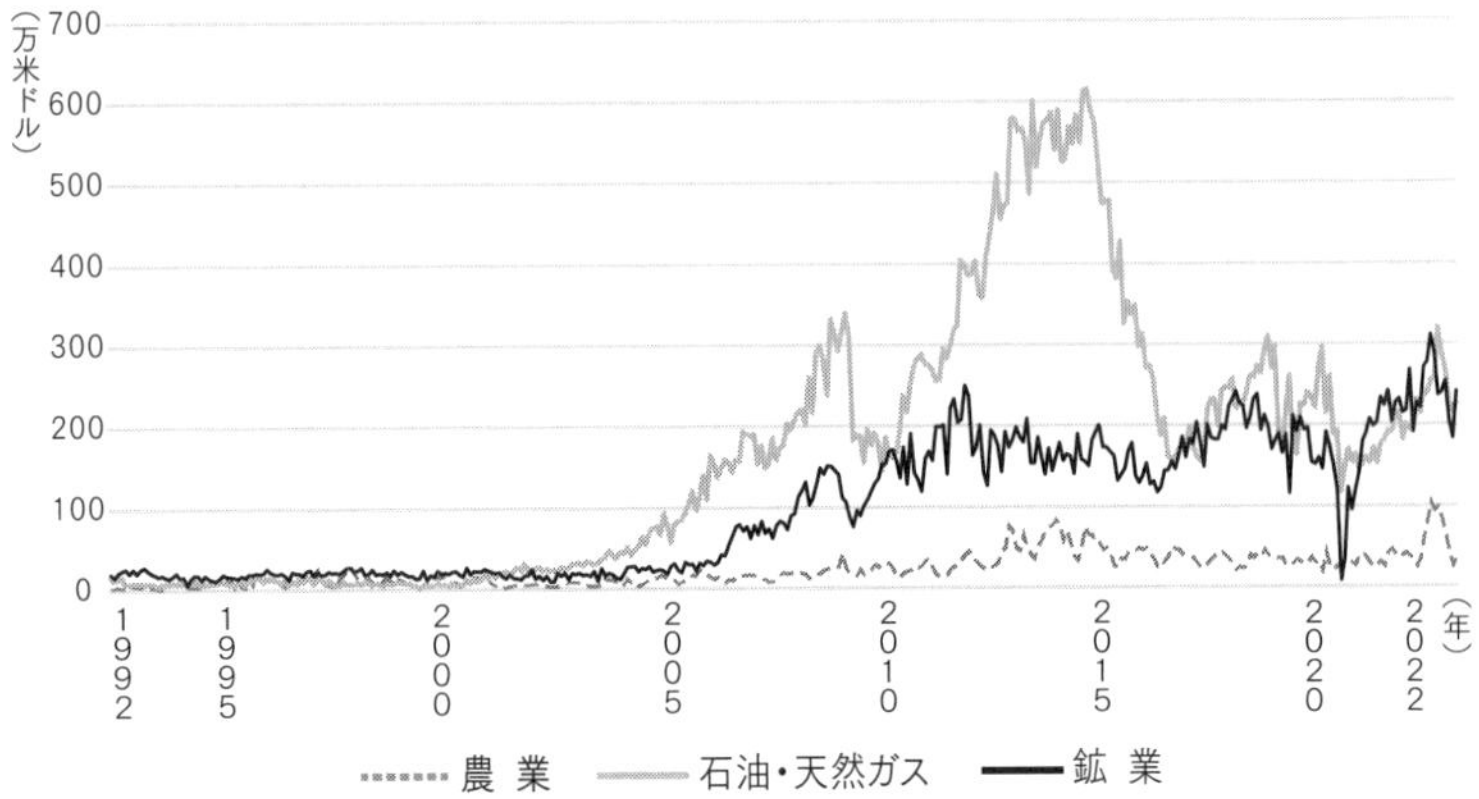

図2　主要分野の輸出額

注：100万米ドル（名目値）。農業には牧畜業・林業・水産業を含む。2021年以降は暫定値。
出所：国家統計局（INE）

こうした鉱業中心の構造が西部高地で基調となった一方で、東部低地では国家ではなく住民の自助努力で基礎インフラや経済が整備されてきた。東部低地の広大な領域や資源を用いた経済開発の可能性については、1940年代のボハン米国調査団によって勧告されていたが、端緒についたのはさらに半世紀ほど経ってからだった。

西部高地での鉱業を中心とした産業構造は、20世紀末にサンタクルスとタリハで天然ガス生産が本格化し、鉱業輸出を超える外貨獲得部門となるにつれて変化を始める。1980年代に、ボリビア経済は他のラテンアメリカ諸国と同様にハイパーインフレによって危機を迎えた。

その後、1990年代に新自由主義経済改革による規制緩和や民営化で外国直接投資が促進され、サンタクルスやタリハの天然ガスや大豆などの農産物が主要な輸出品目となった（図2）。2005〜2015年頃の輸出品価格の高騰は、天然ガスと鉱物資源の輸出による外貨獲得に拍車をかけた。21世紀初頭の天然ガス・鉱物資源・農産品輸出の高まりは経済好況をもたらしたが、いくつかの問題もあった。第1に、天然資源依存が解消されず、外貨獲得を可能とするような代替産業の育成はほとんど成功しなかった。第2に、東部低地で経済力が伸長した一方で、従来から国家権力を独占してきた西部高地との政治対立が進んだ。西部高地では国家による市場介入が進められたことで、規制緩和のもとで一旦は可能性を見せつつあった縫製産業などの萌芽産業が衰退した。また東部低地の農産品輸出にも、中央政府から輸出規制が導入された。第3に、のちに天然ガスの国際価格が下落し、ブラジルやアルゼンチンが自国内での海底油田やシェールガス開発を進めたことで、天然ガスによる経済好況は10年ほどで終わりを迎えた。この好況期に道路舗装や学校、病院などの建設が進められたが、10年はボリビア経済の基盤を底上げするには十分とは言い難かった。

他方で、1980年代の経済危機と1990年代の新自由主義改革は、ボリビア経済の特色をなすインフォーマル経済の隆盛をもたらした。一時的にではあれ国家による支援が打ち切られ、深刻な経済不況を経験した中で、多くの人々が必要に迫られて代替的な生計の手段を求めた。そうした手段はほとんどが紙面での労働契約を結ばず、社会保障もないインフォーマルな就業形態だった。例としては、都市での露天商、バスやタクシーの運転手、ラパスやコチャバンバ県のアンデス東斜面でのコカ葉栽培、ラパス北部の熱帯地方での金採掘、自動車や衣料品、小型家電などの隣国からの密輸などが挙げられる。こうしたインフォーマルあるいは違法経済従事者は、国際的な資源価格の変動や統治者による介入から全く影響を受けないわけではないものの一定の距離を置き、将来の経済危機に対する自衛手段ともなっている。多くの先住民系の人々は、自給型の農業を営みながら、状況に応じて鉱山採掘、建設業、露天商といった複数の業種を渡り歩いているのが実情と言えよう。

こうしたインフォーマル化の進行は、経済開発の基盤をポジティブな方向に向けているわけではない。インフォーマル産業のほとんどは納税負担せず、労働規制・環境規制・社会保障についても対象にならない。さらには違法な経済活動は、治安悪化や暴力などの社会問題も生んでいる。人々の自活的な経済活動は、時間の経過と共に国家による経済統制能力を弱めつつあると言えるだろう。

（岡田勇）

41

経済政策の変遷

★資源輸出依存の功罪★

ボリビアは植民地時代からグローバルな貿易ネットワークに組み込まれ、鉱物資源を中心とする一次産品の供給国としての役割を演じてきた（第40章参照）。20世紀の半ばには、ブラジル、チリ、アルゼンチンなどで国家主導での工業化と一次産品依存からの脱却が試みられたが、ボリビアは極端な鉱物資源依存と先住民系が多数を占める人口構造もあってか、そうした工業化政策はほとんど見られなかった。その一方で、鉱物資源依存は高まり続け、国際資源価格が変動するたびにボリビア経済は荒波に揉まれてきた。

こうした脆弱性を有するボリビアの経済政策は、概ね4つの時期に分けられる。以下では、まず初めの3つの時期について概観した上で、最近の時期の経済政策について詳しく見てみよう。

第1の時期は、植民地化から独立、そして20世紀前半までの時期にあたる。この時期は、一部のエリートが国の富を独占する植民地型経済であり、多くの先住民系の人々は教育の機会も乏しく、鉱山やプランテーション農場での労働に低賃金で、もしくは半強制的に徴用された。国内で生産できない機械や嗜好品は、鉱物資源の輸出から得られた外貨を用いて輸入された。エリートと大衆の人口のアンバランスな並びに国全体としての人口規模の小ささもあり、工業化への機運は起きる気配がなかった。

第2の時期は、1952年に成立した革命政権の下で、国家主導型の開発が試みられた時期である。政策転換は、対外戦争と社会主義思想の流入をきっかけとしたナショナリズムの高まりに導かれたものであった。革命政権は、主要錫鉱山を接収して国有化すると共に、農地改革を実施した。抜本的な政策であったものの、それまでの不平等な社会を変えるには至らなかった。むしろ、鉱業や農業の生産性は高まらず、鉱山経営は労働者による自主経営に委ねたことから赤字体質となった。その後、1964年から軍が革命政権を打倒して政権を握り、軍人が権力と利益を独占する時代が1970年代末まで続いた。

第3の時期は、深刻な経済危機を踏まえて1985年から導入された新自由主義経済改革の時期である。ブラジルやペルーなどとほぼ同じく、1980年代初頭にボリビアは多重債務によるハイパーインフレになり、深刻な経済危機を迎えた。1982年の民政移管直後の左派連合政権がそれまでの赤字体質を変えられなかったことや1985年の錫価格の暴落も、経済危機の原因だった。そこで1985年に政権を握ったパス・エステンソロ大統領は「新経済秩序」を謳い、国営鉱山の解体と鉱山労働者の大量解雇を断行すると共に、有望な鉱山の民間資本への解放、価格や輸入規制の撤廃、外資誘致などの政策を進めた。続く政権もこの改革路線を踏襲した。

改革は物価の安定をもたらしたが、2つの問題が明らかになっていった。1つめは、この改革モデルが国家による市場介入を避ける方針であったため、人々は自活的に生活の糧を稼ぐことが求められたことである。その結果、露天商やコカ葉栽培、隣国からの密輸、鉱山での小規模採掘といったインフォーマル経済に従事する人々が増加した。また、そうした経済手段がもたらす雇用機会や収入は限られたため、貧困率が高止まりし、生活に苦しむ人が増えた。2つめの問題として、有望な鉱山や天然ガスを除いて外資が流入しなかったことがある。新自由主義改革は、国家が介入しなければポテンシャルを有する産業が発達して経済を牽引するだろうというナイーブな想定をとるが、それまで400年以上にわたって鉱物資源に依存してきたボリビアで成長産業の萌芽を短期間で見出すことは難しかった。1998年頃から2002年にかけて、世界的な通貨危機のあおりを受けて不況に突入すると、人々の不満は爆発した。

その後、第4の時期は、2006年に始まるエボ・モラレス率いる社会主義運動（MAS）政権の統治時期とほぼ重なる。同政権は、人々の不満が爆発した新自由主義経済改革をやめ、再び国家主導型の経済政策を追求することを謳った。とはいえ、この時期の経済政策は第2のナショナリズムとは異なる点も多いので、注意深く見ていこう。

まず、分かりやすい政策転換として、天然ガス部門については「国有化」政策がとられた（資産接収ではないので、括弧付きの「国有化」とする）。実際には、ボリビア国営石油公社を創設した上で、外資生産企業から生産される天然ガスを強制的に買い取ると共に増税を行い、多くの利益が国家に入るような仕組みとした。それと同時に、長期売買契約を結んでいたブラジル、アルゼンチン両政府と交渉し、天然ガスの供給量と輸出額について妥結した。2つの条件がこの「国有化」政策の追い風となった。1つめはグローバル市場での天然ガス価格が高騰しつつあったこと、もう1つはブラジルとアルゼンチンで石油や天然ガスの国内生産が需要増に追いついていなかったことである。こうした有利な条件のために、「国有化」政策によって直ちに赤字経営となることはなく、むしろ多額の税収をもたらしたのである。

ＭＡＳ政権は電力、通信、交通運輸、鉱山の一部についても国営企業を設立して類似の政策を進めた。とはいえ、天然ガス部門と同様に、他の政策でも現実主義が見られた。鉱山については、１９９０年代以降に始まった新しい民間鉱山を直ちに接収することはなく、むしろ外資誘致を奨励するよう働きかけもした。ウユニ塩湖で膨大な埋蔵量が確認されていたリチウム開発についても同様である。とはいえ、新自由主義と一線を引きたいとの政治的思惑から、国家のプレゼンスを高めるような姿勢をしばしば取ったため、スムーズな外資導入は難しかった。

同様の現実主義は、マクロ経済運営にも見られた。１９８０年代のハイパーインフレの記憶が残っている中で、経済財務省と中央銀行にはテクノクラートが残り、野放図な政治介入は避けられた。天然ガスや鉱物資源輸出から得られる税収や外貨収入をもとに多額の外貨準備を確保して、国内通貨ボリビアーノスへの信用を高めることで通貨政策の実効性を確保し、好景気に湧く中でもインフレ率は比較的低く抑えられた（図1）。児童や高齢者、養育婦女に対する現金給付政策を導入したが、マクロ経済運営を不安定化させるようなバラマキは行わないように注意を払った。さらには、国外からの輸入による物価変動を抑えるためにクローリングペッグという為替システムを採用した。これらにより、２００５〜２０１８年頃まで、年率５％程度のＧＤＰ成長率と同程度のインフレ率による好景気を謳歌した。

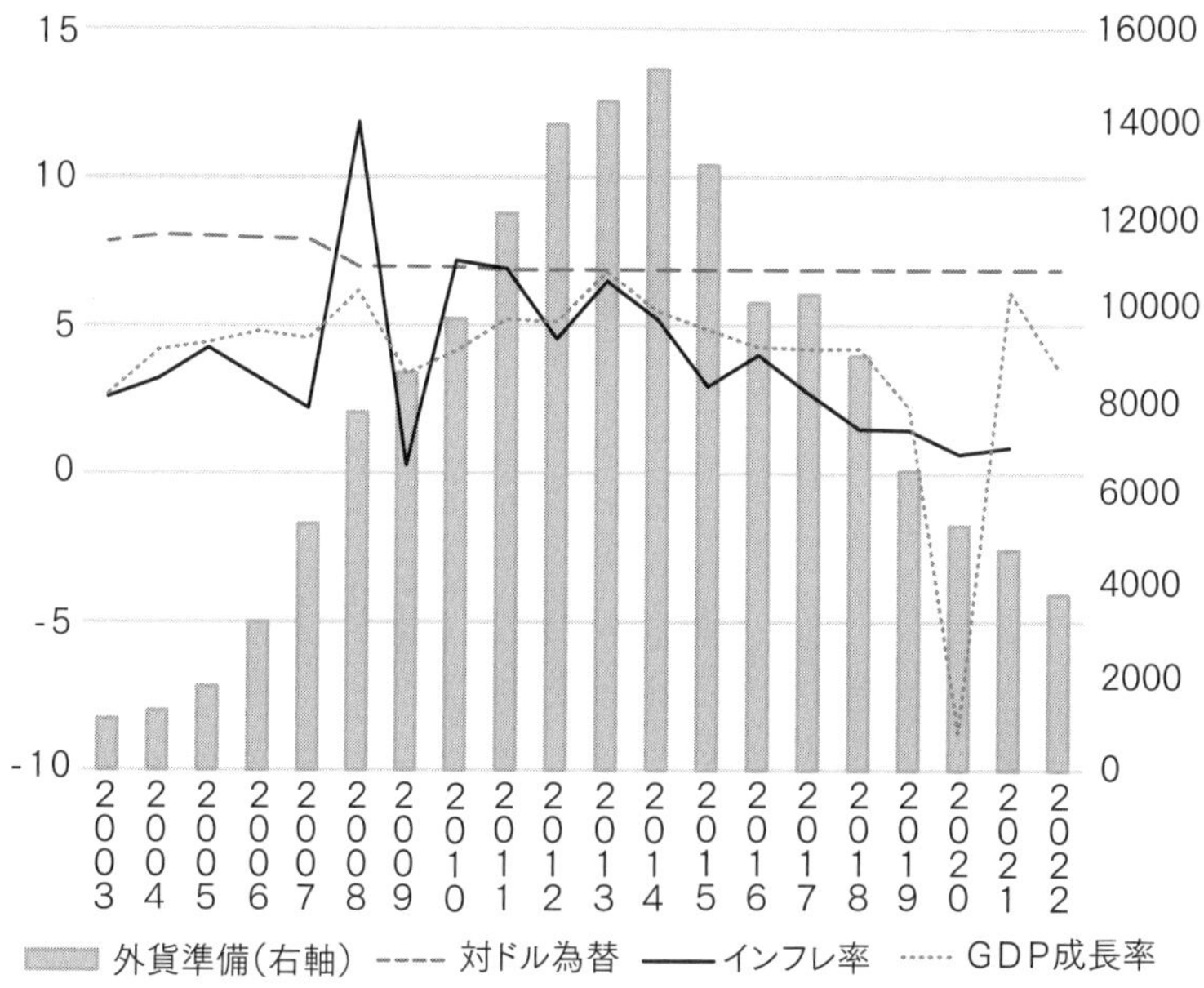

図1　主要経済指標

注：外貨準備は百万米ドル（右軸）、それ以外は％（左軸）。インフレ率は各年 12 月末の累積値であり、2022 年値は欠損。2017 年以降の GDP 成長率は暫定値。

出所：GDP 成長率は国家統計局 (INE)。それ以外は中央銀行。

もっとも、第4の時期の経済政策にも限界はある。特に、資源産業以外の成長産業を見出すことはやはり難しかった。皮肉にも好景気のなかで伸長したのはインフォーマル経済であり、中古自動車の密輸入や金の違法採掘のように莫大な利益を上げながら納税負担を負わないビジネスもあった。また2020年からのCOVID-19パンデミックの影響は大きく、潤沢だった外貨準備は減少を続けている。また天然ガス生産の先細り、ブラジルやアルゼンチンでの海底油田やシェールガスの開発によって、主な税収源が衰えつつある。その一方で、リチウム開発のような代替資源開発は進んでいない。産業の選択肢の少なさが依然としてリスク要因であり続けている。

（岡田勇）

42

農業

★農業部門の構造的問題と輸出用作物生産の拡大★

広い国土に異なる標高と様々な気候帯を有するボリビアは、その植生もまた多様であり、様々な農作物が育成する。伝統的作物であるジャガイモにはじまり、キヌア、カカオ、アサイー、コーヒー豆のような世界的に需要が増えてきた産品の生産も徐々に広がりつつある。特にジャガイモは、1500種類以上の品種が自生しているとされている。その起源は8000年も遡ることができ、歴史・文化的にもボリビアが誇る最も代表的な作物といえるだろう。現地では、コンドルに姿を変えた神が、アルティプラノ（アンデス高地）の民にジャガイモの栽培を伝えたという伝説が語り継がれるほどであり、ほかの物語では外敵による侵略に際しては、ジャガイモが侵略者の目を欺く（侵略者がジャガイモの持つ有毒な実に目を潰された）一方で、栄養価の高い塊茎は先住民らを救う重要な栄養源となったという。ボリビアの高地に住む人々が依然として非近代的な伝統的農法を好んでいることから、彼らのジャガイモに対する特別な思い入れがうかがえる。

他方、生産規模で見れば、サトウキビ、大豆、とうもろこし、ソルガム（たかきび）といった作物がボリビア農業の主力となっている。このような作物は、１９６０年頃から開発が進んだ東部低地のサンタクルス県で生産が拡大したものである。同県の農業協同組合と民間企業は、近代的な営農理論を導入することで大規模投資と機械化を進め、大規模な営農を実現してきた。１９９０年代には、時に大豆の輸出額が鉱物資源や天然ガスを上回ることもあり、２０２０年時点でも、大豆は、天然ガス、金、亜鉛に次ぐ4番目の輸出産品となっている。

表1　農産物生産上位5品目
(2011～2020年の10年間に生産された重量ベース)

品目	全生産量に占める割合	サンタクルス産の割合
サトウキビ	47%	92.4%
大豆	16%	98.9%
ジャガイモ	6%	6%
トウモロコシ	6%	61.67%
モロコシ属	5%	99.27%
その他69品目	20%	9.6%

出所：ボリビア国立統計局のデータベースから作成

しかし、サンタクルス県のように大規模な営農が誕生したのは、あくまで近年の話であり、歴史的には、ボリビアの農業部門は非生産的な状況が続いていた。現代に入っても、自給自足の水準を抜け出せない農家は数多くおり、貧困水準の農家も多い。ボリビア農業におけるこの格差は、何に起因するものなのか。その背景には、ボリビアの独立時代から続く歴史・社会及び政治構造がある。

ボリビアの独立後半世紀（１８２５～１８８０年）と自由主義時代（１８８０～１９３０年）には、独立戦争の賠償や歳入確保のために、多くの政府が先住民族の土地を収奪し、高税を課した。当時の先住民族は国家歳入の8割以上を負担し、政治参加からも疎外され続けた。このような収奪構造は、20世紀に入ってもなお維持され、第二次世界大戦前には、一部の大土地所有者が農地の95％以上を所有していたとされる。ボリビア西部高地の農民は貧しく、ボリビアの農業部門は貧弱で、結果としてボリビアは食糧輸入に依存するようになっていた。

　このような不平等に対して、１９４０年代、ボリビア国内では民族主義の潮流が徐々に盛り上がりをみせ、農民支持、大鉱山主や地主への反抗が改革運動に結び付いていった。そしてそれは１９５２年の革命で爆発する。農民、鉱山労働者、都市労働者が権力を掌握することに成功し、１９５３年８月に「農地改革」が実現した。これは、搾取され続けた農民らに土地を分配し、大土地経営（ラティフンディオ）を撤廃することを目的としていた。この農地改革は、ボリビアの歴史上最も重要な転点のひとつとなったが、同時に西部高地に新たな構造的問題を引き起こした。問題となったのは、土地の細分化であり、これは分配された土地が私有財産として売却できないことに起因した。農地改革で分配された土地は、次の世代に相続されるに従い、ますます細分化されたことで、ミニフンディオと呼ばれる非効率的な小規模農家を生み出してしまったのである。この構造こそが現代の農業格差に直結しているのであり、２０１３年に実施された全国規模の農業調査では、農地の50％が生産性の低い小規模農家に分類されている。彼らの多くは自給自足の水準を抜け出せずにおり、生産性を向上させることが難しい状態が続いている。

　このような状況が続いているにもかかわらず、小規模農家らを含む農民組合は、所有地の合併や法人化、協同組合の組成といった手段を取らない場合が多い。これは、53年の農地改革で「その土地を勝ち取った」という矜持によるものではないかという指摘もある。また、先住民や農家にとって、民間企業やそれを通じた投資促進は、社会主義の影響を受けた先住民主義とは真逆の資本主義思想と結び付くことから、イデオロギー的な壁があるのではないかともいわれる。

他方、２００６年に誕生したエボ・モラレス政権下では、農地をめぐる新たな問題も生じた。モラレス政権は、１９５３年の改革で土地が分配されなかった高地の人々に対して、サンタクルス県などの低地へ移住し土地を所有することを認めた。その結果、本来所有者がいるはずの土地に無断で入植する人々も現れ始め、土地争奪という新たな社会問題が発生した。所有者の中には、サンタクルス県の農業協同組合や民間企業も含まれ、効率的な営農を追い求めるサンタクルスの農家にとっては看過できない投資リスクとして認識されている。

２０２０年代に入り、天然資源依存のボリビア経済には陰りが見え始めている。それは年々深刻化しているが、そのような中で期待がかかるのは農業部門である。ボリビア政府は、コーヒーやカカオ、キヌアといった商品作物の増産や輸出振興のビジョンを掲げてはいるが、あまり大きな成果が出ていないのも事実だ。歴史的・構造的問題が根深い中で、どのように農業部門を発展させるのか、これが政府にとって喫緊の課題であろう。

（小森ディエゴ）

表2 輸出収入
(2018年から2022年の5年間、全体輸出収入順位)

県	主な輸出収入	主な農産品
サンタクルス県	農業（49%）	サトウキビ、大豆、ヒマワリ
ポトシ県	鉱物（94%）	ジャガイモ、キヌア
ラパス県	鉱物（86%）	コーヒー豆
タリハ県	炭化水素（99%）	ブドウ（ワイン）
ベニ県	鉱物（77%）	ブラジルナッツ
オルロ県	鉱物（82%）	キヌア
コチャバンバ県	炭化水素（42%）	バナナ、ヤシの芯
チュキサカ県	炭化水素（51%）	オレガノ
パンド県	農業（51%）	ブラジルナッツ

出所：ボリビア国立統計局のデータベースから作成

43

東部低地開発

★未開拓地から新たな経済の中心地へ★

ボリビアには、首都ラパスを上回る人口、面積そして経済規模を誇る都市がある。それがサンタクルスである。隆々たるアンデスの山々を望み、乾いた風が吹きすさぶラパスとは真逆に、どこまでも広大な緑の大地に熱く湿った風が吹くアマゾン地帯にその街はある。サンタクルス県の一部は高地に属するが、大部分はアマゾンらしい景色と温暖な気候であり、ボリビア人口の3分の1にあたる約400万人が居住する。そしてサンタクルス市は、まさに近代都市といった様相で、高層ビルや国外のフランチャイズ企業も立ち並ぶにぎやかな都市である。サンタクルス県は、農業と天然ガスという輸出産品によりその経済が支えられ、特に大豆と砂糖は、サンタクルス県がほぼすべての生産と輸出を担っている。またラパスやコチャバンバなどの高地からサンタクルスを訪れると、その景色のみならず、人々の様相や言葉のアクセントにも違いを感じることだろう。サンタクルスの人々は、グアラニーとチキタノ系が多く、どちらかといえば外向的で、もてなし好きな人々といわれる。そんな彼らは、自らを誇りを込めて「カンバ（Camba）」と称する。この言葉の語源については議論がある。グアラニー語、あるいは17

世紀にやってきた奴隷たちが使っていた言語のひとつに由来する可能性があり、「人」あるいは「混血」を意味する。その始まりは、西洋に住む人々が、東洋から来た人々を低学歴の人々であるかのように蔑称として使ったことである。しかし、サンタクルスの発展によりこの言葉の位置づけが変わり、今ではサンタクルスの人々が誇りを持ってこの言葉を使うようになった。

これほどまで異なる文化と経済が醸成され、あらゆる意味において今やボリビア最大となったサンタクルス県だが、その歴史は1960年頃から本格化した東部低地開発が源泉である。

今から100年以上前の1900年代、サンタクルスは、ラパス、コチャバンバ、ポトシに次ぐ4番目の人口を有する地域であった。現代とは異なり、当時のサンタクルスは農業生産が活発というわけでも近代的な都市を有するというわけでもなかった。むしろ、ボリビア北部（ベニ県やパンド県）の天然ゴム産地へ赴く人々の通り道として知られる程度の地域であり、農業の生産性は低く、多くの人々は自給自足の農業を生業としていた。ゴム・ブームは1914年から1924年にかけて衰退し、サンタクルスの経済に劇的な影響を与えた上、1932年から35年にかけて勃発したチャコ戦争下ではさらに深刻化した。

第二次世界大戦中、当時のボリビア政府が米国との全面的和解を決定したことでサンタクルスの発展が動き出す。1942年、南米諸国との関係を強化するために積極的な戦略を開始した米国政府は、ボリビアに経済開発視察団を派遣し、開発計画を立案した。この開発計画は、ボリビアに到着した開発視察団のリーダーの名前にちなんで、「ボハン計画」と呼ばれている。その計画には、ボリビアの鉱業モノカルチャーを脱却するための農業部門開発やインフラの整備計画が盛り込まれると共

大豆収穫の様子（サンフアン移住地）

に、西部高地から東部低地への選択的移住を通じた人口増加計画が盛り込まれていた。このボハン計画は、後にボリビア史上最重要な開発計画と呼ばれるようになる。具体的には、米国政府が送り込んだボリビア経済開発視察団により次のような提言が行われた。第一に、石油生産の増大とパイプライン及び製油施設の建設、第二に、食糧の輸入代替と輸出を目指す農産物の増産、第三に、国内道路網の整備とサンタクルス－コチャバンバ間の道路建設、そして第四に、鉱業の増産であった。

農業部門では、米国が促した新品種の導入や化学肥料の投入により、サトウキビ、トウモロコシ、コメなどの生産増大が可能となった。そして、食糧の輸入代替と一部の農作物の輸出を可能とする農業発展が実現したのである。またボハン計画は、アンデス高地に集中する人口の一部を東部低地に移住させるという目標を達成すると共に、それまで地理的にも政治的にも孤立していたサンタクルスを政治・経済的に統合した。

冒頭で示したとおり、サンタクルスは人種的に多様な地域であるが、それはこのボハン計画に由来する。１９５３年に西部高地で実施された土地分配計画とは異なり、ボハン計画では、先住民族や他国からの移民を含む多くの人々に土地の贈与が行われた。それにより、サンタクルスは、ケチュア、

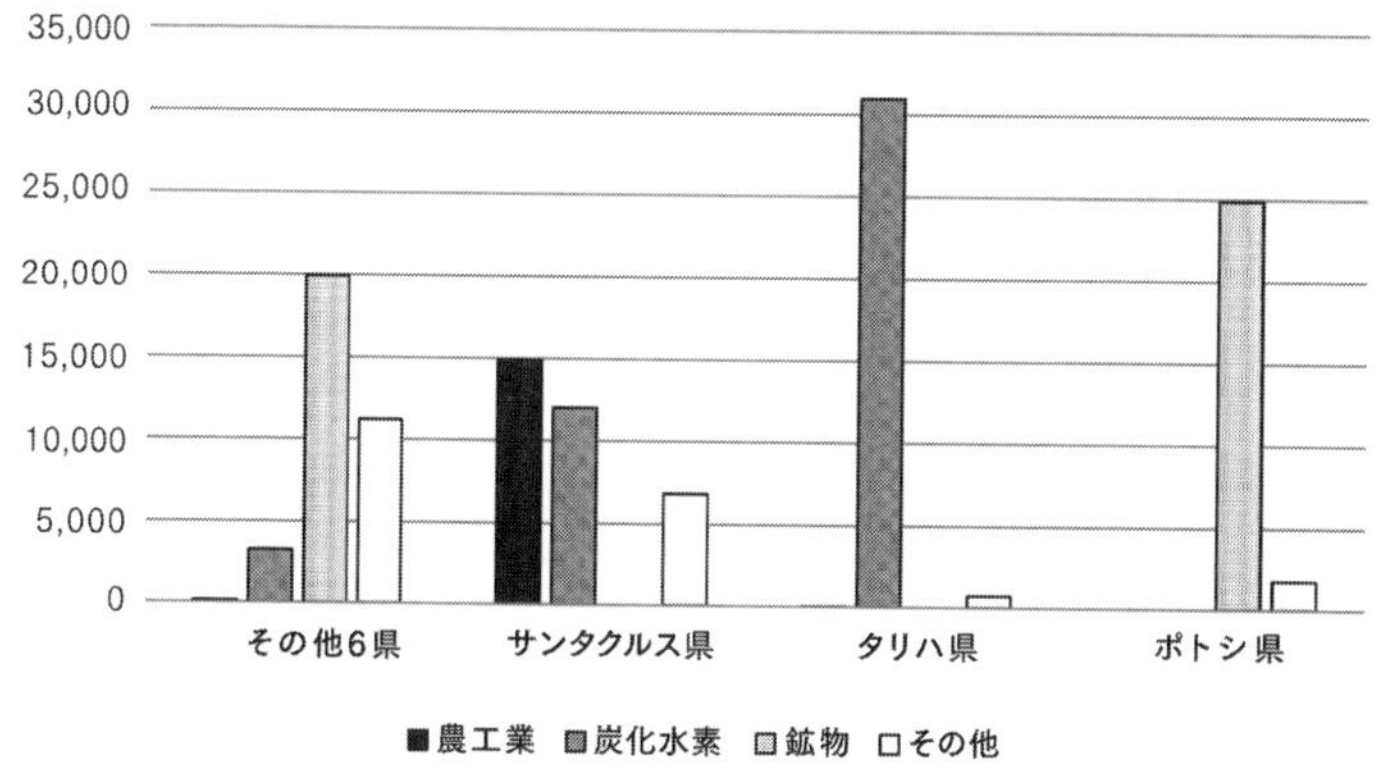

図1　2011年から2020年までの10年間の輸出状況（単位：100万米ドル）
出所：ボリビア国立統計局のデータベースから作成

アイマラ、グアラニーのみならず、クロアチア、イタリア、ドイツ、そして日本など、多民族的・多文化的な土地となるのである。これは、ボリビアと日本の移住協定（1956年）の礎であり、後にサンフアン移住地とオキナワ移住地が建設され、日本人もボリビア農業近代化に貢献していくことになる。

近年に入り、目覚ましい発展を遂げたサンタクルスは、2011年から2022年の10年間でボリビアの農業産品及び加工品（砂糖やエチルアルコール等）輸出に関し、その大部分を独占している。この成果は、サンタクルスが、鉱物資源や天然ガスに依存しない新たな経済モデルの構築に成功したことを示唆すると共に、ボリビアという国が天然資源依存の経済から脱却する上で重要なヒントとなり得るかもしれない。（小森ディエゴ）

44

鉱業モノカルチャー経済の変遷

★多様なステークホルダーと鉱業部門の構造的課題★

ボリビアが産出する鉱物資源は実に多様だ。銀、錫、亜鉛、鉛、金、さらには近年にかけて需要と価格が高止まりしているリチウムまで、様々な鉱物資源とそれを取り巻くステークホルダーらがボリビアの鉱業史を形作ってきた。他方、ボリビアの鉱物資源開発は、民間企業と国営企業の間で振り子のように揺れ動き、鉱業協同組合と呼ばれるボリビア特有の社会団体の存在も相まって、全体として生産的な開発が滞り続けているとも指摘されている。

「黄金の椅子」と表現されたボリビアの豊かな鉱山開発の歴史は、まさにスペイン人のインカ帝国征服後の1545年に発見されたポトシ銀山開発に始まる。第22章で紹介されているように、ポトシ銀山開発がボリビアの社会的・文化的基盤をつくりあげたといっても過言ではない。その後ボリビアは、1880年代から1929年までの半世紀に錫ブームを謳歌する。錫は、19世紀後半に確立する真空パック技術の開発による缶詰産業の発達によって、世界的に需要が急増した金属であり、ボリビアは第一次世界大戦が終わる頃には世界第2位の錫生産国となった。世界恐慌が勃発する1929年まで、ボリビアの輸出のほぼ99%を鉱物資源が占め、その4分の3を担ったのが錫であった。鉱物資源の国際価格が暴落した30年代の世界的不況期にボリビア経済もまた深刻な不況に入ったが、第二次世界大戦の勃発でボリビアの鉱物資源は、米国が必要とする戦略物資として特別な扱いを受け、ボリビアは再び鉱山ブームを経験した。その後、若干の増減はあるが、鉱物資源は１９８０年代までボリビア経済の要であり、鉱業は長年にわたって輸出の90%を占めたモノカルチャー経済の中核であった。

２０００年代に入り、天然ガスがボリビア経済の柱となるが、鉱物資源への依存度は他産業に比べて高く、特に民間企業による亜鉛及び鉛の開発が進んだ。中でも２０００年に米国企業により開発が始まり、２００９年には日本の住友商事が１００%の権益を獲得したサン・クリストバル鉱山は、ボリビア最大の鉱山として、亜鉛、鉛及び銀といった鉱物資源を産出した。サン・クリストバル鉱山の産出量は、２００９年から２０２３年にかけて、ボリビア鉱業部門の7割以上を占め、ＧＤＰの約２%に相当するほどの生産規模を誇った。

ラパス県で産出する金

２０２０年以降は、国際的な金価格の高騰を受け、ボリビア経済においても金の重要性が高まった。ボリビアにおいて、金の開発そのものは、１９００年代に始まり１００年以上の長い歴史を持つが、国際金価格の高騰が追い風となり２０２０

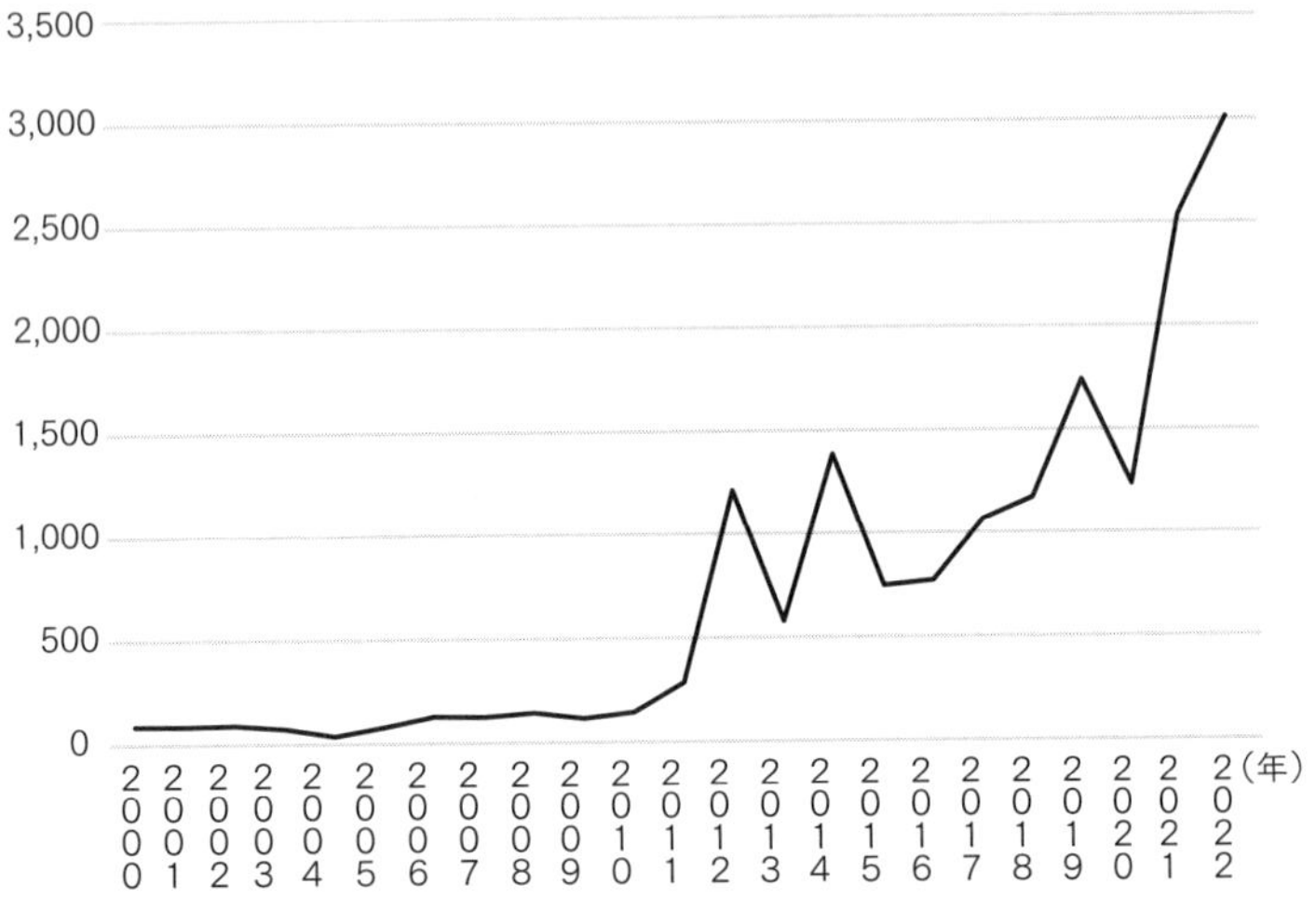

図１　金輸出額推移（単位：100万米ドル）
出所：国立統計局のデータより筆者作成

年以降に産出量が増加した。２０２１年6月には、天然ガスの輸出額（1億９０００万米ドル）を上回り、約2億ドルの輸出を記録すると共に、同年の総輸出額では、天然ガスが22億米ドル、金が25億５０００万米ドルを記録し、実質的に金がボリビア最大の輸出品目となった。同時期、ボリビア政府は金の密輸取り締まりや政府による金買取を通じ、中央銀行が保有する金の増強について法整備に着手した。これは、ボリビア中央銀行が、外貨準備の一部を金で保有しているためであり、ボリビアでは、金価格の高騰が外貨準備の変動に直結するためである。

　ボリビア鉱業史で特徴的なのは、国家、民間企業、鉱山労働者といった複数のステークホルダーらの利害が複雑に絡み合ってきたことだ。19世紀末から20世紀半ばにかけて一大ブームをボリビアにもたらした錫開発の場合、

第44章

鉱業モノカルチャー経済の変遷

今なお採掘活動が続いているセロ・リコ銀山

1952年10月に国有化されるまでは、ユダヤ系移民のホッホチルドの他に、パティーニョやアラマヨといった生来のボリビア人ら（三大錫王と呼ばれる）が錫生産を独占し、寡頭鉱山主として台頭した。その後1952年に成立した革命政府は、同年10月ボリビア鉱山公社（COMIBOL）を設立し、それまでに寡頭鉱山主らが経営してきた鉱山を国有化することで同社の管理下においた。しかし同社による経営は、非効率な経営とボリビア鉱業部門特有の構造的問題により失敗に終わる。1986年には、錫価格の下落に伴いCOMIBOL内部の大規模なリストラやコスト削減が行われ、経営規模が縮小し、同社は大幅に弱体化した。2006年、新たに誕生したエボ・モラレス政権は、石油・天然ガスの国有化を宣言すると共に、鉱業部門についてはCOMIBOLの再建と強化を打ち出し、民間企業が所有するいくつかの鉱山に対しては政府による接収を行った。

他方で、ボリビア鉱業部門には、COMIBOL、民間企業の他に、鉱山労働者らにより組織される鉱業協同組合(cooperativa) が参画している。ボリビア鉱業部門の生産規模で見れば、鉱業協同組合の占める割合は1割程度となっている。しかし、鉱業協同組合は、政府にとっての大票田である一方、政府に対して街頭デモ等を通じて圧力をかける勢力にもなるため、政府は政策決定において彼らとの合意や協調を重視することが多い。2020年以降は、好調な金セクターの鉱業協同組合が力を増している。先に述べたとおり、金は、輸出及び外貨準備を支える重要な鉱物資源であり、ボリビア政府は、密輸取り締まりや政府による金買取を通じたコントロール強化を目論んでいるが、金鉱業協同組合は、それに異を唱え続けている。このように、ボリビアでは、政府と鉱業協同組合の意見がしばしば一致せず、このことが鉱業部門発展の阻害要因となっている。また、ボリビアの鉱業部門では、サン・クリストバル鉱山を除き、2023年現在まで大規模な外国投資がなく、開発資本が不足している。外国企業がボリビア鉱業部門へ参画する上では、国有化リスクや政情の不安定性を投資リスクとして考慮する必要があるほか、閉山にかかる法的枠組みの未整備等も問題視されている。2020年10月に成立したルイス・アルセ政権は、外国企業の誘致に期待を寄せるような態度を見せているが、政府の立場としては、あくまで開発のイニシアティブをボリビア政府がとるというスタンスを崩しておらず、外国企業のための自由な投資環境が整っているとは言いがたい。しかし、実情としてはボリビアの鉱物資源生産の7割以上を民間企業が担っており、COMIBOLの生産規模は、全体の2割程度にとどまっている。ボリビア政府は、COMIBOLの生産性、鉱業協同組合との対話、さらに鉱業冶金省の効率性といった複数の課題を抱えながら、新規投資を通じた新鉱区の探査、採掘方法の近代化の必要性に迫られている。（大沼宏平）

45

天然ガス開発

★国有化による恩恵とジレンマ★

ボリビアにおいて天然ガスは、経済の柱ともいえる重要資源である。特に2000年代初頭から2014年頃にかけて、天然ガスは莫大な歳入をもたらし、2015年以降は徐々に生産が落ち込んでいるものの、依然として政府にとって重要な財源である。

ボリビアの天然ガスは主に、タリハ県、サンタクルス県、チュキサカ県に広がるチャコ地方と呼ばれる地域に集中しているほか、コチャバンバ県の一部でも産出する。タリハ県は、全体輸出総額の57％を占め、サンタクルス県が約37％、残りをチュキサカ県とコチャバンバ県が占めている（2020年時点）。国内で産出する天然ガスの大部分がアルゼンチン（18％）とブラジル（46％）に輸出されるほか、36％が国内向けに供給される。2021年頃からは天然ガスを原料とした尿素とアンモニアの生産が始まっており、今後はこのような化学製品の輸出にも期待がかかっている。

2023年時点で、天然ガスの採掘、精油、流通、販売は、ボリビア石油公社（YPFB）の管理下にあり、国営化されている。しかし、天然ガス産業の歴史をみれば、外国資本による

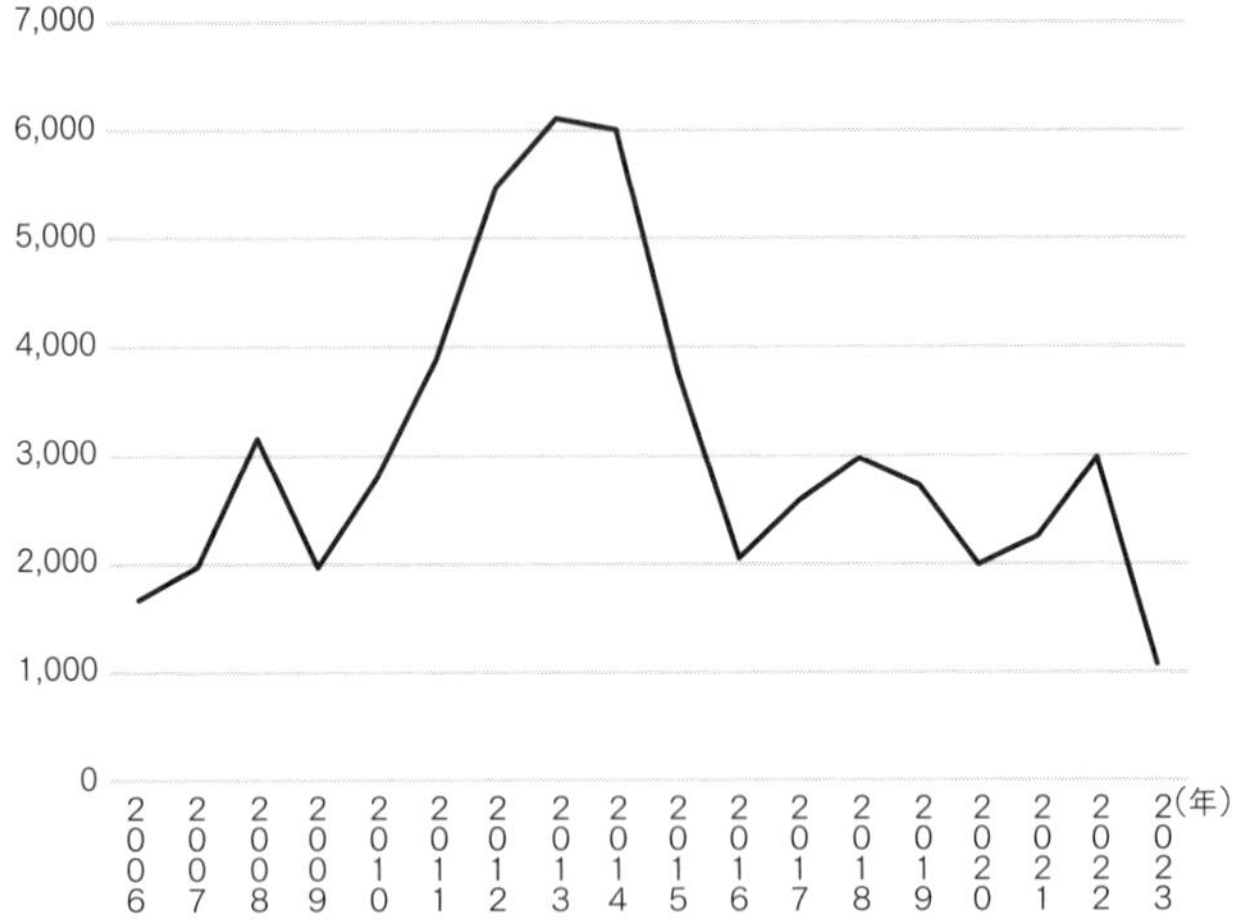

図１　天然ガス輸出額の推移（単位：100 万米ドル）
出所：ボリビア国立統計局のデータより作成

管理と国有化との動きが、振り子のように繰り返されてきたことがわかる。

１８６７年、現在のタリハ県でその埋蔵が確認された天然ガスは、１８７２年に国有化が宣言された。しかし開発には外国資本が導入され、結果的に米国企業が開発を独占することとなった。その後の１９３７年、ＹＰＦＢが創設され、米国企業の開発権を接収すると共に採掘から精製及び流通までを同社が管理した。その後、ボリビアの精油産業が活況を呈するのは90年代以降、東部のタリハとサンタクルス両県を中心に膨大な天然ガス資源が発見されてからのことである。１９９５年、当時のサンチェス・デ・ロサーダ政権は、ＹＰＦＢの株式のうち、50％プラス一株分をボリビア側、残りを外国資本に委ねることで、経営の効率化と採掘の拡大を図った。しかしながら、当時ボリビア側が握っていた株式は、全てが国家の手中というわけではなく、その一部がＹＰＦＢの労働者と労働組合に預けられたため、結果的には外国資本による管理が強まる事態となった。他方で、技術革新が必要とされた天然ガスの探査・採掘産業は活発化し、90年代にブラジル、後に２０００年代にアルゼンチンと長期輸出契約を締結する

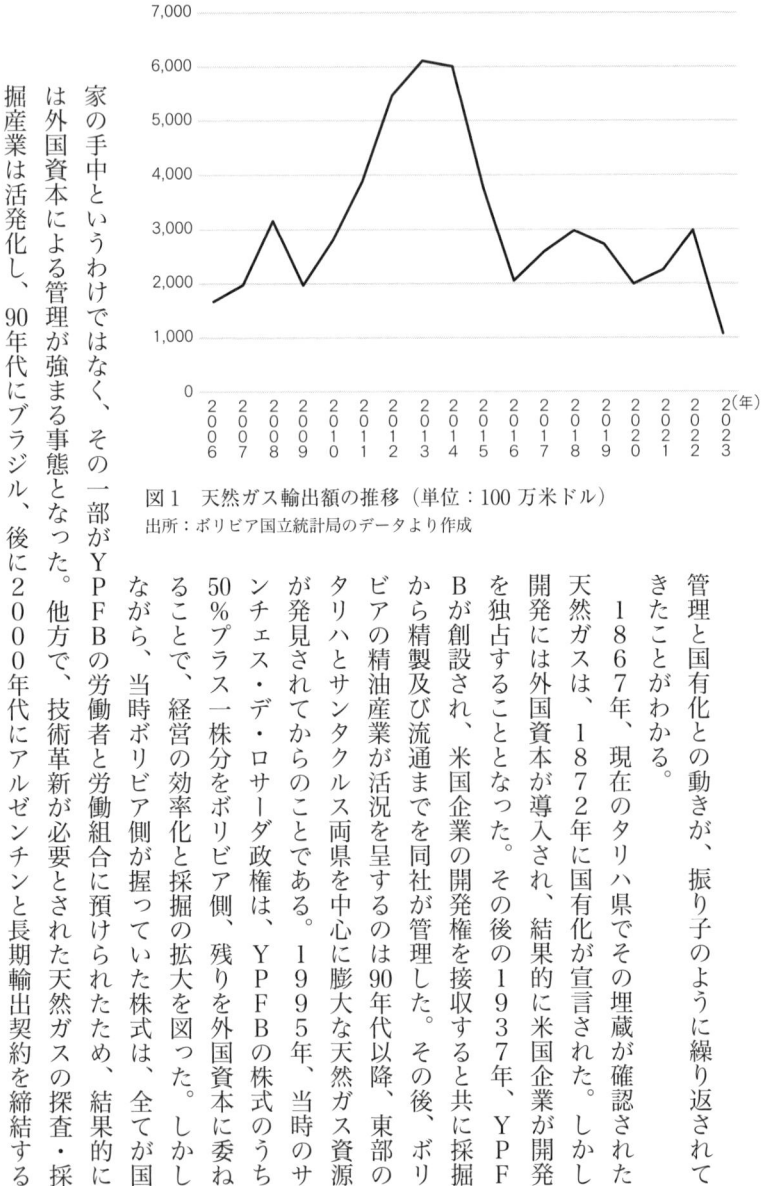

に至った。1997年7月には、アンデス山麓のリオグランデとブラジルのカンピーナスを結ぶ天然ガス・パイプライン3061キロが完成し、輸出が開始された。

新たに経済の要となった天然ガスに対して、国民の期待が高まるのは当然の帰結であった。そしてその期待は、2000年代前半に天然ガスの管理にかかわる経済政策を再度揺るがすこととなった。2004年7月、国民投票の結果、チリを経由しての米国への天然ガス輸出が不可能となり、同時に外国資本に牽引されてきた天然ガス産業の国有化要求が政府に突き付けられる。そして2005年、その後の天然ガス産業の方向性を決定づける「国有化」が法制化された。「国有化」と聞くと、ボリビア鉱業部門でも見られたような、企業の有する採掘権に対する一方的な接収をイメージするかもしれない。しかしここでいう天然ガスの「国有化」は、ブラジルをはじめとする外国企業による経営を維持しつつも、高税を課すことによって税収を増やすことを目的としたものであり、財産接収という意味での国有化とは異なるものであった。

この「国有化」政策に対しては、折から天然ガス国際価格が急騰していたことを背景に、民間企業はこれをのみ、ブラジルも政治的配慮から長期契約継続を受け入れた。そして2006年に成立したエボ・モラレス政権は5月1日のメーデーに合わせ、この「国有化」を実行に移したのである。

このような天然ガスの「国有化」政策は、当時の国際資源価格高騰と相まって、ボリビア政府に対して莫大な歳入増加という恩恵をもたらした。モラレス政権が抱えた経済モデルは、天然資源等から得られる財源を公共投資に充て、内需と雇用を創出し、産業を活性化させることにより経済を活発化させるというものであった。天然ガスによって生み出される税収と収益は国家歳入の約50％（関連事業による付加価値税や関税を含めるとさらに高い）を占めたことから、経済モデルを機能させる基盤となったほか、貧困層への年金・育児扶助・学童に対する現金の直接支給といった社会政策の実現を可能にした。さらに当時のボリビアは、ＩＭＦと世界銀行による重債務貧困国に対する債務免除適用国（ＨＩＰC救済イニシアティブ）となっていたことも相まって、モラレス政権は、まさに順風満帆といえる政権運営を実現した。しかし、天然ガスの「国有化」政策は、民間資本の追加投資を大きく鈍らせる結果を生んだ。ＹＰＦＢによる天然ガスの管理では、非効率性が指摘され、新規油田開発のための探査及び投資の不足も問題視され、それは次第に天然ガスの輸出額にも反映されるようになった。

ボリビアの天然ガス輸出総額は、２００６年から２０１４年までの間に、約３３０億米ドルに達したが、２０１５年以降は徐々に減少し、２０２０年にはピークである２０１４年の６分の1程度まで落ち込んだ。埋蔵量は、２００５年時点での26・7兆立方フィートから、２０１９年には８・９兆立方フィートまで減少し、その後の新規油田開発も停滞が続いている。２０２２年には、国際価格の高騰の影響を受け、約30億米ドル程度の輸出総額を記録したが、もはや天然ガスを経済の柱と呼ぶのは難しく、新たな油田を本格稼働させない限り、埋蔵量は10年以内に底を尽くという試算もある。２０２０年10月に成立したルイス・アルセ政権のもと、ボリビア政府は、新規油田の開発を目標に掲げており、ロシアをはじめとする外国資本も関心を示していると強調している。しかし、実際には、アルゼンチン及びブラジルとの天然ガス売買契約を履行するのも難しいほどにガス産出が落ち込んでおり、ゼンチン及びブラジルとの天然ガス売買契約を履行するのも難しいほどにガス産出が落ち込んでおり、アルゼンチンのヴァカ・ムエルタ油田の生産増も政府の希望とは真逆の方向に向かっている。さらにアルゼンチンのヴァカ・ムエルタ油田の生産増もボリビアにとっては逆風であり、ボリビアの天然ガスをめぐる状況は明るくない。

（大沼宏平）

46

サン・クリストバル鉱山

★日本企業が経営した鉱山★

ボリビアには、サン・クリストバル鉱山という亜鉛・鉛の同国最大規模の埋蔵量を誇る鉱山があり、標高4000メートルの高地に位置する。この鉱山で生産された亜鉛精鉱・鉛精鉱は、日本・韓国・欧州の主要製錬会社に販売されている（2021年の亜鉛の生産量は世界第7位、鉛は世界第8位の規模）。米国の中堅鉱山会社が2005年から単独で開発工事を進めていたが、2006年9月に住友商事が本事業の35％の権益を取得する形で同鉱山の開発事業に参画した。

サン・クリストバル鉱山は、当初の予定より3ヵ月遅い2007年8月に操業開始したが、その後も機械の作動不良等の問題が相次ぎ、フル生産の遅延や操業コスト上昇に見舞われた。さらにはリーマンショックの影響を受け、2009年1月にパートナー会社が倒産する事態となった。そこで、住友商事は同年3月、パートナー会社の権益をすべて買い取り、サン・クリストバル鉱山事業権益の100％を保有することにした。これは日本の商社にとって前例のない挑戦であったが、この事業にかかわった社員は、「このプロジェクトはポテンシャルもあり、必ず改善できる」との強い信念をもって、初の自社鉱山経

サン・クリストバル鉱山近隣のコミュニティ

営に挑んだ。

新オーナーとなった住友商事は、本社からの人材を追加で投入し、住友の事業精神とサン・クリストバル鉱山の企業文化との融合を図ると共に、現地社員との相互の信頼関係を醸成したうえで一丸となって経営改革を進めた。そして、外部委託会社との契約終了による採掘および鉱山メンテナンスの自前化、在庫の削減等の徹底したコスト削減施策、スキルに応じた人事評価・昇進制度の導入等が功を奏し、資源価格の市況好転とも相まって2009年末までにV字回復を実現することができ、その後の生産能力拡張も加わり、本事業からの利益は長きにわたり住友商事に大きく貢献した。また、2010年には、業界で初めてISO9001（品質）、ISO14001（環境）、OHSAS18001（安全）の国際認証を同時取得した。

サン・クリストバル鉱山事業の地域社会への貢献

ボリビアは、一人当たりGDPが約3900ドル（2023年現在）の南米最貧国であるが、住友商事は、サン・クリストバル鉱山の事業を通じて、ボリビアにも大きな貢献を果たした。まず、鉱山の直接雇用数約１４００人、コントラクターも合わせると約２０００人の雇用機会を創出した。また、直接雇用従業員の構成は地元雇用比率が99％、そのうち半数が鉱山近隣コミュニティの居住者であり、外国人派遣員は1％未満にすぎない。そして、従業員が一丸となって「ワールドクラスのボリビアの鉱山会社になる」というビジョンのもとでたゆまぬ努力を続けた結果、精鉱輸出額はボリビアの全輸出総額の約1割、鉱業部門輸出総額の約３割に相当し、ロイヤリティ支払いや納税を通じて、ボリビア経済にも大きな貢献を果たした。

鉱山の周辺地域でのインフラ整備に関して、サン・クリストバル鉱山は総延長２００キロメートル超にわたる道路・橋梁の建設や、周辺地域の電力・上水道の整備を行った。保育所・病院建設、コミュニティにおける健康推進活動など医師による医療サービスにも努めた。新設されたサン・クリストバル村のクリニックは日々近隣住民が利用し、地域の医療体制の充実に貢献した。これまで医者にかかるには悪路を車で数時間走らざるをえなかった地域住民には大きな改善となった。また地域の持続的発展のための基金を創設し、ハウス栽培、観光バス運営なども実施した。

さらに、従業員教育に限らず、継続的に地域住民を雇用していくために、職能別の鉱山技術研修プログラムを実施したほか、高校卒業レベルの若者を対象にした国内外の大学・大学院進学のための奨学金も創設するなど、長期的な人材育成にも力を注いだ。２００９年に設立したサン・クリストバル技術訓練センターでは、鉱山で必要とされる技術教育のほか、観光業、秘書業、経営学の教育を提供し、若者の経済的な自立を支援しており、その開所式にはモラレス大統領（当時）も臨席した。

サン・クリストバル鉱山プラント全景

環境保全の取り組み

サン・クリストバル鉱山は、開発地域への影響を考慮して、環境対策にも気を配った。鉱山における大気中の清浄度や井戸の水位・水質、土壌状態の常時モニタリングはもとより、鉱山で採掘後、処理プラントに投入される前に野外に野積みされていた鉱石からの粉塵飛散防止を目的に、総工費1000万米ドルをかけて、南米で最大規模となる直径140メートル・高さ59メートルのドーム型屋内倉庫も建設した。労働安全面では、安全トレーニング観察プログラムを導入して従業員の安全レベルの向上を図っている。

サン・クリストバル鉱山では、「資源を開発する事業者はそこに住む人々にも思いを寄せ、その未来につながるような開発を行う責任がある」との信念のもと、毎年1億円以上の資金を拠出して地域社会への貢献活動を継続したが、その姿勢は鉱山事業の「手本」として現地で高く評価された。こうした取り組みの結果、サン・クリストバル鉱山は、2018年5月、鉱業・金属産業での持続可能な開発に向けた取り組みを主導する世界的な組織である国際金属・鉱業評議会（International Council on Mining and Metals：本部ロンドン）のメンバー企業として加盟を認められた。

新たなオーナーへ事業売却

２０２３年２月、住友商事は自社の資源戦略見直しの観点から、サン・クリストバル鉱山の全株式を米国人地質学者が設立したカナダの会社に売却した。住友商事は、２００６年の権益取得以降、延べ52名の派遣員を通じて事業の立ち上げ段階から本事業を支援してきたが、安定操業の確立や従業員の現地化も進み、今後のサン・クリストバル鉱山のさらなる発展の為には、より高度な専門知識や業界人脈を有し、鉱山業を専業とする新たなオーナーに託すのが最良と判断した。私はサン・クリストバル鉱山事業の最後の事業部部長になったが、これまでサン・クリストバル鉱山事業に携わったすべての方々のご尽力に、この場をお借りして感謝申し上げると共に、新たなオーナーの下で、サン・クリストバル鉱山がさらに発展することで、ボリビアの人々のために長く貢献し続けることを切に願っている。

（椿賢一郎）

サン・クリストバル鉱山

47

中南米域内外交

★左派政権との関係緊密化★

アルセ政権の発足に伴い、中南米諸国との関係はアニェス暫定政権時代（2019年11月から2020年11月）と大きく異なり、特にベネズエラ、キューバを始めとする左派政権との良好な関係が確認できる。

地域機構をめぐる動向

アニェス暫定政権時代は、ALBA（米州ボリバル同盟）、CELAC（ラテンアメリカ・カリブ諸国共同体）及びUNASUR（南米諸国連合）からの脱退に伴い、キューバ、ベネズエラ等との関係悪化はもとより、左派が政権を握っていたメキシコ及びアルゼンチンとの関係も悪化した。

しかし、2020年11月、アルセ大統領は就任演説において、CELAC及びUNASURとの関係復活に言及した。その後、ボリビア外務省は、ラテンアメリカの統合を目指すとして、ALBA、CELAC及びUNASURへの再加盟を発表した。

2020年12月以降、アルセ大統領はALBA首脳会合には必ず参加している。また、CELACにも2021年のメキシコ議長国時から積極的に参画している。2023年6月、U

NASURに対してアルセ大統領は、久しぶりに開催されたブラジルのルイス・イナシオ・ルーラ・ダ・シルヴァ大統領主催による首脳会合に出席し、UNASURの再活性化を望む旨発言した。

また、モラレス政権時代から、ボリビアは南米南部共同市場（メルコスール）への正式加盟を申請しており、ブラジル議会の承認を待つのみとなっていることから、メルコスール関連会合（外相会合、首脳会合等）にも積極的に参加している。この他にも、CAN（アンデス共同体）の関連会合にも積極的に参加している。

なお、アルセ政権は、2019年11月のボリビア総選挙をめぐるOAS（米州機構）の対応を批判して、特にアルマグロOAS事務総長に対する強い批判を繰り返している。

二国間関係——左派政権との関係良好

・メキシコ：2019年11月、ロペス・オブラドール政権がモラレス元大統領の亡命を受け入れたほか、モラレス政権関係者が在ボリビア・メキシコ大使館に滞在したことをめぐり、アニェス暫定政権がメルカド・メキシコ大使に「好ましからざる人物（ペルソナノングラータ）」を宣告した等の経緯もあって、関係が極めて悪化していたが、アルセ政権の復帰と共に180度転換した。メルカド大使は再赴任し、信任状捧呈式後、アルセ大統領は同大使についてのみ言及するツイートを発したほどであった。2021年9月、アルセ大統領はCELAC首脳会合の機会にメキシコを公式訪問したほか、引き続き、極めて良好な関係が継続している。

・アルゼンチン：モラレス元大統領がメキシコからアルゼンチンに滞在先を変えたこともあり、アニェス暫定政権を承認しなかったアルゼンチンではあるが、2020年11月、アルセ大統領就任式にアルベルト・フェルナンデス大統領が参列したほか、アルセ大統領も、2022年4月、アルゼンチンを公式訪問した。2023年1月、CELAC首脳会合に参加、7月にメルコスール首脳会合に参加するため、アルゼンチンを訪問した。2023年6月、フェルナンデス大統領もボリビアを訪問し、それぞれ首脳会談が行われるなど、緊密な関係が継続している。

・ブラジル：アルセ大統領当選時はジャイル・ボルソナロ政権であったことから、2021年3月のアニェス逮捕・拘留等をめぐり必ずしも良好ではない関係であった。それゆえ、アルセ大統領は2022年末まではブラジルを公式訪問していない。しかし、2023年1月のルーラ大統領就任式にはアルセ大統領が参列したほか、その後も外相訪問等も行われており、良好な関係に戻っている。

・チリ：「海への出口問題」をめぐり歴史的に複雑で、両国は「大使レベルを置かない関係」（相互に大使館を開設していない関係）であって、アルセ大統領も就任に際して海への出口はあきらめないと表明している。そして、2021年4月、セバスティアン・ピニェラ政権と、二国間関係を正常化させるためのロードマップに合意し、その後も、様々な機会に外相会談等が行われた。2022年3月、アルセ大統領は、2021年12月の選出直後にすでに電話会談を実施していたガブリエル・ボリッチ大統領の就任式に参列した。2023年3月の「海の日」に、アルセ大統領は海への出口も含めた7項目にわたる二国間アジェンダを提案した。最近は、両国国境を通じた非正規移民や密輸・組織犯罪問題も大きな論点となっている。

・ペルー：2021年7月、アルセ大統領は、すでに6月に支援を表明していたペドロ・カスティージョ大統領の就任式に参列した。同年10月、カスティージョ大統領は、二国間合同閣議出席のためラパスを公式訪問した。2022年12月、ボリビア政府は、ペルーにおける騒擾（カスティージョ大統領の罷免等）に際して、深刻な懸念を表明すると共に、民主主義の原則を保障するよう呼びかける声明を発表した。それゆえ、ディナ・ボルアルテ大統領就任後、ペルー政府は駐ボリビア大使を召還したほか、2023年1月にモラレス元大統領に対するペルー入国禁止措置をとった。6月にはモラレスに近い元下院議員の在プーノ領事任命・派遣をめぐり、ペルー側から拒否が表明されボリビアに帰任せざるを得なかったことに加え、ボリビアから持ち込まれたとされる武器弾薬がペルーにおいて摘発されたとの事案等、ペルーは経済的には極めて重要な隣国にもかかわらず、外交的には微妙な関係となっている。

・コロンビア：2020年11月のアルセ大統領就任式にイバン・ドゥケ大統領が参列したことに始まり、関係は悪くなかったが、2022年6月のグスタボ・ペトロ候補当選により、より一層緊密化し、マルケス次期副大統領は就任前にボリビアを訪問したほか、同年8月の就任式にはアルセ大統領が参列した。その後も、アルセ大統領とペトロ大統領は種々の国際会議等の機会に首脳会談を重ねている。

・ベネズエラ：アニェス暫定政権時代はフアン・グアイド側との関係が築かれたが、アルセ政権発足に伴い、モラレス政権時代と同様にニコラス・マドゥーロ側との関係が復活した。2020年11月のアルセ大統領就任式にはベネズエラ外相が参列、2021年6月、ALBA首脳会合参加のためベネズエラを訪問したアルセ大統領はマドゥーロ大統領と会談した。同年12月、ダビ・チョケワンカ副大統領がベネズエラを訪問したほか、2022年4月及び2023年2月にはベネズエラ外相がボリビアを訪問、2022年9月にはロヘリオ・マイタ外相が、そして2023年3月及び4月にはアルセ大統領がベネズエラを訪問している。

・キューバ：アニェス暫定政権時代は関係が停滞したが、アルセ政権発足に伴いモラレス大統領時代の関係に戻った。2021年12月及び2022年12月、アルセ大統領はALBA首脳会合出席のためキューバを訪問した。2023年2月、チョケワンカ副大統領もキューバを訪問した。さらに、同年6月、アルセ大統領はキューバを公式訪問した。これらアルセ政権首脳の訪問以外にも、種々の物資支援等が行われている。

（荻原孝裕）

※当該見解は個人の見解であり、所属組織の見解を示すものではない。なお、本章は2023年8月に脱稿したため、2024年7月のメルコスールへの正式加盟などの最新の状況については反映していない。

48

国際社会の中のボリビア

★アルセ政権の外交政策★

2020年11月に政権に復帰したMAS（社会主義運動）のアルセ政権は、前モラレス政権時代の外交方針、すなわち、対米関係の消極的維持、中南米左派政権への積極的な関係構築、新たなパートナー（中国、ロシア、イラン等）への接近に回帰した。

ボリビア外務省は、「国の国際関係を統括する機関であり、ボリビア国民の利益のため、『国民のための外交』を適用し、国家の主権、独立、利益を擁護するための外交政策運営を展開する」とし、「2025年までに、外務省は、『よく生きる（Vivir Bien）』という理念の下、国際関係や統合プロセスにおいて、主権、尊重、相互補完性をもって、国民外交を位置づけ、強化し、国の領土保全と天然資源の擁護、相互補完性と連帯の原則の下、国の経済・商業の強化に貢献する」とのビジョンを掲げている。さらに、8つの短期的行動として、①政治、経済、社会の各分野において、新たな外交関係を樹立し、既存の外交関係を強化、②ボリビアの産品・サービスへの効果的なアクセス、輸出可能な供給のための、経済協定の交渉、再交渉、フォローアップ、③国際境界と越境水資源の国益を擁護、④在外ボリビア人の基本的権利の擁護と保護を促進する領事政策を管理、⑤戦略的、適時かつ効果的な外交政策の実施と展開に重点を置き、組織運営を強化、⑥公文書の署名認証とアポスティーユ（外務省の証明）のサービスと対応を提供、⑦二国間、多国間、領事、統合、貿易経済分野における外交政策の実施、⑧外交政策を視野に入れた国際関係・外交公務員の育成、を挙げている。

これらに即して、これまでボリビア政府・外務省による外交が展開されている。国連等の国際機関・国際会議等を通じた地球規模課題、特に「母なる大地」の概念に基づく気候変動・環境問題への関心も高いが、二国間問題を中心とする特筆すべき点は下記のとおりである。

(1)中南米諸国、とりわけ左派政権諸国との関係がより一層緊密化：第47章参照。

(2)米国との関係に大きな変化なし：2008年9月（モラレス政権時代）に在ボリビア大使を追放して以降、臨時代理大使レベルにとどまっている米国との関係は、2008年、DEA（米国麻薬取締局）を追放後、2011年11月には二国間関係正常化のための枠組合意に署名し、関係改善の気運が高まったものの結局実を結ばず、2013年にはUSAID（米国援助庁）も追放され、現在に至っている。なお、マイタ外相は、2021年3月「大使の相互派遣という二国間関係の完全復活のためには信頼醸成が必要であるが、〝ダマ〟は米国側にあり、米国は、ボリビアを信頼しているという意思を示すべきである。2011年の枠組合意の方針に基づいて、関係を再構築するべく、米国臨時代理大使とは率直な対話をしている。ボリビアには同国との関係を復活する意思があるが、意思表示は米国からすべきであり、米国は麻薬対策評価のような一方的な振舞いは脇に追いやるべきである。重要なのは相互非介入な関係を模索することである。この点について自分（マイタ外相）は希望を持っており、（関係復活のために）全力で努力し働く所存だが、ボリビア国民・国の尊厳を賭すようなことは決してしない」と述べたほか、2022年2月「関係復活は最終局面にはまだない。前向きな関係構築に向けて取り組んでいる最中である。両国ともその状況にあることを理解していると思う。ボリビアは常に前向きかつ建設的な関係をつくる用意があり、主権及び自立権の尊重を基礎に、国際社会のすべての諸国と良好な関係を築く用意がある」旨を述べている。これに対して、2022年10月、当時の米国臨時代理大使は「二国間関係を改善する最良の方法は、政府間の対話を促進することである。頻繁な対話なくして、二国間関係の正常化は難しい。自分はボリビア政府が実現可能な協力やパートナーシップを軽視していることを目の当たりにしてきた。米国は常に対話のテーブルにつくことを望んでいる。アルセ政権下において、このような協力体制を検討することを切に望む。今すぐ取りかかるというボリビア政府の意思が必要なのである」とした。また、2022年9月、外務省は「2013年6月5日、内政干渉により、USAIDは当国から追放された。ボリビア政府は、当国におけるUSAIDの一切の活動を許していないし、今後も許すことはない」という旨のプレスリリースを発表した。このように、アルセ政権においても対米関係に大きな改善の兆しは見られない。

(3)ロシアとの関係は経済・協力分野を中心に緊密：これまでに首脳電話会談も3回行われている。また、モラレス政権時代に開始されたエル・アルト市に建設中の原子力技術研究開発センターへのロシアの協力がアルセ政権になって再開・進捗しているほか、2020年12月にロシアと抗COVID-19ワクチンの購入契約が締結され、2021年1月末にスプートニクVがボリビアに到着（ボリビアにとって初めてとなるワクチン集団接種に使用）した。特に、2022年からは、国連等における ウクライナ戦争関連のロシア非難決議等において、ボリビアが棄権あるいは反対票を投じたことが注目される。さらに、ロシアはボリビアのリチウム資源に関心を有し、2023年6月には、ロシア企業が直接抽出法による開発に投資する協定をボリビア政府と締結した。

(4)中国との関係は経済関係を中心に緊密化：2021年1月、首脳電話会談が行われているほか、両国の国祭日等における政府首脳の発信も目立っている。また、2021年7月、モラレスMAS党首が訪中したほか、2021年12月、マイタ外相が中国・CELAC閣僚会合にオンラインで出席した。パンデミック中には、COVID-19関連の支援が多数行われ、特にワクチンは中国からのシノファームの購入と寄贈が圧倒的に多かった。インフラ整備や鉱物資源開発事業等に対する中国企業の進出が目立っており、特にリチウム資源開発に関連して、2023年1月及び6月、中国企業が直接抽出法による開発に投資する協定をボリビア政府とそれぞれ締結した。

(5)日本とは伝統的な相互協力関係を継続：2024年には外交関係樹立110周年及び日本人ボリビア移住125周年を迎えるが、これまでの良好かつ伝統的な相互協力関係を継続している。2023年6月、秋本真利外務大臣政務官（当時）がボリビアを訪問し、チョケワンカ副大統領、マイタ外相をそれぞれ表敬すると共に、エルウィン・ママニ外務次官と会談した。

（荻原孝裕）

※当該見解は個人の見解であり、所属組織の見解を示すものではない。なお、本章は2023年8月に脱稿したため、それ以降のロシアとの関係などの最新の状況については反映していない。

コラム7

リチウム開発の状況

大沼宏平

　ボリビアが、自国に眠る莫大なリチウム資源開発のための国家戦略を発表したのは、2011年2月、エボ・モラレス政権の時代であった。ボリビア政府は、各国との協力に対しても高い関心を示し、日本との間にもリチウム開発にかかる覚書が締結されるなどの進展をみた。

　しかし、それから10年以上が経過した2023年時点で、ボリビアのリチウム開発は、パイロットレベルの炭酸リチウムや塩化カリウム生産にとどまっており、産業化が本格化していない。なぜこれほどまでに開発が遅延するのか。その要因を指摘すればキリがないのだが、大きな要因は、資源開発に関係するイデオロギーや意思決定の遅延、そしてステークホルダーとの調整といった問題が挙げられるだろう。特筆すべき出来事は、2018年、ドイツ企業のACIシステムズとボリビアリチウム公社（YLB）との間に起ったパートナーシップ協定破棄である。両社は、リチウム抽出及びバッテリー開発にかかる協力関係を結んでいたが、ポトシ市市民委員会（COMCIPO）と呼ばれる社会団体がボリビア政府に猛抗議し、計画は頓挫した。彼らが重要視したのは、ポトシへのロイヤリティ支払いやバッテリー製造工場の場所など、とにかくポトシを最優先とする開発であり、政府の説明不足も問題視された。

　それから3年後の2021年5月、ルイス・アルセ政権は、リチウム開発にかかる大きな方針転換を打ち出した。それは第一に、YLBの管轄を鉱業冶金省からエネルギー・

炭化水素省（MHE）へと移行すること、そして第二に、直接抽出法（EDL）の導入にかかる技術協力の募集であった。MHEへの管轄の移行は、鉱山労働者やポトシとの結びつきが強い鉱業冶金省からリチウム部門を切り離すことで、よりスピーディーな意思決定と開発を進める狙いがあると思われる。そして肝心の直接抽出法だが、これはそもそも2012年の時点で日本をはじめとする国々がボリビアに対して提案していた方法である。しかし、モラレス政権下のYLBは、蒸発法（塩湖のかん水をくみ上げ、蒸発池で太陽熱により濃縮した後、成分を析出させて炭酸リチウムを抽出する）にこだわった。アルセ政権が改めて導入を決めた直接抽出法とは、かん水から直接、化学的な方法を用いてリチウムを抽出する方法である。この募集に、中国、ロシア、米国、アルゼンチンの企業ら8社が関心表明を出し、2023年1月、ボリビアリチウム公社（YLB）は、中国コンソーシアムCBC（CATLBRUMP&CMOC）、同年6月にはロシア企業であるウラニウム・ワン社及び中国のCITIC Guoan社と協力協定を締結した。

2023年8月からは、これらの協力協定に基づき、YLB主導でポトシ及びオルロの塩湖にそれぞれEDLを採用したリチウムコンビナートを2ヵ所設置する予定であり、総投資額は28億米ドル以上と見込まれる。ボリビアは、リチウム開発ではボリビアの主導権が最優先であるというスタンスを崩していないが、他国との連携には前向きである。これは、プロジェクトの前進に資金・技術両面の支援が不可欠であるからにほかならない。ボリビア政府の期待は、2025年からの炭酸リチウム生産本格化、そして2050年までに年間200億米ドルの売り上げを達成することである。

しかし、リチウム産業にかかる法整備やポトシ市市民委員会をはじめとするステークホルダーとの調整といった課題が残されており、具体的な開発ビジョンも依然として不透明だ。

VII

思想と文化

49

インディヘニスモから インディアニスモへ

★ボリビアの先住民運動と政治思想★

ボリビアの思想や文学全般をめぐる状況は、21世紀に入ってから大きく様変わりをした。

ボリビア国内の出版社（特にプルーラル社）による刊行や、副大統領府社会調査センター（Centro de Investigación Social, CIS）が手掛けるボリビア独立200周年記念出版プロジェクト（Biblioteca del Bicentenario de Bolivia）のシリーズなどを通じて、それまで手に入りづらかったボリビアの重要な思想家・理論家や文学者（第51章参照）たちの、作品や散逸していた文章が一まとまりとなり、入手しやすくなった。例えば本章で扱うインディアニスモの思想家であるファウスト・レイナガについては、それまでは路上の露店の本売りを通して入手するしかなかった――それはそれで楽しい経験であった――著作群が、全集の形でアクセスできるようになった。また、次章でとりあげるボリビアの20世紀を代表する政治思想家レネ・サバレタ・メルカードについても、晩年の重要な著作群が政治亡命先のメキシコでしか刊行されていなかったのが、単行本としても全集としてもボリビア国内で刊行され、英訳が進んだ。また、主要な思想家に関する重厚なモノグラフ（単著）や論集の発表も続き、問題意識と議論の土台の共有が確実に進んだ。

また、米国のデューク大学出版局からの『ボリビア・テキスト集成（The Bolivia Reader）』（２０１８）の刊行や、ラテンアメリカ社会科学評議会（Consejo Latinoamericano de Ciencias Sociales, CLACSO）からの『現代ボリビア批判思想集成（Antología del pensamiento crítico boliviano contemporáneo）』（２０１５）の刊行では、それぞれの編者の観点からのボリビア研究における基本テキストが提示され、共通の知識の土台を確認できるようになった。総じて、ボリビア研究の知的基盤が再編成され、整備が進んだと言えるであろう。

さて、ボリビアの20世紀は、前世紀が終わる１８９９年に、地域間の勢力争いに端を発した内戦（「連邦戦争（Guerra Federal）」）が、途中からアイマラの指導者パブロ・サラテ・ウィリュカの反乱により、「白人」と「先住民」という人種間戦争へと展開する事態を経験した。さらには、自由主義の名の下に先住民共同体の土地が奪われていくことに対し、先住民の反乱が頻発し（１９２１年のヘスス・デ・マチャカ、１９２７年のチャヤンタなど）、先住民が植民地時代の権利書を回復したうえで司法闘争を展開することにもなった（カシーケス・アポデラードスの運動）。ここから、ボリビアの国家形成に際して先住民という「問題」があることが認識されるようになり、先住民を再評価し、先住民の国家社会への包摂を図るインディヘニスモ（indigenismo、直訳すると「先住民主義」）と呼ばれる思想的潮流が生まれた。

代表的なこの時代の思想家としては、フランツ・タマヨ、アルシーデス・アルゲダス、カルロス・メディナセリなどがいる。具体的な取り組みとしては、ラパス県のチチカカ湖畔のワリサタで、インディヘニスモに共鳴する教員エリサルド・ペレス（Elizardo Pérez）と、地域で先住民の識字教育を推進してきたアイマラ指導者アベリーノ・シニャーニ（Avelino Siñani）によって、1931年に先住民学校が設立された。同時代に先住民への教育普及を目指したアイマラ先住民指導者として、エドゥアルド・レアンドロ・ニナ・キスペ（Eduardo Leandro Nina Quispe）の名も知られるようになった。前述した先住民運動の高まりは、1945年には当時のグアルベルト・ビリャロエル政権下で、全国から代表を集めた先住民会議（Congreso Indigenal）の開催へとつながった。

しかし、このプロセスが混血（メスティソ）の称揚とともに進んだ革命下のメキシコとは対照的に、ペルーやボリビアでは、混血への否定的感情とともに先住民の包摂が試みられたことを、歴史学者のブルック・ラーソン（Brooke Larson）や社会学者のシルビア・リベラ・クシカンキ（Silvia Rivera Cusicanqui）などが指摘してきた。この時代の思想家では、前述のアルシーデス・アルゲダスが混血を退廃とする論調を展開したことは、よく知られている（『病める人民（Pueblo enfermo）』（1909）や『褐色の人種（Raza de bronce）』（1921）など）。

1952年のボリビア革命後は、革命ナショナリズムの下で、教育機会の農村への拡大や農地改革が進められつつ、社会のイデオロギーとしては混血の称揚が進んだ。しかし、これが根付くには至らず、1970年代には先住民の復権に向けた動きが再び見られるようになる。

この時代に現れたのが、インディアニスモ（indianismo、直訳すると「インディオ主義」）の思想家ファウスト・レイナガ（Fausto Reinaga、1906〜1994）である。当初は、ナショナリズムやマルクス主義に基づいて思索を展開していたレイナガは、フランツ・ファノンの影響を受けながら、1970

年の『インディオ革命（La revolución india）』では、西洋のボリビアと先住民のボリビアという「2つのボリビア（Dos Bolivias）」を峻別した上で、インディオが権力を獲得しなければならないとする熱烈な檄文を発表した。そこでは、植民地期以来の先住民に対する蔑称である「インディオ」を積極的に引き受け、読み替えていこうとする発想がある。同時期にはアイマラ先住民運動のカタリスタ運動が興隆するが、当時のレイナガに激励されたという記憶をもつ先住民指導者たちは多い。レイナガは、同時期にメキシコのインディヘニスモの思想家ギイェルモ・ボンフィル・バタ―ヤらとも親交があったことが近年の資料発掘で明らかになっているが、後に思想が救世主（メシア）的傾向を帯び、むしろ先住民的思考から乖離していったことも指摘されている。

カタリスタ運動はその後も勢いを増していくが、先住民以外の層と協調を目指すべきだとする流れと、あくまでも先住民の権力獲得を目指すべきだとする流れに分裂していく。この際に、前者をインディヘニスタ、後者をインディアニスタと呼ぶことがある。

なお、「アメリカ大陸」を先住民の視点から表現した地名として、現在では、「アビヤ・ヤラ（Abya Yala）」が広く用いられており、これはパナマの先住民グナの言葉で「成熟した大地」を意味するとされる。この呼称が他の地域の住民によっても採用されるにあたっては、1977年の国際会議でアイマラ先住民指導者タキル・ママニが積極的な使用を後押ししたと言われている。

インディアニスモの潮流は、1990年代後半にフェリペ・キスペ・ワンカ（1942～2021）という新しいアイマラの指導者を生み出した。キスペは、後にボリビアの副大統領となるアルバロ・ガルシア・リネラやメキシコ人の社会学者ラケル・グティエレスらとトゥパク・カタリ・ゲリラ軍

(Ejército Guerrillero Túpak Katari, EJTK)を結成し、1990年代に投獄生活を送って釈放された後に、ボリビア農民統一労連(CSUTCB)の最高指導者として2000年から大規模な道路封鎖と抗議行動を主導した。その際には「2つのボリビア」の分断を旗印に、支配階層に対しアイマラの土地に入るにはパスポートを要求すると言ってみせたり、先住民への差別と従属の現実を公の場で糾弾したりした。キスペは戦闘的指導者としては成功した一方で、政治的にはそれほどの存在感を示せず、都市中間層も含めた多種多様な勢力の糾合を図った――その意味でインディヘニスモに近い――エボ・モラレス・アイマが「先住民出身」大統領となることになるが、歴史学者でもあったキスペの功績を振り返る取り組みは2021年の彼の没後も続いている。

また、エボ・モラレス政権の成立時や成立後も、インディアニスタたちは、特に言論を通じてその存在感を示してきた。先住民運動が目標としてきた「脱植民地化(descolonización)」を、アイマラ語やケチュア語で、「天変地異」を意味する単語「パチャクティ(pachakuti)」に読み替えようとする試みがある(Esteban Ticona (comp.) 2006. *Pachakutixa qalltiwa*『パチャクティが始まった』)。また、モラレス政権下では、ラパス市内で月刊新聞『プカラ(Pukara)』紙を通じて、エル・アルト市においては不定期刊行の書籍『ウィリュカ(Willka)』を通じて、同政権が果たして先住民政権たり得ているのかという観点から批判的な検討と発言を続けてきた。現代のボリビアにおいて、インディアニスモは一定の影響力のある立場を確立したと言えるだろう。

(藤田護)

50

ナショナリズムから複数民族国家へ

★ボリビアの政治思想と国家形成★

ボリビアにおけるナショナリズムは、1952年の革命と密接に結びついており、「革命ナショナリズム」と呼ばれることが多い。1952年革命を担った政党の名称Movimiento Nacionalista Revolucionario（MNR）も、「国民革命党」と訳すこともできれば、「革命ナショナリズム党」と訳すこともできる。1983年に発表されたルイス・H・アンテサナの有名なエッセイ「ボリビアにおけるイデオロギーの体系と過程1935−1979（Sistema y proceso ideológicos en Bolivia［1935-1979］）」は、この革命ナショナリズムが右派や左派などの多様な立場に揺れながらそれらを包括していく――その意味でアルゼンチンに立脚した政治思想家エルネスト・ラクラウによるポピュリズムの理論化と重なる――様相を体系的に検討した。

ボリビアのナショナリズムは、1935〜38年のパラグアイとのチャコ戦争を受けて、自国の状況に危機感をもった知識人と改革派将校らを中心に興隆した。1936年の軍事クーデターを通じて成立したダビッド・トロ政権はこれを「軍事社会主義（socialismo militar）」と呼び、19世紀後半以降の時代を特徴づけてきた自由主義からの脱却が図られた。

軍事社会主義の成立には、同時代に革命政権下にあったメキシコの影響も大きいとされるが、ボリビアはメキシコに先駆けて1937年に石油産業の米スタンダード・オイル社を接収・国有化している（メキシコは1938年）。また、この時代には、労働者の政権参加を促す共同統治（cogobierno）を目指した取り組みの萌芽が見えることを、アルゼンチンの社会学者パブロ・ステファノーニが指摘している（『独立百年の反逆者たち（Los inconformistas del centenario）』）。このような資源ナショナリズムと労働者との共同統治・共同経営の試みは、続く1952年4月の革命で本格化するだけでなく、21世紀に入り、天然ガス輸出への大規模な抗議運動を経て2006年に成立したエボ・モラレス政権が、自らを「社会運動の政府」であると位置づけたことへとつながっている。

革命ナショナリズムの思想形成に重要な役割を果たしたカルロス・モンテネグロ（1903～1953）は、ボリビアの独立以降も持続する植民地主義が、エリート層に反祖国（antipatria / antinación）感情と先住民蔑視を生み出していると論じた。モンテネグロは、このような「自己の忌避」を自国の歴史の認識と叙述における精神疾患であると位置づけ、チャコ戦争を契機として国の実情を直視し、国家意識／国民意識の修復を目指した。この問題意識は、後の時代にも継承されている。

革命の成立後12年が経ち、1964年にクーデターによる軍事政権が成立すると、革命の没落が思想的課題となっていく。セルヒオ・アルマラス・パス（Sergio Almaraz Paz, 1928～1968）は、本人の没後1969年に刊行された『共和国の葬送（Réquiem para una república）』において、革命を通じて台頭した新しい指導者層が旧時代の寡頭支配層と何ら変わらない存在に成り下がり、アメリカ合衆国との協調関係が目指される中で本来目指された社会変革の矮小化が生じてしまったと、強力な筆致で批判した。

ボリビア最大の政治思想家とされるレネ・サバレタ・メルカード（René Zavaleta Mercado, 1937～1984）は、革命政権下では政府の要職に就き、モンテネグロの問題意識を受けてボリビアの国家／国民意識の形成について考察していたが、その後徐々に異端の立場から自らの思想を展開するようになる。1974年の『ラテンアメリカにおける二重権力（El poder dual en América Latina）』においては、1952年革命および1970～71年のファン・ホセ・トーレス左派軍事政権（およびチリのサルバドール・アジェンデ政権）で出現した、一時的なブルジョア革命とプロレタリア革命の併存という「二重権力」状況がもちえた可能性と限界を考察した。

1980年代に入ると、サバレタはエッセイ「十一月の大衆（Las masas en noviembre）」（1982）において、ボリビアを地理や民族や言語や階級によって深い分断がいくつも入った「まだら模様の社会形成（formación social abigarrada）」をもつと特徴づけた。そして、そのような社会は唯一、危機の瞬間においてのみ、その全体を把握できるようになるという「知るための方法としての危機（crisis como método de conocimiento）」という考え方を提示した。

サバレタの後期の思想は、同時代の先住民運動の興隆と歩調を合わせるように展開していったと考えることができる。アイマラの先住民運動であるカタリスタ運動の高まりの中で結成されたボリビア農民統一労連（CSUTCB）は、1983年に「複数民族・複数文化国家（estado plurinacional y pluricultural）」を提唱した。これは、先住民運動に協力したNGOの農民調査・振興センター（CIPCA）によって、各先住民族による領域マネージメントや、各先住民族の言語・歴史の振興を重視する新しい国家形態の提案として、1991年に『これまでと違う／差異を認めるボリビアへ向けて』として定式化され、2000年代の新憲法の制定を通じた複数民族国家の建設へとつながった。

サバレタの思想を現代において正面から継承したのは、社会学者のシルビア・リベラ・クシカンキである。リベラは主著『抑圧されども屈服せず（邦訳『トゥパック・カタリ運動』）』において、現代のアイマラ先住民運動の記憶には、先スペイン期の長期の記憶と、植民地期の中期の記憶と、革命ナショナリズム後の短期の記憶のそれぞれが流れ込むというサイクルが存在すると提唱した。これは、先述のサバレタのエッセイ「知るための方法としての危機」の一つの翻案であるとともに、アイマラ先住民の歴史認識が層構造を成しているとするアイマラの歴史学者カルロス・ママニ・コンドリの1992年の議論とも重なる（「歴史に直面するアイマラ（Los aymaras frente a la historia）」）。

リベラは、1990年代に入ると、独立以降も各国の国内で植民地主義が持続してきたとする「内的植民地主義」の概念をメキシコの社会学者パブロ・ゴンサレス・カサノバから継承した。そして、自身を含めたボリビア社会の混血層が、自らのアイデンティティ意識に先住民の出自を積極的に認めるべきであり、そのような混血層の脱植民地化が必要だとする議論を展開した。さらに21世紀に入ると「まだら模様」を意味するアイマラ語の単語「チェヘ（ch'ixi）」をキーワードに、混血層と先住民を架橋する新しいアイデンティティと社会の構想を提示するようになる。これはラテンアメリカ全域で大きな反響をもたらした。

（藤田護）

51

ボリビアの文学

★社会と政治と結びつきながら躍動する文学の世界へ★

ボリビアの文学をめぐる状況は、直前の2つの章で扱った政治思想と同様に、21世紀に入ってから大きく様変わりをした。知られてはいたが、一部の者以外には入手が非常に困難であった作家らの作品が、相次いで新しい版で刊行された。この結果、様々なボリビアの文学作品が（少なくともボリビア国内では）手に取りやすくなった。

この端緒となったのは、ブランカ・ビエトゥシテル（Blanca Wiethüchter）とアルバ・マリア・パス・ソルダン（Alba María Paz Soldán）が率いて2003年に刊行された、『批判的ボリビア文学史に向けて（Hacia una historia crítica de la literatura en Bolivia）』2巻本である。加えて、批評家・文学研究者であるルイス・H・アンテサナ（Luis H. Antezana）、エリサベス・モナステリオス（Elizabeth Monasterios）、アナ・レベッカ・プラーダ（Ana Rebecca Prada）、ビルヒニア・アイリョン（Virginia Ayllón）、マウリシオ・ソウサ・クレスポ（Mauricio Souza Crespo）、オマル・ロチャ（Omar Rocha）、ロドルフォ・オルティス（Rodlfo Ortiz）、レオナルド・ガルシア・パボン（Leonardo García Pabón）、ハビエル・サンヒネス（Javier

文芸批評家としても有名なビルヒニア・アイリョンは現代ボリビアを代表する詩人でもあり、詩集の一つ『リベラリア』を「雑草の段ボール売り」から刊行している

Sanjinés）といった読み手たちが、読み直し、再評価、草稿の発掘、全集の編集などの作業に取り組んできた。ドイツやイタリアなどヨーロッパの文学研究者も、この動きに連携している。

日刊紙の日曜版別紙（separata dominical）としての文芸欄や、文芸雑誌『マリポサ・ムンディアル（Mariposa mundial）』（直訳すると「世界の蝶」）などの各種媒体が、ボリビア国内での文学についての議論と普及を可能にしてきた。マリポサ・ムンディアルは、発掘された草稿の刊行やアーカイブ構築にも取り組んでいる。また、段ボールの廃品を用いた手作りの書籍作成を手掛ける集団「雑草の段ボール売り（Hierba Mala Cartonera）」を始めとしたゲリラ的な路上販売活動なども盛んであり、ボリビアでは市場規模が小さい中でも興味深い文学活動が展開していると言えるであろう。そのような文脈の中で、ボリビア文学作品のカノン（正典）とカウンターカノンの再編成が起こりつつある。

ハイメ・サエンス（Jaime Saenz, １９２１〜１９８６）は、20世紀のボリビアを代表する詩人で小説家であり、他にも演劇作品や、『生と死（Vidas y muetes）』（１９８６年）のような詩にも小説にも分類できないような散文作品を多く発表した。特に、つぎはぎの服を纏ってラパス市の市場で働く荷負人夫

（アイマラ語で「運んでちょうだいな」を意味するアパラピータ（aparapita）と呼ばれる）を街のシンボリックな存在であるとし、酒をこよなく愛し、夕暮れの薄暗がりや夜の闇の中のラパスの街を描いた。死の側から現実を（真実を）見ようとするサエンスの姿勢は、後に続く文学にも大きな影響を与えた。人々のラパスの街に対する感性は、サエンスの作品によって形作られたと言われることが多い。

先の『生と死』をはじめとするサエンスの作品群は、俳優のダビッ・モンダッカ（David Mondacca）によって『言ってはいけない（No le digas）』という題の一人芝居として繰り返し上演されている。なお、この「言ってはいけない」はサエンスが作詞したクエカという形式の曲の題名であり、ヘスス・ドゥラン（Jesús “Jechu” Durán, 1952～2014）などのボリビアの歌い手たちによっても歌われてきた、人気のある曲である。

この流れを汲む作家には、ビクトル・ウゴ・ビスカラ（Víctor Hugo Viscarra, 1958～2006）がいる。路上で生活し、酒に溺れ、犯罪にまみれた社会の周縁の側から強い印象を残す作品群を生み出したビスカラは、路上で自らの作品を売る姿が頻繁に見られた。

女性作家の再評価も進み、アデラ・サムーディオ（Adela Zamudio, 1854～1928）のフェミニズムの先駆者としての姿や、ケチュア語で書いた詩も知られるようになった。イルダ・ムンディ（Hilda Mundy, 1912～1980）は、パラグアイとのチャコ戦争（1932～35年）でナショナリズムが高揚していく当時のボリビアの社会政治情勢の中にあって、これに背を向け、結婚制度を攻撃し、物語の筋をもたず「論理に反抗する」断片の集成から成る唯一の作品『花火（Pirotecnia）』（1936年）を発表した。

ムンディはボリビアにおける前衛主義として位置づけられるようになったが、同様の存在にアルトゥーロ・ボルダ（Arturo Borda, 1883〜1953）がいる。画家として知られることの多いボルダが、複数の形式を組み合わせて50年弱にわたり書き続けたとされる『狂人（El loco）』（1966年）においては、先住民をめぐり同時代としては抜きんでた透徹した思考の跡なども読むことができる。ボルダについては、近年未発表の草稿が発見され、『ノナト・リラ（Nonato Lyra）』（2015年）が刊行された。

ほぼ同時代にペルーとボリビアをまたいで活動した作家に、ガマリエル・チュラータ（Gamaliel Churata、本名 Arturo Peralta, 1897〜1969）がいる。様々な文体と形式を組み合わせ、アイマラ語の単語や表現を積極的に取り込み、アイマラの精神世界へと分け入りつつ執筆された大部の『金の魚（El pez de oro）』（1957年）は、ペルーのケチュア語圏に立脚した作家・人類学者のホセ・マリア・アルゲダス（José María Arguedas, 1911〜1969）とは、また異なる先住民世界に関わる作家と文学のあり方を示している。チュラータはペルーのプーノ市に居住していた若い頃に、オルコパタという名の集団（Grupo Orkopata）を結成しており、そこで他のメンバーによるケチュア語の小説執筆を後押ししたことも知られている。

現代では、イギリス人でボリビアのコカ栽培農民の地域（ラパス県の亜熱帯ユンガス地域）に住み着いた人類学者・作家のアリソン・スペディング（Alison Spedding、文学作品においては単に Spedding と称することが多い）が、アイマラの女性主人公サトゥルニーナ・ママニ・ワラチェ（Saturnina Mamani Guarache）が、時を経て、スペイン植民地時代、1980年代初頭のハイパーインフレーションの時代、未来の2050年の「先住民革命」後の時代という、3つの異なる時代に登場する「サトゥルニーナ三部作」を著し、人類学と文学を越境した創造として注目されている。

ボリビアにおいては、例えばヘスス・ララ（Jesús Lara, 1898〜1980）が文学者としてケチュア語文学に関心を寄せてきた。先住民自身による先住民言語での詩作も積極的に行われており、現代では、オルーロ県のチャリャパタ村の出身で、現在国立ボリビア民族学・民俗学博物館の館長を務めるエルビーラ・エスペホ・アイカ（Elvira Espejo Ayca）は、織物の専門家や音楽家でもありつつ、日本の短詩の伝統に着想を得て、自らの出身地で集めた歌をベースにしたアイマラ語、ケチュア語、スペイン語の三言語詩集『花に向けたうた（Phaqar kirki/ T'ikha takiy/ Canto a las flores）』（2006年）をはじめとした複数の詩集を刊行してきている。

ボリビア文学の随一の読み手とされるルイス・H・アンテサナ（カチン・アンテサナ）の評論集と『読むための理論』

前述のルイス・H・アンテサナは、イギリスの詩人T・S・エリオットの詩集『荒地』における4月についての詩を、1952年4月のボリビア革命の文学的文脈において読むという論考を発表したことがあった。第49章で言及した『ボリビア批判思想集成』の序文で、先述のアイヨンと社会学者シルビア・リベラ・クシカンキは、ボルダの『狂人』に言及しつつ、ボリビアにおいて文学は政治思想であり、政治思想は文学であってきたと述べている。これがボリビア文学に関わることの大きな魅力であろう。

（藤田護）

52

ボリビアの映画

★ウカマウ映画の「後」へ★

ボリビアの評論家マウリシオ・ソウサ・クレスポは近年刊行された自身の映画評論の集成を『サンヒネス以後』（2018）と題している。これはホルヘ・サンヒネス監督の率いるグルーポ・ウカマウの出現以降ボリビアの映画が変わったという意味にもとれれば、現在我々がいる時点がポスト・ウカマウ状況であるという意味にもとれる。

ボリビアの映画が、極めて劣悪な経済的条件と、極めて少ない観客数という悪条件の下で、制作者のこだわりによって作られてきたものであるという点は、現代まで大きく変わることなく続いてきている。また多くの映画が後から良質な記録媒体で見ることが難しい状況も長く続いてきたが、この点については近年多くの作品がDVD化され、入手が容易になってきた。日本では、特に太田昌国と唐澤秀子のシネマテーク・インディアスが長年にわたりグルーポ・ウカマウと協働作業を行ってきた中で、例外的にウカマウの作品群が見やすく、入手しやすい状況が実現していた。

ホルヘ・サンヒネスの登場は、先住民（当時は「人民（プエブロ）」と言うことになるだろう）を主人公に据え、人民による人民のための映画を作る新しい動きを生み出した。ウカマウの映画では、初期作品群『ウカマウ』や『コンドルの血』から、登場人物たちが先住民の言葉を話し、共同体との密接な協働で映画が作られ、社会闘争の姿勢が明確であった。『人民の勇気』撮影直後1971年のウゴ・バンセルによる右派軍事政権の成立により、サンヒネスは亡命を余儀なくされ、亡命先のペルーで『第一の敵』、エクアドルで『ここから出て行け』を撮影する。

サンヒネスが亡命していたこの時期に、ボリビア国内では、当初サンヒネスと組んで仕事をしていたアントニオ・エギノが「ウカマウ」の名称を引き継いで作品を発表していた。『チュキアゴ(Chuquiago)』(1977)というラパスの街のアイマラ語名を題名とする作品は、ラパス(エル・アルト)の街に出てきたアイマラ先住民の少年のエピソードから始まり、異なる社会階層に属する登場人物の物語が、ほとんど互いに交わらないまま進行し、しかしその先住民の少年の視線にその全体が貫かれるという構造をもつ。社会闘争に明確にコミットせずに、しかし社会の分断という主題や、倫理としての先住民の視線を導入するというこの映画の構図は、これ以降他のボリビア映画の作品でも繰り返されることになる。この映画に協力していたイエズス会士のルイス・エスピナルは、その後オルーロで左派の言論誌『アキー(Aqui)』紙を率いることになる(この点については唐澤秀子氏のコラム8も参照)。

民政移管後にウカマウが発表した『地下の民』(1989)は、村から都市に移住した主人公が村へと帰れずに苦しむという、後の21世紀におけるグローバルな先住民への回帰における主題を先取りしたかのような設定をもつ(例えば北欧の先住民サーミにもとづく『サーミの血』(2016)なども参照)。また

『鳥の歌』（1995）は、先住民に関わろうとする映画制作者、活動家、研究者こそが先住民の声や自然（鳥）の声を聞けていないのではないかとして、内省的に重要な問いかけを行った。

このような軌跡を経てきたグルーポ・ウカマウが、政治腐敗の中での若者たちの課題を描いた『最後の庭の息子たち』（2004）を経て、『叛乱者たち』（2012）および『ファナ・アスルドゥイ』（2016）でエボ・モラレス政権の公式プロパガンダのような映画を制作・公開したことは意外性をもって受け止められた。『叛乱者たち』においては、過去の叛乱者たちが現代のラパス市の公共交通ロープウェイ（テレフェリコ）で、エボ・モラレス大統領と一瞬すれ違う場面があり、過去の叛乱者たちの視線が現代の街とモラレスへと向けられるが、映画の内容は政権が公式に広めようとしている歴史ビジョンをそのままなぞるかのようである。また、ボリビアにおける先住民反乱の歴史が知られるようになったのは、アイマラ先住民の歴史家たちの仕事によるところが大きいが、映画のクレジットにおいても何らこれらへの言及がない。

また、以前のウカマウ映画から懸案になっていたのは、その先住民言語の使われ方である。スペイン語からそのまま訳したかのような文体であることに加え、先住民の言葉を話す際の人々のやり取りにユーモアがない。これは、まさに同時代にアイマラ先住民によるアイマラ語の演劇やラジオドラマが花咲き、ウィットに富んだやり取りにより、公開収録ではスタジアムを一杯にしていたと語られる状況がすぐ横にあったことと奇妙な対照を成している。

「ウカマウ以後」に位置づけられるのは、ファアン・カルロス・バルディビア監督による『ボリビア南方の地区にて（ソナ・スール）』（2009）であり、日本でも、2009年の第22回東京国際映画祭においてコンペティション部門で上映された。ここでは、登場人物たちのあいだでアイマラ語で細やかな会話が行われることに加え、ボリビアで公開された際にはアイマラ語の台詞にスペイン語字幕がついていなかった。すなわち、日常生活でアイマラ語を理解できない観客は、映画でもその部分のやり取りが理解できないことになり、観客は自らの社会的な立ち位置に応じて映画を理解することになる。バルディビアは続いてグアラニー先住民を題材にした内省的作品『イビ・マライ』を公開している（なお、近年日本で公開されたボリビアについての映画には、水資源をめぐる社会紛争を扱ったスペイン映画『雨さえも』［2011］や、日本人監督松下俊文による『パチャママの贈り物』［2009］があり、さらなるボリビア映画上映の動きも続いている）。

ただし、『ソナ・スール』では今度は農村が描かれない。本来、都市のアイマラ先住民は農村との密接なつながりを維持していることが多いが（第10章参照）、ここでの登場人物らは農村から切り離された設定になっている。そして、ラパスの裕福な南地区の白人のシングルマザーとアイマラの使用人が最終的には一緒になることを決め、しかしそれが新興アイマラ富裕層の女性に経済的に乗っ取られていく展開は、むしろ前出の『チュキアゴ』の設定を土台として、アイマラ先住民のしたたかさと経済的興隆によって分断がかく乱されていく物語だと言えよう。そこではアイマラ先住民の政治主体ではなく、経済主体としての姿が前面に描き出されている。

そのような状況で、国としてはペルーであるが、アイマラの映画監督オスカル・カタコラによる『アンデス二人ぼっち（ウィニャイパチャ）』（2017）の公開は大きな転機であった。「太陽」と「月」を意味する名をもつ老夫婦2人しか登場しないこの映画では、しかし、タイトルの「永遠（ウィニャ

『鳥の歌』撮影風景。中央／ホルヘ・サンヒネス、その左にベアトリス・パラシオス（コラム8参照、ボリビア、1992年、シネマテーク・インディアス提供）

イパチャ」が、一般にはアイマラの伝統の長さを誇るために使われることが多い単語である一方で、映画ではこの老夫婦が息子に捨てられており、夫の方が同じ単語を用いてWiñaypachas jan kutinxchin, ukjam amuytxa「[息子アントニオが]もう二度と戻ってはこない、そう思うよ」という台詞を口にする。これは、伝統の長さを喧伝しながら、実際には年寄りを大事にしないで見捨てているという、アイマラによるアイマラ社会への社会批評となっており、ここには確実に新しい批評的映画の萌芽が見られた。

21世紀のアンデスにおいては、映画におけるアイマラ語やケチュア語の使用が、より広範に見られるようになったが、ウカマウ映画が後続の制作者たちによって乗り越えられたとは依然として言えない。その意味で、われわれは依然として「ポスト・ウカマウ」状況下にある。

（藤田護）

53

先住民の口頭伝承

――★「物語」と「歴史」の枠を超えて展開する語りの世界★――

アイマラ語世界で口伝えで語られる物語世界において、チョケル・カミル・ウィルニータ（Chuqil Qamir Wirnita）という有名な存在がいる。ウィルニータとはスペイン語の女性の名前ベルナ（Berna）に縮小辞 -ita がついてアイマラ語化した名前で、これは蛇の男性と恋仲になり、子どもを産み、そして蛇の力を身につけた女性である。鍵で閉じ込められた中で大切に育てられていたウィルニータのところへ、蛇が若い男に姿を変えて忍び込んだのだという。2人が語らい合う中で、ウィルニータは蛇の子どもを産むが、怒った両親が子蛇たちを殺してしまったのだそうだ。蛇の男はその報復に村全体を呪いにかけてしまったのだという。呪いにかけられた村は、石になっていて、教会の鐘を鳴らすと元に戻るのだが、蛇が鐘に巻きついていて鳴らさせないのだそうだ（以下ウィルニータの物語については拙論「ボリビア・アンデスにおけるアイマラ語口承文学の躍動」を参照）。

アイマラの世界では、地表近くに住まう蛇は地中の世界（アイマラ語でマンカパチャ manqha pacha）の存在であり、地中の世界の存在は、金銀などの鉱物資源を司り、火を起こすことができ、また地震や地滑りなどを引き起こす力も持つと考えられている。ウィルニータは蛇からそのような能力を授かったのだという。

このチョケル・カミル・ウィルニータは、架空の「おはなし」ではなく、現実世界の具体的な地理の中で語られることが多い。筆者が聞かせてもらった語りでは、村から少し離れて、実際には村人たちが足を運ばない距離にある村で起きたことだとされる。また、ウィルニータは今でも出会った者たちには金銀を与えてくれるのだそうだが（アイマラ語でチョケラは金を、カミリは富裕であることを意味する）、ラパスの街に向かおうとしていて、でもなぜかある所から先に進めないでいる。実際にラパスの街に到達すると、そこで天変地異が起きると言われている。

興味深いことに、このウィルニータは、アイマラ先住民運動のオーラルヒストリーにも登場する。19世紀後半の自由主義によって奪われた先住民共同体の土地を取り戻そうとした、カシーケス・アポデラードスの運動の最大の指導者サントス・マルカ・トーラ（Santos Marka T'ula）は、軍隊によって逮捕され、亜熱帯の低地に送られて殺されそうになるが、そこにウィルニータが現れたのだそうだ。彼女は周囲に火を放ち、それを恐れた軍は悔い改めて、マルカ・トーラを帰還させることに同意したのだという（このテクストは *Boletin de historia oral no.2*で公開されている）。

現実に地滑りが起きた際にも、ウィルニータが躍動する。２０１１年2月の大雨でラパス市内のパンパハシ地区で地滑りが起きた際にも、人々がウィルニータの仕業だと言っていることが新聞記事にもなっている。みすぼらしい身なりのウィルニータが一晩泊めてほしいと頼んで回っているのに、誰も相手にしなかったので、怒って地崩れを引き起こしたのだという。

アイマラの歴史学者カルロス・ママニは、かつてアイマラの歴史認識が層構造を成していると指摘したことがある（"Los aymaras frente a la historia"）。そのように考えると、大農園（アシエンダ）とその領主たちの比較的最近の時代（アイマラ語でasint timpuないしpatrun timpu）と、動物が人間に姿を変えたり人間と話したりする昔の時代（nayra timpu）は、事実と虚構の違いではなく、歴史の上での時代の違いとして位置づけられるだろう。そして、それは過ぎ去った時代ではなく、本章冒頭で示したような伝聞を示す語句を通じて、糸が手繰り寄せられるように、それぞれの時代が語りを通じて常に現在へと呼びこまれる。その意味で、アイマラ語の語りは織物のようでもあり、人類学者デニーズ・アーノルド（Denise Y. Arnold）と言語学者ファン・デ・ディオス・ヤピータ（Juan de Dios Yapita）が率いるグループは、アンデス高地においては織物と言葉による語りのあいだに類似した論理がはたらくのではないかとする論を提示してきた。

もうひとつ語りをとりあげよう。南アンデス高地では、ケチュア語圏においてもアイマラ語圏においても、太陽の出現により人間が交替したという語りが、よく知られている。以前の時代の人間は太陽のない世界に生きていたが、ある日その社会の神官が、太陽が出るために自分たちは滅びることになると予言したのだそうだ。実際にそのようになり、太陽の出現とともに新しい人間がこの世界に現れたと言われる。しかし、ウルの人々（第10章を参照）のあいだでは、この太陽の出現に際して、自分たちは水に入って生き延びて、次の世界をも生きることになったという内容が語られている。太陽の出現は太陽信仰の導入とそれによる新たな支配集団の登場を意味しているのであろうが、ウルの人々は社会的劣位に置かれながらも、南アンデスへのケチュア語やアイマラ語集団の進出を生き延び、2つの時代を生き続けていることになる（拙著「南米アンデス高地における先住民言語と口承文芸のいまと未来」

アンデスの渓谷部。この地形の中で豊かな伝承が生み出され、語られてきた

を参照)。このような語りは、物語と歴史という枠を超え、異なる社会集団間の関係の力学と推移を垣間見せてくれるのだ。

最後にボリビアの熱帯低地へと目を転じてみたい。人類学者の木村秀雄がボリビア北部のパンド県で記録したタカナ系のエセエハ (ese ejja) の人々による物語では (吉田禎吾編『異文化の解読』所収)、シカが焼き畑農耕を営んでおり、これをオオアリクイに教えて、それぞれがそれぞれの畑を持ち、周囲の自然環境を整備する。また、シカやコンドルは鍋と火を使って料理をしていて、その生活の様子は人間さながらである。また、人間の中にも動物に変身をする力をもち、動物と密接な関係に入る者があることが示されている。

ここにあるのは、動物も人間も共通に文化をもち、人間と動物のそれぞれの種が対等な関係にある神話思考である。異なる種が、それぞれのパースペクティブをもち、しかし人間と同様の文化をもって世界を生きるあり方を、ブラジルの人類学者ヴィヴェイロス・デ・カストロはパースペクティヴィズムと多自然主義と名づけ、これを一つの物理的自然の中で人間集団がそれぞれ異なる文化を展開すると考える多文化主義と対置した（『食人の形而上学』など）。このような考え方は、アマゾニアから北米やシベリアまで広がっているとされ（*The Relative Native*）、日本北部のアイヌの口承文芸にも、共通する考え方を見てとることができる。ここでは相対主義が根源的に深められていつつ、人間も動物などの他の存在もお互いのパースペクティブを理解し、共有することができるという意味で、互いに「他者」ではない。

それに対して、アイマラの口承文芸においては、人間が文明の側にあるとしたら、動物は自然または野蛮の力を司っている。これは先に述べた蛇だけでなく、コンドルや熊などでも同様の構図が見てとれる。動物は人間に姿を変えるが、人間は教えてもらうまでその動物の動物としての姿に気づかない。人間は動物など人間以外の存在とは切断されており、人間以外の存在は得体のしれない「他者」として現れる。この2つの地域では、「先住民」と括られる集団のあいだで、これほどまでに異なる思考が隣り合って併存しているのだ。

（藤田護）

54

オルーロのカーニバル

★そして数々の祝祭に表れる人々の信仰と文化実践★

標高３７００メートルを超える地方都市オルーロ。普段は寒冷なこの鉱山町が熱気に包まれ、総勢６万５０００人の踊り手と1万５０００人の演奏隊が街中を練り歩く。ボリビアでは毎月のようにどこかの地域で何かしらの祝祭が行われていると言っても過言ではないが、その中で圧倒的な知名度を誇るのは、やはりここオルーロのカーニバルであろう。２００１年にはユネスコの「人類の口承および無形文化遺産の傑作」に認定され、日本では南米の三大カーニバルの一つとして知られる、賑やかなお祭りである。

カーニバルとは本来、カトリックの暦で四旬節の前（2〜3月頃）に行われる行事のことであるが、オルーロではカトリックと土着信仰が習合した独自の解釈に基づき、宗教的な祭りとして実施される。メインとなるのは「巡礼の土曜日」、「カーニバルの日曜日（Corso）」、「悪魔とモレーノの日」の3日間だが、準備や事前行事（convites）は11月から始まる。2月2日にはこの町が守護聖人とする「坑道《ソカボン》（または聖燭《カンデラリア》）の聖母」にカトリックのミサを捧げ、カーニバルの3日間を挟む金曜日と火曜日には地母神パチャママと坑道の守り神ティオのためにチャリャ

オルーロのエントラーダ（悪魔の踊り）（撮影：山脇隆資）

（ch'alla：砂糖菓子やコカの葉、染色した羊毛やリャマの胎児のミイラと、コア〔q'uwa〕と呼ばれる香草を供物として焚き上げ、アルコール飲料を地面に垂らして感謝と繁栄の祈りを捧げる）という儀式を行い、四旬節の始まり「灰の水曜日」を迎えるという流れだ。

最も重要となる「巡礼の土曜日」には、オルーロの鉄道駅の北から聖母が祀られた教会までの約3キロの道のりを、50ものフラテルニダ（fraternidad：組合や企業や自治体などの社会組織を母体とする舞踊グループ）がパレードする「エントラーダ」が行われる。朝7時から翌朝の夜明け（el alba）まで続くエントラーダで、各フラテルニダは約4時間を踊りぬいた後、教会ではひざまずいて聖母に歩み寄り、祈りを捧げる。これを3年続けて行うことで願いが成就すると信じられている。その名の通り「巡礼」であり、踊りや衣装は人々が聖母に奉納する「信仰と献身（fe y devoción）」の証なのである。

エントラーダの主役は、ティオへの畏敬とカトリシズムへの服従が象徴的に描かれた「悪魔の踊り《ディアブラーダ》（diablada）」である。オルーロのカーニバルの代名詞とも言えるユニークな踊りだ。その他、奴隷として連行される黒人（モレーノ）たちの行進を表現したと考えられている「モレナーダ（morenada）」、インカ帝国と征服の歴史を描いた「インカス（inkas）」、リャマ飼いの踊り「リャメラーダ（llamerada）」、チャコ地方の先住民をモチーフにした「トバス（tobas）」など、二十数種

オルーロのエントラーダ（モレナーダの踊り）（撮影：山脇隆資）

にもおよぶ様々な舞踊が国民音楽（第55章参照）のリズムに乗せて踊られる。踊り手たちが身につける豪華絢爛な衣装と舞踊のストーリー性には、ボリビアの歴史や地域性が詰まっている。

祭りはその経済効果も大きい。政府の発表によると、２０２３年にオルーロのカーニバルのために動いたお金は2億６０００万ボリビアノス（約52億円）とされる。毎年必ず新調される衣装に宝飾品、小道具や仮面、化粧やヘアメイク、フラテルニダ主催の大宴会、オルーロに集まる人々のツアーパックや宿泊、食事におやつ、膨大な量のアルコール飲料、観覧席料、記念品や土産などの総額である。ボリビアの経済規模を考えれば驚異的なこの額は、人々の情熱の表れでもあろう。

ちなみに、カーニバルといえばオルーロに注目が集まりがちだが、同じ期間には当然全国で祝祭期間を迎える。都市でも農村でも、地域性豊かなパレードやミサや関連イベントがある。例えばタリハ市ではカーニバル前の木曜日「コマドレの木曜日（Jueves de Comadres）」が目玉となる祭りがあるし、コチャバンバ市では1週間後の土曜日に盛大なエントラーダ「コルソ・デ・コルソス（Corso de Corsos）」が行われる。この時期にボリビアへ行くなら、これらを歴訪することで、この国の文化的多様性に触れることができる。

祝祭はなにもカーニバルだけではない。例えばカトリックの三位一体の主日（5月末〜6月上旬頃）

にラパス市で行われるグラン・ポデール祭は、オルーロのカーニバルに次ぐ規模を誇り、２０１９年には同じくユネスコの無形文化遺産に登録されている。ラパス市の商業地区で行われるこの祭りの中心となるのは、都市に住むアイマラの人々である。オルーロと同様、エントラーダでは数々の舞踊が見られるが、こちらの花形はモレナーダである。きらびやかで重厚な男性の衣装が印象的な踊りであるが、20世紀の終わり頃より「チョラ・パセーニャ」と呼ばれるアイマラ女性たちのブロックが年々拡大し、先住民女性たちの地位および経済力の向上を印象づけている（コラム2参照）。

オルーロのエントラーダ（リャメラーダの踊り）
（撮影：山脇隆資）

また、グラン・ポデール祭では、フラテルニダごとに催される大規模な祝宴も注目を集めている。各フラテルニダでは年交代で出資者が選出され、いかに贅沢な衣装・豪華な宴会を用意できるかを競い合う。名のあるフォルクローレ・グループにフラテルニダのテーマソングを作らせ、近年では海外から旬な音楽バンドを招いて、数百人から数千人規模の大宴会を開く。1年、あるいは数年分の稼ぎを数日の祝祭につぎ込むことになるが、出資者にはそれがステイタスとなり、「信仰と献身」の表明ともなるのである。さらに、この競争が流行を牽引してきた側面もある。年々拡大するグラン・ポデール祭は空前のモレナーダ・ブームを生み、これまた競って作られたフラテルニダのテーマソングの中から数々のヒッ

チュティリョス祭のエントラーダ・アウトクトナ（スリの踊り）

ト曲が生まれた（第55章参照）。この手の競争とブームは他のリズムにも広がり、オルーロのカーニバルを含む他の祝祭でも同じ傾向がみられる。

前述の2つを含め、ボリビアの祝祭の多くはカトリックの暦、特に市町村が祀る守護聖人の祝祭日に重ねられている。コチャバンバ県キリヤコリョ市のウルクピーニャ（Urkupiña）祭は被昇天《アスンシオン》の聖母の祭日（8月15日）であるし、ポトシ県ポトシ市で8月末に行われるチュティリョス（Ch'utillos）祭は聖バーソロミューの祝日（8月24日）と関連づけられている。ただし、いずれも固有の名称をもつことからもわかるように、そこで行われる祭事や儀礼には多分に土着性が現れる。特にチュティリョス祭は、周辺の農村から人々が集まって行われるアウトクトナ音楽のエントラーダが素晴らしいことで知られる。

もちろん農村へ行けば、先住民の伝承や歴史や農業のサイクルから生まれた昔ながらの祭事も見られる。チュキサカ県タラブコで収穫期の始まり（3月）に行われ、やはり2014年にユネスコの無形文化遺産に登録されたプクリャイ（Pukllay）の祭りや、ポトシ県北ポトシ地方で収穫期の最後（5月）に行われるティンク（Tinku）の祭りなど、枚挙にいとまがない。

祝祭には、その土地の文化や慣習、人々の信仰や生き様が色濃く現れる。また祝祭は、人と人、村と村がつながる場でもある。祝祭へ赴き、その熱気を肌で感じることが、ボリビアを知るための一番の近道かもしれない。

（梅崎かほり）

55

ボリビアの音楽

★国民統合の立役者はいま……★

ボリビアという国が歴史的な文化混淆の上に成り立っていること、また「ボリビア多民族国」という国名が表すように複数の民族から構成されていることを考えると、そこに極めて多様なる音の文化が存在することは想像に難くない。当然ながら今日では、国際化の波と共に押し寄せた世界中のサウンドもボリビアの日常に溶け込んでいる。ロックやジャズといったユニバーサルなジャンルはもちろん、パーティーにはマリアッチやクンビア・チチャが欠かせないし、レゲトンやヒップホップを追う若者も多い。ボリビア発祥ではないこれらの音楽も、ボリビア人アーティストたちによって地域性・時代性を纏わされ、独自の発展を遂げている。これらすべてがボリビアの音楽シーンを彩ることを念頭に置きつつ、本章ではやはり「ボリビアの民俗音楽（以下、便宜上「フォルクローレ」と記す）」に焦点を絞るべきであろう。ナショナリズム時代のボリビアにおいて「国民音楽（música nacional）」と命名され、以後、国民アイデンティティの創出に大きく関わってきた音楽である。

フォルクローレは、植民地時代にスペイン人によって持ち込まれた音楽が都市部に根づいて発展したクリオーリョ音楽

ロス・ハイラスのLPジャケット（"Bolivia con los Jairas"、カンポ社、1968年）

と、農村地域で先住民の祝祭や儀礼の一部として実践されていたアウトクトナ音楽が混交してできたものである。革命後、民族や言語によって分断された社会（第50章参照）の統合が目指され、また農地改革によって都市と農村との往来が加速する中で生み出された新しいジャンルだ。尺八のような構造のケーナや、葦などを束ねたパンフルート型のシーク（サンポーニャ）といった、アンデス高地にルーツをもつ管楽器と、ヨーロッパから原型がもたらされ独特の発展を遂げた10弦の撥弦楽器チャランゴ、山羊皮の毛を刈らずに張った太鼓ボンボ。これにクラシックギターなどを加えた4~5人程度のバンド形式で、クエカやバイレシートといったクリオーリョの舞曲からアンデス高地起源のワイニョやヤラビまで、様々なリズムを演奏する。このスタイルは1960年代にラパス市で確立され、以後主流となっていった。

その草分け的存在となったロス・ハイラス（Los Jairas）に続き、1970年代にアイマラらしさを押し出したルパイ（Quinteto Ruphay/ Los Ruphay）がヨーロッパで高い評価を得ると、都市社会ではいまだ先住民的なるものが蔑まれる傾向にあった当時のボリビアにおいて、フォルクローレはより広い層に受容されはじめた。同じ頃にコチャバンバ県で結成されたカルカス（Los Kjarkas）は、ボリビア各地の音楽的要素を取り入れながら洗練されたメロディを生み出し、印象的な厚いコーラスで新しい地平を開く。その他、各地で無数のグループが生まれてフォルクローレはブームを迎え、都市の祝祭における様々な舞踊と強く結びつきながら（第54章参照）、ボリビア人誰もが「われわれの音楽」と感じるような一大ジャンルへと成長していった。90年代の中頃までは、ボリビア各地域の美しさを歌ったご当地ソングや、先住民性を鼓舞するようなプロテストソングの存在も印象的であった。農村のアウトクトナ音楽を都市で再現するグループも生まれ、今ではこれら全てが「国民音楽」として愛されている。

カルカスのLPジャケット〈裏面〉("Canto a la mujer de mi pueblo"、ラウロ社、1981年)

ただしここで一点留意しておきたいのは、このフォルクローレは当初、ボリビアの都市で生まれ、都市の商業文化に乗って流通したものだったということである。つまりそこには、農村のアウトクトナ音楽が、本来の担い手ではない都市の人たちによって観察・模倣され、都市に馴染みやすいサウンドに変更されて流行したという経緯が含まれる。フォルクローレが全盛を迎える頃からは、こうして都市で生まれた音楽が時に「先住民の伝統音楽」と誤認されるケースも現れ、本来の担い手であった先住民社会から、自分たちのかけがえのない固有文化が歪曲

ラパスの人気グループ「アワティーニャス」のステージ（2022年）

されたという不服の声が上がることもある（第13章で扱った「サヤ」の一件もその極端な例といえる）。つまり、インディヘニスモがそうであったように、「国民音楽」にもまた、農村の先住民文化を一方的に「毒抜き」して包摂しようとする側面があったことは否めない。それでも、政治的国民統合が難航する中、フォルクローレがボリビアで各地域・各階層の人々を緩やかにつなぎ、民族や言語の壁を超えた国民意識を作り出す要となったことは間違いない。音楽として魅力がなければ成し得なかったことだろう。

今でも人気のフォルクローレだが、その停滞・衰退が懸念されてもいる。世界的な商業主義の広がりとグローバル化の影響はもちろんある。周辺国や欧米への市場拡大が視野に入った20世紀の終わり頃から、CDに収録されるケチュア語やアイマラ語の歌は目に見えて減っていった。楽器編成は大きく変化し、アコースティックが主流だった弦楽器にはピックアップやイコライザーが付くようになる。エレキベースが入り、ボンボは小型の電子ドラムに置き換えられ、今では多くのグループがドラムセットを標準装備している。これにより、海外から流入するポピュラー音楽、特に野外イベントなどでステージを共にすることが多かったクンビアなどに音圧負けすることはなくなったが、繊細な表現が駆使された器楽曲や詩的で情緒豊かな歌は息を潜め、ノリを重視した大衆受けのする楽曲に置き換えられていった。これに加え、２０００年代の後半から始まったモレナーダ・ブーム（第54章参照）が、大量生産と質の低下に輪をかけたとの声もある。そしてその根本には、より深い問題がありそうだ。

「拍手や歓声で生活ができるわけじゃない」。フォルクローレの演奏家たちは、自分たちの技能や労力に対し正当な対価と敬意が払われないとの不満を度々口にする。単独コンサートを開けるだけの実績を積み、テレビやラジオに呼ばれるほどの知名度を獲得してもなお、芸能活動で生活が成り立つ人はほんの一握りである。また、たとえ売れて稼いでも、あるいは技術や芸術性に優れても、「音楽家」という職には飲酒や風紀の乱れといったイメージが付きまとい、社会的位置づけは低いままだという。

さらに、音楽に限らず、ボリビアでは文化・芸術・芸能全般に対する関心や評価が低いとの指摘もある。ボリビア政府は現在、文化省を中心にこれらの保護と振興に努めており、教育省には専門部局を設置して芸術教育の向上を図ってもいるが、その道のりは決して平坦ではなさそうだ。芸術や芸能に価値があり、そこに投資することが豊かさにつながるといった意識形成のためには、国民教育のあり方や格差社会を根本から変えていくという大きな山を越えなければならない。

（梅崎かほり）

56

ボリビアの食文化

★地域の多様性と象徴的な豊かさ★

ボリビアでは、それぞれの地域（県でいえばラパス、コチャバンバ、サンタクルス、スクレ、タリハ、ポトシ、オルーロ、ベニ、パンド）ごとに、食文化の多様性が存在する。またボリビアの伝統的な食の生産、準備、そして消費の過程には、儀礼や象徴としての豊かさがある。

ボリビアの食材と料理の歴史は、その土地ごとの伝統的な食材と、スペイン人の到来によって導入された新しい食材の組み合わせの歴史である。この融合によって生まれた料理をコシーナ・クリオーリャ（クレオール料理）と呼ぶ。

アンデスの主要な作物には、ジャガイモと、これを氷点下での凍結と日中の溶解を繰り返すことで脱水して、保存食として作られるチューニョとトゥンタがある。チューニョは黒いが、トゥンタは水にさらすことで白くなる。イモ系の作物には、他にウリュコ（オリュコ、あるいはパパリサとも呼ばれる）やオカなどがある。また、穀物としてはキヌアがあり、カルシウムを含め豊かな栄養価をもつ。トウガラシ（アヒーと呼ばれる）にはいくつもの種類があり、ボリビアのほぼすべての料理に用いられる。トウガラシの一種であるロコトとトマトに、キルキーニャ、イエルバブエナ、あるいはワカタイといった香草を合わせてすり潰したリャフワは、万能調味料として様々な料理に味を加える。

ラパス県においては、以下のような料理が知られている――プラト・パセーニョ（トウモロコシとジャガイモとソラマメと揚げたチーズを取り合わせたもの）、フリカセ（豚肉を黄色トウガラシとニンニク、コショウ、クミンで煮込み、トウモロコシとチューニョを合わせたスープ）、チャイロ（すり潰したチューニョを主体に

アンデスではバタンと呼ばれる石を使ってトウガラシやピーナッツ、トマトや香草などをすり潰す

イモの凍結乾燥の保存食としてはオカ芋を乾燥させたカヤと呼ばれるものもあり、牧草で蒸すようにして料理をする。アンデス高地では干し肉チャルケ（ジャーキーの語源となった）や干し果物キサ（小桃が有名だが梨などでも作る）も重要な保存食である
（撮影：藤田護）

リャマか羊か牛の干し肉と野菜、乾燥トウモロコシ、小麦を合わせて作るスープ）、ペスケ（キヌアを牛乳で柔らかく煮込んだ料理）、ティンプー（柔らかく煮込んだ羊肉や牛肉のかたまり肉に、米、ジャガイモ、チューニョを合わせ、トウガラシのピリ辛のソースをかけたもの）。

コチャバンバ県は、さまざまな食材が生産されるため、料理の種類も多く、ボリビアの食文化の中心地だと考えられている。以下のような料理が知られている――ピケ・マチョ（ジャガイモを揚げ、牛肉、ソーセージ、タマネギ、トマトなどと炒め合わせ、カットしたゆで卵やチーズを添えたもの）、シルパンチョ――（牛肉を薄くしてパン粉をまぶして揚げ焼きにしたものと目玉焼きやフライドポテトをご飯の上に乗せ、タマネギとトマトとキルキーニャと呼ばれるハーブのサラダを添える）、チャンカ・デ・ポーリョ（鶏肉のスープに、米、万能ねぎ、ソラマメ、トゥンタ、ジャガイモ、ゆで卵をあわせたもの）、チチャロン（トウモロコシの発酵酒チチャで下味をつけた豚肉を揚げたもので、茹でトウモロコシとジャガイモを添える）。

サンタクルス県は、ボリビアの産業の中心地であり、ヒマワリ油、大豆油、各種腸詰め、缶詰などが生産される。料理としては、例えば以下のものがある――マハディート（米を干し肉とともに煮込んだものに、食用バナナ（「ポストレ」と呼ばれる）を揚げたものや目玉焼きを添える）、パクムトゥ（牛肉や鶏肉や豚肉やソーセージとピーマンやタマネギなどの野菜を串焼きにしたもの）、ロクロ（鶏肉と米のスープ）、チュラスコ（肉のバーベキューでユカ芋、米にチーズを加えて柔らかく煮たもの、サラダなどを添える、日本ではブラジルのポルトガル語由来の「シュラスコ」という言葉が知られている）。

タリハ県は、その渓谷部ではブドウが生産され、ボリビアのワインの生産地として有名である。この地域の料理としては以下が知られている――サイセ（チューニョを細かくし、すり潰したピーナッツ、ジャガイモ、パスタ、アオガード［タマネギをとニンジンを炒めたものにトウガラシをペースト状にして加えて、さらに炒め煮にしたもの］とともに炒め合わせたもの）、川蟹（カングレヒート）の揚げ物、アルベハード（羊肉を揚げたものをグリーンピースやフライドポテトと合わせたもの）。タリハ県のチャコと呼ばれる熱帯草原では、セルド・ア・ラ・クルス（豚肉の炭火焼き、字義通りには「豚の十字架はりつけ」）や、エンパナーダ・デ・ラカヨテ（瓜を甘く似たものを詰めたパイ）が知られている。

シルパンチョは肉を叩いて薄く伸ばす（ケチュア語のシルパイ[sillp'ay]）ところから付いた名前。コチャバンバでは家庭でもストリートでもよく食べられるポピュラーな一皿だ

「ピケ・ア・ロ・マチョ」、通称「ピケ」は、山盛りの大皿を家族や気の置けない友人たちとシェアして食べる。青ピーマンに見えるのは大変辛いロコトという唐辛子である（撮影：梅崎かほり）

これ以外の地域でも、ポトシ県のプルカ（トウモロコシをすり潰したドロッとしたスープにトウガラシと干し肉の入ったもの）、スクレ県のモンドンゴ（乾燥トウモロコシをターメリックで煮込み、豚肉を赤トウガラシで煮込んだものに合わせる料理）、オルーロの羊の頭部を焼いたロストロ・アサード、ベニ県のケペリー（マリネした牛肉を時間をかけて柔らかく焼いたもの）など様々な料理がある。

アンデス高地では、古くから食物が人間の生存に重要な役割を担うと認識されており、考古学調査からも、儀礼に用いられた食物やその容器となる土器が多く見つかっている。食料の生産と食事の供給においては、女性が大地の母神であるパチャママと特別なつながりをもってきた。アンデスの神々の中でも、このパチャママが人間に食糧を供給する役割を担っており、アンデスの人々は種まき・植え付け、収穫、消費の各段階において、パチャママ（大地の母神）と人間の関係がうまくいくように、さまざまな儀礼を執り行ってきている。

ボリビアにおいては、近代化の進展にもかかわらず、食料と料理は家庭のものであり続けており、家族や社会の中での共生と共存のための道しるべとなってきた。料理のもたらす味の記憶を通して生み出される人のつながりは、世代を通じて受け渡され、それぞれの家庭における食文化のヘリテージ（遺産）を構成している。

（ジュディス・ロペス・U、インティ・タピア・ロペス／藤田護訳）

※読者の便宜のために訳者が適宜原文に説明を補ったところがある。

ベアトリス・パラシオスとウカマウ映画

コラム8

唐澤秀子

1975年、中南米を旅行中の太田昌国と私はエクアドルのキトで、街頭に貼られたチラシに導かれてウカマウ集団の映画『コンドルの血（Yawar Mallku）』を見ることができた。偶然にも、そこにいた亡命中のプロデューサーのベアトリス・パラシオスと監督のホルヘ・サンヒネスとも知り合い、やがて相互の信頼関係が生まれて、日本で彼らの作品の自主上映や共同制作に取り組むこととなった。

ベアトリスのそれまでの経歴については、1952年オルロに生まれ、早くから鋭い社会批判で知られた週刊誌*Aqui*に寄稿するなどジャーナリストとして活動後キューバに移り、そこを訪れたウカマウ集団の監督ホルヘ・サンヒネスに出会ったという以外は、ほとんどなにも聞かなかった。

キューバで出会ったベアトリスとホルヘは意気投合し、「叛乱する映画」の制作をつづけるためにメキシコへ行き資金を集め、1976年エクアドルで『ここから出ていけ！（¡Fuera de aquí!）』の制作に取り掛かった。2人の共同作業はここから始まる。歴史や社会のあり方の分析にかけてはホルへのように厳格に研究をする人はいないとベアトリスは感嘆するのだが、他方ベアトリスは、歴史的・社会的な関係の中で生きる個々人を、共感をもって、生きた血の通った人間として描き出す力を持つ。2人がもつ特性が組み合わされることによって、個々が別々に作り出す場合の何倍もの豊かさが生まれる結果となった。ベアトリスは「映像を作っていくのが楽しい、ワクワクする」と語っていた。

　白人の裕福な家族出身のホルヘはスペイン語話者だが、メスティーソ出身のベアトリスは、アイマラ語とスペイン語の両方に親しんでいた。先住民の共同体に入った時、元々心を開いて人と接する性格の上に、彼らの母語アイマラ語を話し外見も似通ったベアトリスは彼らの信頼を勝ちえ、その信頼はウカマウ集団全体にも及んで、彼らが共同して映画を作る素地を作っていった。

　ベアトリスが加わってから作られた作品を辿ると、先住民に対して抑圧的な社会に向ける批判の鋭さに変わりはないものの、より内省的になっていくと思える。先住民の男性が都会に出て、差別に満ちた消費社会の中で自分を見失い、いったん転落した絶望の淵から再生へ向けて苦闘する1989年の『地下の民（La nación clandestina）』、映画を撮る過程で制作者自身が持っている意識に気づき、自らの中にある差別感が引き起こした過ちを認める1995年の『鳥の歌（Para recibir el canto de los pájaros）』。そこでは、制作者自身が内省的であると同時に、登場人物、とりわけ女性たちの個性が鮮やかに際立つ。『鳥の歌』のプロデューサー役ヒメナが、豊かな共感性を持つ人物として描かれているが、実在のベアトリスを彷彿とさせ、魅力的だ。

　軍事政権の暴力的な抑圧の後に自由に映画が撮れる時がやってきたけれど、2003年ベ

若き日のベアトリス――『ここから出ていけ』がタシケント映画祭審査員特別賞を受賞した時のスナップ（ソ連時代のウズベキスタン、タシケント、1977年）

アトリスは病が高じて治療のためハバナへ向かう飛行機の中で亡くなった。彼女の最初の単独監督作品となるはずだった『悪なき大地』の脚本も完成し、出演する子どもたちの演技指導も進んでいただけに、その途上での死が惜しまれてならない。彼女が見たボリビア社会を厳しい目で見つめながら、必死に生きる人びとの日々を優しい共感をもって描き出したルポルタージュ、『「悪なき大地」への途上にて（Los dias rabiosos）』が、死後編まれた。

ハバナで開かれた「新ラテンアメリカ映画祭」の会場にて。右から2人目はガブリエル・ガルシア＝マルケス。その左がベアトリス。2002年12月、ハバナにて。

○参考映像

『ここから出ていけ』制作：1977年
『ただひとつの拳のごとく』ホルヘ・サンヒネスと共同監督、1983年
『地下の民』制作：1989年（DVD、シネマテーク・インディアス）
『鳥の歌』美術・アイマラ語指導、1995年（DVD、シネマテーク・インディアス）
『最後の庭の息子たち』制作：2003年（DVD、シネマテーク・インディアス）

※参考（この部分は藤田護が執筆）——コラム内で言及されている*Aqui*誌は、イエズス会の司祭としてボリビアの社会問題に積極的に関わり、１９８０年に暗殺されたルイス・エスピナル（Luis Espinal）が主宰していた雑誌である。同誌には、後の『「悪なき大地」への途上にて』に収録される記事が掲載されていた。『第一の敵——ボリビア・ウカマウ集団シナリオ集』ではエスピナルによる映画評を読むことができる。）

Ⅷ

日本とボリビア

57

1899年の日本人移民

★ボリビアと日本の事始め★

１８９９年2月27日、７９０人の日本人の契約移民が、横浜港から佐倉丸に乗ってペルーに向けて出発し、同年4月3日にペルーのカリャオ（カヤオ）港に到着した。同契約移民を送り出したのは、ペルーの農園に日本人労働者を派遣する業務を請け負った森岡商会である。森岡商会は、ペルー側との事前の契約に基づき、沿岸部の11農園に日本人労働者を割り当てた。しかし、南米発の集団移民の端緒となったこの事業では、最初の4ヵ月で沿岸部の染み入るような寒気や飲料水に起因する下痢症状、風土病などもあり55人が死亡した。こうした状況下で、多数の日本人が各農園から脱出し、森岡商会の支店のあったカリャオに集合し、同商会のみならずペルー社会とも一触即発の状況となった。ペルーの警察はこれを無視できず、対策に苦慮した森岡商会のリマ支店長田中貞吉は、状況をコントロールするために、労働者の一部をボリビアに移動させることで問題解決を図った。田中は、もともとリマ近郊のカニェテにある主にカサブランカ農園に配置されていた新潟県人を中心とした日本人91人をボリビアのゴム農園の契約労働者として送り出すことでペルー官憲との関係をこれ以上悪化させないよう配慮し、森岡商会から2人の監督官をつけ、ボリビアに91人を送り出した。これが、ボリビアへの日本人集団移住の端緒である。

この91人と監督官2人をあわせた93人は、1899年8月31日にカリャオから船に乗ってチリとの国境に近いモリェンド港まで行き、そこから鉄道でプーノまで移動し、ティティカカ湖を汽船で渡り、ボリビア領に入った。その後プエルト・ペレス港に上陸し、そこからボリビアのラパス県の北部にあるユンガス地帯のソラタまで移動したと推定される。さらにソラタ北部のアマゾン地帯のサン・アントニオという英国人ギリェルモ・スピーディの所有地に到着したのは9月23日だった。そして、同地でゴム採取人としての契約労働の任につくのである。10月11日には、ボリビアの新聞エル・コメルシオ紙に、「豊かなマピリ川のゴム地帯の開発をさらに強化するため、100人もの日本人が実業家ミスター・スピーディに雇用された」と報じられた。

しかし、問題は、日本といまだ国交がなく移民契約を取り交わしていなかったボリビアで、森岡商会が現場判断でペルー以外の国に日本人を移動させたことにあった。もともと森岡商会は、ペルーで就労させる契約移民を送り出すことのみを日本政府から認可されているのであって、ボリビアは業務対象国ではない。また、森岡商会本社というより、同商会のリマ支店長であった田中貞吉が、本社の了承を得ずに現場判断でことを進めたことも事態を複雑にしていた。

ただ、ボリビア政府の方は、この日本人の集団移動を察知していなかったわけではない。日本人を受け入れたスピーディは、ボリビア政府から日本人の受け入れの事前認可を得ており、田中も日本政府に対して事後報告となるのを覚悟しつつ、ボリビア政府からは前もって公的な承認をもらい、この事態を乗り切ろうとしたようだ。

しかし、この91人（合計93人）のボリビアへの契約移民は悲劇的な結果に終わる。サン・アントニオに到着して3ヵ月も経たない12月12日、32名の日本人が農園を脱出、ソラタ方面に逃走した。気候があわず病気が蔓延したため、仕事を休もうとすると兵士を使って休ませず、食事も与えられず、医者を呼ぼうとしても薬は処方されず、日本人たちの苦しみは増すばかりであった。遂に窮した彼らは、衣類やその他の器物を売り払ってわずかな食糧を調達し、脱出を決行したのだった。結局、彼らは200キロのユンガス地帯を歩きとおし、ソラタまで逃げ、その間に1名が餓死した。また、到着してすぐに官憲に拘束され、71日間もの間拘留された。ゴム林での作業は、ゴムの樹液を採取しその量が多いだけ実入りも増えるが、手慣れていなければ採取量は増えない。加えて、アマゾンの熱帯地域での作業でもあり、マラリアなどの熱帯地帯に特有の病もあった。その後、サン・アントニオに残っていた40人も逃亡してきた。

ソラタで拘束された日本人の報に接した田中貞吉は、リマから駆け付け、官憲から救助するものの、スピーディとの間の契約不履行のため森岡商会は債務を負うことになった。この債務については、後日問題になるが、田中はボリビア側から債務の支払いを求められ、日本人からは話が違うと迫られ全く窮した。このときソラタのドイツ系のゴム会社ギュンター商会のエルネスト・ギュンターが、サン・アントニオの近隣の所有地サン・カルロスに日本人を引き取ってくれることになった。ただ、ギュンター商会の所有地で就労を希望したのは74人で、残り16人は、ボリビアでゴム採取を継続することを拒否した。彼らは、田中と共にペルーに戻り、後にペルーのアンデス山系にあるマラビリャス鉱山で就労することになり、そのうち2人が死亡した。

1900年2月に締結されたサン・カルロスでの就労契約では、日本人は自由契約とされ、食料品は3割増しでの供給とされた。また、虫害対策などは森岡商会が代金を負担し、日本人が望めば地所を借り受け米や野菜を生産することもでき、医師や薬の手配、さらに問題が生じた場合は森岡商会の負担で帰国できると契約書には記載されていた。そして、サン・カルロスの就労期限は、1900年8月30日までと定められた。こうして同地でのゴム採取労働が始まったが、ゴム採取の業務は過酷で、彼らは8月30日まで待てば本当に契約を終えることができ帰国できるのか、不安に感じ始めた。そこで、6月28日、彼らは新潟の勝間田知事宛てに嘆願書を出し、これまでの顚末を説明した上で、労働契約がまだ残っているが何とか帰国させてほしいと嘆願した。日本の外務省もボリビアにいる日本人をすぐにペルーに引き戻すよう森岡商会に指示を出した。森岡商会内でも田中貞吉が帰国した後を引き継いだ瀬川精一が、田中が締結したギュンター商会との契約の無効を宣言したが、同時に日本への帰国の話も反故にし、日本人たちは急遽ペルーに引き戻されることになった。1900年11月9日からボリビアからの引き揚げが始まり、契約移民1人と森岡商会監督青木藤熊がボリビアに自分の意思で残ったが、それ以外の全員が12月21日までにカリャオに戻った。これが、最初のボリビアへの日本人集団移民の顚末である。（大島正裕）

ギュンター商会エルネスト・ギュンター

出所:"Primeros inmigrantes japoneses a Bolivia en 1899", *FUENTES*, vol.12, No.56, junio de 2018, p.17

58

北部の日本人移民

★冒険者たち★

ボリビア北部のパンド県コビハ市、ベニ県リベラルタ市及びそれらの街の周辺集落に在住したことが記録されている日本人は六百数十名いる。ある資料には、当時のリベラルタ市及び周辺ゴム林には数千人の日本人がいたのではないかと書かれている。

彼等の多くは「ペルー下り」と言われている、ペルーへの日本人移民の転住者である。また、沖縄県出身者が多くいるのは、ペルーのゴム林契約移民を扱った「明治植民会社」の役員に沖縄県の事業家であり、琉球王室関係者であった護得久《ごえく》朝惟《ちょうい》がいた関係もあるのだろう。

まず、彼等のたどった「アンデス越え」と言われるルートの経緯を見ておくことにする。

リマ市近郊のカリャオ港から南部のモリエンド港まで船で行き、モリエンド港から鉄道でペルー第二の都市アレキパ及びティティカカ湖畔のフリアカを経由し、ティラパタ駅に行く。ティラパタ駅からは、「トリウンフォ（勝利）」「プエルト・アルトゥロ（旅順港）」「クルセーロ（巡洋艦）」（この3つの地名は1904年の日露戦争の時の日本軍の活躍を祝してイギリス人技師が命名）を

第58章
北部の日本人移民

通り、アリコマ峠（標高約4800メートル）を越えて、渓谷を縫って桟橋を渡り、タムボパタ河畔のアスティリエロへと行く（この間の道は険しい岩場や崖の箇所もあるが、なんら危険を感じさせなかったといい、鉄道計画の測量も行われていた）。アスティリエロは、1905年に日本人移民の雇用を契約したアメリカの「インカゴム会社」の事務所があったところである。

1907年の「明治植民会社」と「インカゴム会社」とのゴム林契約移民100人を始めとして、日本人のタムボパタ地域への就労が開始されたが、「インカゴム会社」の待遇に不満を持った日本人移民の一部が、契約を放棄し、新しい就労地を求めてボリビアのリベラルタへと転住した。その後、1911年に在リマ日本領事館の伊藤外務書記生が、タムボパタ地域と共にリベラルタも視察し、それらの地域での日本人の経済活動が活発であることを報告し、それが噂となると、リマ周辺（ペルー海岸地帯）にいた多くの日本人が、アマゾンのゴム林地域へと移動している。

ここでは、私が読んだり聞いたりした中から、何人かの軌跡を略述して見ることとする。

堀内伝重。彼は「富士急グループ」の創設者と言われる堀内良平の弟で、1903年に23歳で日本の「農商務省」の嘱託としてペルーへ移住し、1906年にタムボパタの「インカゴム会社」に日本人移民監督として就労した。1911年に農園を開拓し、ゴム採集事業を起業するが、1913年に「インカゴム会社」がゴム事業を停止し、1914年の第一次世界大戦により、タムボパタ（ペルーのゴム林地帯）の経済活動が停滞すると、ボリビアのリベラルタを視察し、同地の一部日本人のベニ川への行商活動を指導した。1915年にベニ川支流・トゥイチ川沿いにあったサン・ホセ・デ・チュピアマナス村に日本人移住地を開くべく、開拓を始め、コーヒー樹1万5000株（約20ヘクタール）

を植栽したところで、1918年（38歳）で病没した。彼の開いたコーヒー園は、鹿児島県人3人によって、1936年まで維持されていた。彼のペルーへ移住後の発信書簡、旅行日記、調査記録などは、『聖母河畔の十六年』故農商務省嘱託堀内伝重遺稿」として、兄・堀内良平により、1926年5月に編纂・発行されていて、当時のことを知る貴重な資料となっている。

生原幸平。山梨県東山梨郡生まれ。1914年に堀内伝重に随行してリベラルタに入り、その後、トリニダ市近郊のロレット村に転住した。ロレット村では、村長兼校長に就任しており、1943年のボリビアのMNRの革命の時には、村の入り口の柵の上に陣取り、ライフルを並べて「この村は俺が守る」と豪語してアルコールを飲んでいた。

垣内吉次郎。1908年に23歳でペルーへ移住し、1916年にゴム採取で貯えた2000円を持って、コビハ市に転住した。転住後病魔に侵され、一時は死ぬ寸前だったが、幸いにも回復した。この病気で所持金の約半分を失ったが、残った資金で食料品店を営み、刻苦勉励し、1919年には、一軒の貸家の他に地所と大きな店を持つまでになった。1925年に「コビハ市中央日本人会」が設立されると同会の初代会長となった。大々的に日本商品を仕入れるため1926年に日本に帰国したが、その後は不明である。

翁長助成。1912年7月（28歳）にペルーに入国し、その後、リベラルタに転地した。同地で1年半ほど生活したが、その中で1913年8月の「天長節」では祝文を読み上げ参加者を感激させた。1914年7月に第一次世界大戦が勃発すると、同地の商業の中心であったドイツ人が去り、それまでの仕事がなくなると、ゴム林での無聊な生活も嫌になり、1914年8月に再びブラジルへと転住した。ブラジルでは、1917年末からサンパウロに居住し、1926年8月に結成された「球陽協会（ブラジル在住沖縄県人会）」の創立者の一人で初代会長となった。いろいろな職種に従事し、1932年1月に「日本新聞」を発行したが、1940年10月に発行を停止した。

俵積田栄之助。1913年（25歳）にペルーへ移住し、海岸地帯耕地で就労後、アンデスを越え、マルドナド経由でリベラルタに転地し、ゴム林のバラッカ（ゴム集積地）に就労後、トリニダに転住し、野菜栽培に従事した。1998年に私が彼の娘と話していた時にこう言った。「私の父は、毎朝顔を洗うと東の方を向いて『日本の歌』を歌っていたの」。「どんな歌か覚えていますか」。「覚えていないけど、これを見て歌っていたわ」。見せられたのは、日本の軍人手帳であった。「軍人勅諭」を奉読していたのである。日本を離れて35年以上を経過し、その土地の人と結婚し、子どもができても、「日本人」であり続けようとしていたのである。

数人の略述を見ただけであるが、人生様々の感は免れない。しかし、共通して言えることがあると思う。それは、未知の高地アンデス山脈を越え、熱帯病（黄熱病、マラリヤ、リーシュマニア等）があり、猛獣（豹、大蛇［アナコンダ］、カイマン［凶暴性のあるワニ］等）が生息したアマゾンの密林に、危険を恐れることなく自らの夢と希望にチャレンジした冒険者たちであったということだろう。

（佐藤信壽）

59

初代ボリビア公使の外交

★日本との外交関係の開始★

２０１４年、ボリビアで日本大使館主催の日本ボリビア外交樹立１００周年を祝う文化行事が盛大に行われた。当時、私もこの行事に関わる幸運を得たが、この１００年前にどのような歴史的ドラマがあったのだろうか。

１００年前の１９１４年、日本とボリビアの間で通商条約が締結され、１９１８年、同条約に基づいて初代駐日ボリビア公使が派遣された。１９６０年代から70年代にかけて活躍したフアン・シレス・ゲバラは、雑誌『コリャスーユ』に１９７０年「アジアにおける初の外交使節団」というボリビア外務省の記録に基づいて執筆した論文を寄稿した。外交樹立後にボリビアの外交団が日本でどのような活動を行ったのかというのはほとんど知られていない。その中には極めて興味深い活動もあるので、主にシレス・ゲバラの論に沿って、ムニョス・レジェス初代駐日ボリビア公使の日本での外交活動を見てみよう。

まず、この１９１４年時点までにボリビアは順調に大国との外交関係を樹立してきていた。１８７９年にはフランス、１８９７年に英国、１８８０年に米国、１９１０年にはドイツ、１９１１年にはイタリア、１９１３年にはオーストリア・ハンガ

初代ボリビア公使夫妻
出所：サンヒネス・アビラ、リカルド編『ボリビアから日本へ　1914-2014』、Editorial Hebron, 2014、p.67

リー帝国と外交関係を築き、日清戦争と日露戦争で大国として台頭してきた日本とも１９１４年に外交樹立に至った。その４年後、ボリビア外務大臣リカルド・ムヒアは、初代特命全権公使としてビクトル・ムニョス・レジェス（１８７９～１９３７年）を任命し、日本に派遣することになった。ムニョス・レジェスは、急激に台頭し、世界の重要なアクターになりつつある日本の諸制度や軍隊をよく研究するようにと訓令を受けたようである。ムニョス・レジェスは、国際法を学び、ボリビア外務省ではアルゼンチンやチリとの国境問題関連の任務にあたった人物であった。

他方、当時のボリビアにとって重要な外交的課題は、隣国チリとの領土問題であった。１８７９年に始まった太平洋戦争（第27章参照）で敗北を喫したボリビアは、１９０４年の講和条約で太平洋岸の領土をチリに譲渡せざるをえなかったが、当時ボリビアの政権を担っていた自由党は、そもそも結党に際して、チリとの交戦継続を主張した勢力でもあるので、チリの動勢に気を配っていたようである。ムヒア外相によると、この頃、チリは日本から大量の武器や弾薬を購入し、チリの下士官が日本軍の組織や軍事産業についても研究していた。このように地球の裏側を舞台にチリとボリビア間の駆け引きが続いていたという事実は非常に興味深い。

１９２０年７月まで続いたムニョス・レジェスの活動について、シレス・ゲバラは４つの点に分けて記載している。まずは、日本との関係強化である。

1918年5月20日に東京へ着任したムニョス・レジェスは、書記官のホルヘ・バルデス、公館付武官のファウスト・ゴンサレス少佐を随伴し、6月13日、大正天皇に対して信任状を捧呈した。ムニョス・レジェスは、メディアにむかって「（私の外交活動の目的は）日本とボリビアの関係の緊密化、特に日本との貿易関係の強化であり、日本人移民の奨励である」と述べている。彼は大隈重信などの要人とも接触して、日本との関係を強化していった。さらに、バルデスやゴンサレスは当時日の出の勢いだった日本軍に関わる基礎情報も収集していた。中でもゴンサレスは武官らしく、モーゼル銃のスペア部品や弾丸を日本に発注することを検討したり、1919年4月から9月には、日本陸軍の砲兵隊に入隊したり、日本陸軍を内側から知ろうと努めたりした。

2点目は、ボリビアのアジアにおける領事館の管轄問題である。当時、アジアに設置された数少ないボリビア領事館は、ロンドンのボリビア大使館の管轄下にあったが、これをムニョス・レジェスは東京から管轄するようにし、アジアの領事業務の拠点を日本に置いた。日本国内の商業上、領事業務上重要な都市である横浜、大阪及び神戸にも領事館を設置し、さらには香港やオランダ領東インドにも領事館を設置した。

3点目は、中国との条約関係である。当時、清国が滅び中華民国が成立していたが、混沌とした中国との外交関係構築もムニョス・レジェスの仕事だった。当時の駐日中華民国公使は、親日派の章宗祥である。1919年の五四運動で失脚する前に、章はムニョス・レジェスに対して両国間の条約締結を提案したようだ。ムニョス・レジェスは、中国出張も含めて本国に打診したが、最終的には、1

９１９年12月３日に中華民国との友好条約を東京で締結した。

最後に重要な点は、情報収集やプロパガンダである。日本の国際政策の方針や経済状況について定期的に報告すると共に、日本のメディアを通じてボリビアの状況を広報し、チリの敵対的なプロパガンダに対抗する論陣を張ろうとしていた。ムニョス・レジェスの滞日中、世界は第一次世界大戦に見舞われ、日本は同大戦の影響を受けて一気に好景気と化し、シベリア出兵を実施した時期だった。日本の対中南米輸入も伸びていて、特にチリは、ボリビアから奪ったアタカマ地方で産出される硝石の輸出を大幅に伸ばし、チリからの輸入は１９１４年から１９１８年までに４倍以上に増加した。こうした状況下、ボリビアと日本の間の貿易は減少しており、ムニョス・レジェスは日本ではまだ知名度の低かったボリビアの一般状況を広報するなどイメージの向上に努めた。

１９２０年７月の自由党政権崩壊の煽りで東京の公使館は閉鎖され、ムニョス・レジェスも罷免され、同人の日本でのミッションは終わった。その後、彼は共和党政権下の政界に復帰し、議員、財務大臣、外務大臣としても活躍し、チャコ戦争後の１９３７年に亡くなった。

最後にムニョス・レジェスについての面白いエピソードを紹介したい。それによると、ムニョス・レジェス公使とその妻カルメン・イバルゲン・セバリョス・デ・ムニョス・レジェスは、７番目と８番目の子女にそれぞれ「ナミコ」と「タケオ」と名づけた。これは、２人が当時新聞に連載されていた徳富蘆花の『不如帰（ほととぎす）』のファンだったからで、その主人公２人の名前からとったとのこと。夫婦は和装の写真も残していて、この初代公使が親日的であったことが分かる。

（大島正裕）

60

サンファン移住地

★移住者がなしとげた地域開発★

1952年の「ボリビア革命」で大統領に就任したパス・エステンソロは、鉱山の国有化、産業の多角化、農地改革などの政策を掲げていたが、それを遂行できるだけの十分な労働力が国内になかったことから、他国からの移住者誘致に積極的な姿勢をとっていた。当時の農業大臣アルシビアデス・ベラルデ・クロネンボルは、「ブラジルに亡命していた際に日本人が同国の農業開発のためにいかに努力しているかを目の当たりにした。また、ブラジルに留学中の息子には真面目で成績優秀な日系青年の友人がいる」と述べ、東部低地開発を成功させたいボリビアと、復員兵問題や人口増加、失業者増加、食糧不足などの問題から移住を進めたい日本の事情という双方の思惑がタイミングよくマッチした。

当時、日本で精糖業を経営していた西川利道は、こうしたボリビアの政策に注目し、ボリビアに進出して精糖業を興す希望を持ったことから、「ボリビア国サンタクルス日本人移住計画書」を起案した。西川の呼びかけに集まった14家族88人は「西川移民」と称され、1955年7月、サンファンへの入植を果たしたが、原生林のまっただなかの土地であったため、まず森を切り拓くことから始めなければならなかった。

西川移民の入植後、翌1956年8月2日に結ばれた「日本・ボリビア移住協定」に基づき、1969年まで計画移民が続いた。1957年6月に第1次移住者が到着したが、事前の農業調査・移住地適地調査が不十分であったことに加え、未整備の道路、雨季の長雨、どこまでも深い森林など移住者にとって過酷な現実が突きつけられた。特にその年は異常な長雨と寒波にも襲われ、開拓や営農は進まず、現地からは「アメオオク、ミチナク、エイノウフカノウ」と後続移住者の送り出し中止要請が出された。しかし、すでに後続の移住者の募集が始まっていたため、翌年の第6次まで移住者が到着した。その結果、サンフアン移住地草創期はかなりの混乱をきたした。その環境の悪さから、移住地は「犬も通わぬサンフアン」と称され、ブラジルやアルゼンチンへ転住し、また日本へと引き揚げていった者たちもいた。この当時、深い熱帯雨林のジャングルに入ると、昼か夜かもわからなかったという話を、私は先人たちからよく聞いた。

最終的にサンフアンには第1次から1992年（平成4年）の第53次移住まで、302家族、1634人と単身者51人の計1685人が移住した。出身県別に見ると、長崎県約46％、福岡県9％、北海道、高知県、熊本県、東京都の順。移住地への定着率は20％強であった。

さて、サンフアン移住地の経済は、農業に立脚しているが、移住地の農業を支えたのがサンフアン農牧総合協同組合（ＣＡＩＳＹ、「カイシ」と呼ぶ）である。1957年に設立されたサンフアン農協は、当時存在した唯一の組織であり、必然的に移住地内の農業の定着、インフラ整備、学校運営、診療所運営、移住地の行政全般を取り扱った。

移住地の農業は、サンタクルス県内のモデル農業地域の一つであり、東部低地開発の成功例として知られている。

今では、コメ・大豆・小麦・鶏卵などの農産物の生産でボリビア経済に大きく貢献している。また、移住地へのアクセスや日本政府支援による移住地内の貫通道路舗装化など、道路インフラも整備が進んだ。

１９７０年代からは養鶏業の定着と機械化が促進され、多角化による規模拡大で農業経営も軌道に乗り、安定するようになった。また、近年の寿司をはじめとした日本食ブームに応えうる日本米を生産しているのは、ボリビア広しといえどもサンファンのみで、今では大手スーパーでも販売されている。他方、国内シェア約15％を占める養鶏や、畜産、大豆、柑橘類などの多角的経営にも力を入れており、生産者目線に立った農協の尽力が移住地の経済を支えている。

表１　サンファン移住地農業概況（2022年）

作物	作付面積 (ha)	年間生産量
鶏卵		3億個
米	9,000	24,000t
大豆	5,000	10,000t
トウモロコシ	1,000	5,000t
コウリャン	500	2,000t

出所：CAISY

現在、移住地に居住する日本人は約２３０世帯、７００人を数え、サンファン日本ボリビア協会が中心となり、域内の学校、診療所、高齢者福祉施設を運営し、移住者の生活を支えている。

移住地の発展と共にボリビア人も多く移住してきており、市の人口は約９０００人となった。また、盆踊りなど日本文化の行事が活発で、各地区の自治会には昔ながらの日本の互助精神が引き継がれているなど、古き良き日本が今も残っている特異な地域である。

文化・習慣を継承するための努力は、各家庭や学校教育でも行われており、サンフアン学園においては、午後の部で日本語を選択制で教育しており、ここで勉強した生徒はボリビア人でさえ流暢な日本語を話す。サンフアンの生徒の面接をする機会が仕事上あるが、移住地のために自分の技術を活かしたい、サンフアンのために役立てる人材になりたいといった発言が多く聞かれ、若者の帰属意識の高さに気づかされる。

元サンタクルス県知事で、サンタクルス在住の地域開発の専門家カルロス・ウーゴ・モリナは、国際協力における地域開発の在り方についてのインタビューで、「日本こそ地域開発を始めたパイオニアである。ボリビアの日本人移住地での経験こそが地域開発であり、移住地での経験をボリビアに広めることが日本の行うべき地域開発協力であろう」と述べた。また、サンタクルス県知事を長く務めたルベン・コスタスは、「これまでサンタクルスは日本から無償資金協力など様々な贈り物をいただいてきたが、最も特筆すべき贈り物は、日本人移住者であり、彼らの功績なしにサンタクルスの農業の発展はなかった」とある式典で語り、移住者への敬意を表した。

このように地域開発や農業という観点から成功したサンフアンであるが、今後も域内産業を支えるために若い世代が農業生産以外のビジネスも展開し、移住地内に留まりながら多岐にわたる将来設計ができるようなまちづくりが課題である。

移住当初は、思い描いた営農・生活とはいかず、想像を絶するような苦難があったことは事実であるが、先人たちが希望を捨てず、厳しい時期を乗り越えてきたからこそ今の発展がある。

日本海外協会連合会の初代サンタクルス支部長若槻泰雄が移住者同志を鼓舞するために作詞した

「ボリビア開拓の歌」にも、移住当初の意気込みが、生き生きと表現されている。

万里遥かなアマゾンの源
千古未踏の大密林に
新たなる希望の灯は輝いて
眠れる沃野を今ぞ拓かん
みどりの宝庫よ新天地
ああボリビアのボリビアの
開拓の歌

三世や四世の時代になろうとも、この開拓の歴史と精神は是非とも受け継いでもらい、若者たちが移住地出身者としての誇りをもってボリビア社会で活躍し、多くの優秀な人材が輩出されるサンファンであってほしいと望む。

（中島敏博）

61

オキナワ移住地

★沖縄とつながりあうボリビア有数の穀倉地帯★

ボリビア東部のサンタクルス県には、「オキナワ移住地」という地域がある。沖縄からおよそ1万8000キロも離れたボリビアになぜ、「オキナワ」の名を冠した地域があるのか。実はボリビアは、1954年から15年間にわたって沖縄からの計画移民584家族、3385人を受け入れてきた歴史をもち、この移住地はその入植先として建設されたのである。今も約900人の沖縄ルーツの人々が暮らしているこの地域では、移住地の入り口に「めんそ〜れ　オキナワへ」という看板が掲げられ、豊年祭では三線やエイサー、空手といった沖縄の伝統芸能が披露されるなど、さまざまな場面で沖縄とのつながりを感じることができる。

しかしなぜ、第二次世界大戦後まもなく、沖縄からボリビアへの移住が進んだのだろうか。大戦前の沖縄からボリビアへの移民はペルーからの転住者が中心で、ブラジルやアルゼンチンなどに比して決して人数は多くなかった。それにもかかわらず、戦後にボリビア移住が進行した背景にあるのは、沖縄の受けた戦争被害と冷戦体制下のアメリカ政府の意図である。

第二次世界大戦で「本土防衛・国体護持のための捨て石」と

して位置づけられた沖縄では、地上戦が3ヵ月にもわたって行われた。大きな被害を受けた沖縄の状況を黙っていなかったのが、ハワイやブラジルなどで暮らしていた沖縄系移民である。沖縄の被害を知ったかれらは、食料品・医療品を送るなどさまざまな形で沖縄支援運動を展開した。ボリビアの沖縄系移民もその例外ではなく、かれらはまとまった土地をボリビアで確保し、沖縄で生活に困っている人々にボリビア移住の道を開こうとした。

こうしたボリビアでの移民受け入れの動きは、沖縄を統治していた米軍にとって、実は都合の良いものであった。中華人民共和国が成立するなど東アジアで冷戦体制が構築されていくなかで、沖縄は反共に向けた重要な米軍の拠点、「太平洋の要石」として位置づけられた。沖縄住民は基地建設で土地を奪われるなど数々の不条理に直面したが、その一方で米軍は、不満が鬱積した沖縄住民の共産主義化を恐れるようになった。そこで米軍は先述のボリビアでの動きに乗り、沖縄住民にボリビアでの豊かな生活の「夢」を見せ、反米感情の「ガス抜き」としてボリビア移住を促したのである。なおアメリカ政府にとってこの移民送り出しはボリビアへの開発支援という意味合いもあり、1952年のボリビア革命を穏健なものに留め、同国の共産主義化を阻止するという目的も付されていた。

こうしたなかでボリビア移住に向けた調査と計画立案が急ピッチで進められ、1954年3月に琉球政府がボリビア政府と移住条件で合意すると、4月初頭に移民募集がなされ、6月には第一次移民が送り出された。しかしこの過程で移住先調査は十分には行われず、実際の移住は困難を極めることとなった。用意された移住地では感染病が蔓延しただけでなく自然災害も多発し、再移住を余儀なくされた。しかし再移住先でもやはり問題が発生し、再々移住先として見つかったのが現在のオキナワ移住地である。そしてこの土地で1969年の第19次移民まで受け入れがなされ、当初の入植地である第一移住地のみならず、第二・第三移住地も建設された。移民が沖縄から持ち込んだ道具は今も、移住地のオキナワボリビア歴史資料館で見ることができる。

苦難の末始まったオキナワ移住地での生活は、その後も数多くの困難に見舞われた。移住者は原生林を切り拓き農地を開拓していったが、その農業経営がうまくいかず、サンフアン移住地との経済的格差が広がっていった。農業経営が問題を抱えた原因は、当時の沖縄が置かれていた立場にあった。サンフアン移住地では日本からの支援のもと農業の機械化を進めることができたのに対し、当時沖縄は米軍統治下にあったということで、オキナワ移住地には支援が行われなかったのである。

この状況が改善されたのは、沖縄が日本に「復帰」する直前になってのことである。復帰よりも一足早い1967年に、オキナワ移住地は日本の海外移住事業団（現在の国際協力機構：JICA）の管轄となった。これを契機にオキナワ移住地への支援が始まると、その生活もやっと安定するようになり、現在は沖縄を凌ぐ6万ヘクタールもの農地面積を有するまでに発展している。今では大豆を中心とした雑作と畜産を組み合わせた大規模経営が行われ、「小麦の首都」と呼ばれるなど、移住地はボリビア有数の穀倉地帯となっている。

以上のようにオキナワ移住地の歴史は戦前移民の沖縄支援運動から始まったのだが、沖縄との国境を越えたつながりは現在も保たれている。世界中の沖縄ルーツの人々がおよそ5年に1度、沖縄で一堂に会する「世界のウチナーンチュ大会」にボリビアから多くの人々が参加する様子は、現在まで続く両地域の結びつきの証左であろう。ボリビアから沖縄への帰還移民が中心となって結成した沖縄ボ

沖縄の国際通りをパレードする、ボリビアからの世界のウチナーンチュ大会参加団

リビア協会は、このつながりを支える沖縄側の重要な窓口となっている。

沖縄と移住地との交流は文化芸能を始めとしてさまざまな分野で行われているが、もっとも顕著なのは教育に関する交流である。沖縄から移住地への教師派遣および若者の研修派遣、そしてボリビアの若者の沖縄への留学・研修が、沖縄県庁および各市町村の事業として実施されている。かれらは沖縄の社会や文化を移住地に伝えると同時に、移住地の存在を沖縄社会に広める存在となっており、両地域の越境的な結びつきの基盤として重要な役割を果たしている。

近年では、経済交流に関しても新たな動きが生じている。オキナワ移住地では生産した穀物の沖縄輸出に向けた希望が長年にわたって抱かれてきたが、輸送コストの問題でその夢は叶わずにきた。そのなかで沖縄側の畜産農家やボリビアの沖縄系貿易会社が協力しあい、オキナワ移住地で生産した大豆を沖縄に輸出する「Okinawa to 沖縄」プロジェクトが立ち上げられ、2021年、実際に移住地産の大豆が沖縄に届けられることとなったのである。このようにオキナワ移住地では今も沖縄との関係が模索されており、この動きは目を離せないものとなっている。

（藤浪海）

62

ペドロ・シモセ

★詩人とその父★

ボリビアの日系人は、約1万4000人でブラジルやペルーと比べると決して多くはないが、その半数は、サンファン移住地やオキナワ移住地の戦後移住者とその子、孫たちであり、残り半数が、ベニ、パンド、ラパスなどに移住した戦前移住者の子孫といわれている。2017年に日本でも公開された映画「エルネスト」の主人公で、チェ・ゲバラと共に最後まで戦ったフレディ・マエムラの父は、ベニ県トリニダに定住した戦前移民である。ここで取り上げるベニ県リベラルタ出身で国際的に有名な詩人ペドロ・シモセ（1940年〜）も、戦前移民の2世である。シモセの初期の詩では、父へのオマージュやその家族を育んだリベラルタという土地への思いが顕著に見られる。シモセの父の来歴から振り返り、彼の詩を鑑賞してみよう。

戦前の日本人が集まったリベラルタの日本人社会の興隆に指導力を発揮し、当時の地元新聞にも記録が残る「ジンキチ・シモセ」という人物がいる。ペドロ・シモセの父として知られる「下瀬甚吉」である。

下瀬甚吉は1885年に山口県に生まれ、1909年、森岡移民会社の契約移民としてペルーにやってきた。当初フニン

下瀬甚吉（前列左）
出所：Shigekuni, Martha, “Breve reseña histórica de la inmigración japonesa a Bolivia”, 1999

県チャンチャンマヨ耕地で就労し、その後、耕地との契約終了後、明治殖民会社に入った。甚吉は、道路補修に従事した。その後、今度はタンボパタへ入って、甚吉はゴム採りを行うことになった。そこでゴム採りに約2年間従事した後、ペルーのマルドナドに入った。同地で農業をやって農作物を売り出したところ何でも売れたという。ところがその頃から景気が悪くなってきたため、マドレ・デ・ディオス川を通ってボリビアに入り、リベラルタにやって来た。1914年のことであったらしい。

下瀬甚吉がリベラルタにやってきたとき、まさに同市の日本人社会の人口は増え始め、日本人会の創設間際でもあった。当初、甚吉は仕立て屋を目指したが、途中であきらめてマルドナドでも経験した小売業に転じ、食料品を売ることになった。この時分、リベラルタの日本人にとって新たなビジネスチャンスが生まれる。

「ブラジルからボリヴィアへかけて鉄道ができるというので、リマにおる人で沖縄県人の八木〔宣定〕さんが、移民を入れる仕事をしておった。鉄道を請負って、その時期にはもう来ておりました。そのおりからふえたんです。〔中略〕それからだんだんと日本人が、ここで米を作ることをしました」と甚吉は後にインタビューで答えている。

ところがこうした日本人の興隆も、ゴム景気が下火になると下り坂にならざるをえない。「日本人もだんだん仕事はなくなり、ここの木を切り開いて米やなんや作ったけれども、そこでおもに沖縄県の人が多かった。米がはけんもんじゃから沖縄県人の連中が、内地のしょうちゅうにしようじゃないか」ということで、米焼酎を作ったが、「ここのしょうちゅうはカーニャ（砂糖きび）からとるんで、米からとったものとはにおいが違うから売れんのじゃ、それでおじゃんになった」とうまくいかなかった。その後も下瀬甚吉は粘り強くリベラルタに根を張って商売を続けた。

1943年、近隣国ペルーと同じく、ボリビアでも強制収容予定の日本人リストが米国当局から官憲に配られ、その中には甚吉の名前も入っていたが、リベラルタでは官憲は甚吉を含めて日本人たちを強制送りすることはしなかった。

その息子のペドロは優秀で、サンアンドレス大学法学部にも入ったが、詩とジャーナリズムに熱中した。1971年、ペドロはバンセルのクーデターに反発したことからスペインに亡命せざるをえなくなった。その後、詩人として名声を得たペドロは、1972年に『ぼくは書きたいのに出てくるのは泡ばかり』でキューバのカサ・デ・ラス・アメリカ賞を受賞し、国際的に有名になっていった。シモセには、『消えそうな犬』、『文字どおり』、『マキアヴェリ的熟考』、『騎兵隊のボレロ』など多数の作品がある。

日本との関わり、そして彼にとって重要な父との関係は、その感性豊かな代表作『リベラルタとその他の詩』（1996年）に見て取れる。

私はこの本をラパスで馴染みにしている書店で購入し、色々と翻訳してみたが、詩というのは翻訳にもセンスが必要だ。思い悩んでいたところ、詩人の細野豊氏（2020年逝去）がシモセに注目し、同人の詩を見事に翻訳されていた。以下、その詩「リベラルタ」を引用してみる。


わたしは住む国を替えたが、おまえは元のままだ。

おまえのところへ戻るとき、わたしは死者たちと会話し、わたしの愛はいつも勝利を収める。

おまえの夕暮れを眺めるほどすばらしいことはない。

わたしたちの祖先が夢見た夢をわたしも夢見、日暮れた紫色の空気の中を巡って、いないおまえを懐かしんでしまう。

おまえの湿った芳香の中でわたしは生まれ変わる、奥に隠された小川の霧の中にわたしを探しながら、
わたし自身から遠く離れ、川や沼で、
おまえの蒸気船がわたしの幼時を走ったときにおまえとともに見つけたその島の難波船の中で。

わたしは、ゴムの木の涙を流す傷になりたくないし、

第62章

ペドロ・シモセ

この苦いアーモンドの中で、
倒れた樹木のこの騒音の中で、
稲妻と雷鳴が轟く暗い空の痛みの中で
朽ち果てたくもない。

雨が降る。
雨がふり
わたしはこの甘い習慣と闘っている。
雨が降り
わたしは可哀そうな母がペチュニアに水を撒きつづけているその場所で、
終わることのない酩酊の中にわれを失っている。

雨が降り
わたしの友人たちは過ぎゆく生命を歌い、子どもたちは街路でボールのあとを追いかける。
雨が降る。
外では、とめどなく降っている、カヌーが川を漕ぎくだる風景の中で。

虹が出てもなお
わたしの中では雨が降りつづいている。

ペドロのリベラルタの熱帯雨林へのなんともいえないノスタルジックな感覚が伝わってくる。ペドロ・シモセには、「OTOSAN（1882〜1970）」という作品もあり、亡父への尊敬の念を感じさせる詩もある。ペドロは「歴史を持たぬ人々の物語」という文章の中で、「私の父は、死ぬまで挫折の中に苦悩を秘めてリベラルタで生き続けた」とも述べていて、父甚吉の苦悩の中の粘り強さに畏敬の念を持っていたことがうかがえる。慎み深く粘り強い苦難を重ねた明治人甚吉とその精神を受け継いで、リベラルタの風景とを重ねて巧みに言葉をつむぐペドロ・シモセは、戦前の日本人移住を考える上で非常に興味深い存在といえる。

（大島正裕）

63

日本の国際協力①

★60年にわたる協力の概要と成果★

サンタクルスにある「日本病院」は地域住民から信頼されている域内の中核病院である。ボリビアのトップ病院にも選ばれたことがあり、コロナ禍ではワクチン接種がアルセ大統領出席のもと開始されたのも「日本病院」であった。ボリビアでは「日本病院」に代表されるように日本と名の付く施設が多く存在する。ラパス、コチャバンバ、スクレにある「日本ボリビア消化器疾患研究センター」、コチャバンバの「日本・ボリビア医療技術者養成校」などはその代表例だ。これらは日本政府の協力による施設建設と人材育成が行われ設立された。また、サンタクルスの「ビルビル空港」は設計から建設まで日本の技術と資金協力で実現した。今ではボリビアのハブ的な国際空港である。ラパスの街を歩くと、かつて日本が建設した小学校も多くある。また地方の飲料水用の井戸の多くは日本政府が供与した掘削機材によるものだ。ボリビアではこうした日本の国際協力の成果・アセットを各所で見ることができる。

日本のボリビアへの国際協力は１９６０年に研修員受け入れ事業から開始された。１９７７年に青年海外協力隊派遣取り決め、１９７８年には技術協力協定が締結されたことで、ＪＩＣ

サンタクルスにある「日本病院」

A事務所が正式に設置され、資金協力や技術協力プロジェクトが本格的に開始された。

技術協力においては、累計で約1500人の専門家と約1200人の海外協力隊員を派遣し、約6400名のボリビア人を研修員として受け入れてきた。また、保健医療、農業、上下水道、教育・人材育成等、様々な分野で技術協力プロジェクトを実施している。森林火災などの災害時には緊急援助も実施されてきた。過去5年間の技術協力の分野別割合を見ると保健医療、公共・公益事業（上下水道や道路インフラ等）、人的資源（教育、科学技術）、農業分野が多いことがわかる。

海外協力隊はボリビアでも重要な役割を果たしてきた事業だ。協力隊員は都市部のみならず生活環境も過酷な4000メートル以上の高地や熱帯のアマゾン地域に至るまで各地に派遣され、地域住民と生活しながら草の根レベルでの技術的支援と共に、両国の相互理解と信頼構築に貢献している。

資金協力については1970年代に開始され、無償資金協力では医療施設、地下水開発、地方道路、教育施設等を整備してきた。大型プロジェクトのみならず、「草の根・人間の安全保障無償資金協力」を通じた地域住民に直接裨益する、比較的小規模な事業も多い。円借款では空港や幹線道路などのインフラ整備やエネルギー、保健医療セクター等において支援してきた。加えて、ボリビアは重債務貧困国に認定されたことにより、我が国も2004年に円借款約534億円の債務免除を行っている。

ボリビアに対する日本の政府開発援助の2021年度までの累計額は、スキーム別に円借款が1110・06億円、無償資金協力が978・94億円、技術協力が758・41億円で、合計2847・41億円である。これは中南米地域における日本の援助としてはペルー、ブラジル、パラグアイ、メキシコに次いで域内5番目となり、無償資金協力の実績は域内で最多である。

ボリビアへの援助量が多い背景には、日本人移住者と移住地の存在、それによる親日度が大きかったこと、かつては中南米の最貧国であり援助ニーズが大きくボリビア側の日本への期待も高かったこと、鉱物資源の確保等の様々な要因がある。また、日本だけでなく、世界銀行や米州開発銀行、国連機関の他、欧州、韓国、そして中南米各国も援助を行っており、近年は中国やロシアからの協力も目立つ。米国はかつて主要援助国であったが、政治的対立から2013年に米国援助庁（USAID）が撤退した。援助諸国連携のための枠組み（GRUS）も存在しており、援助協調が進んでいる国でもある。

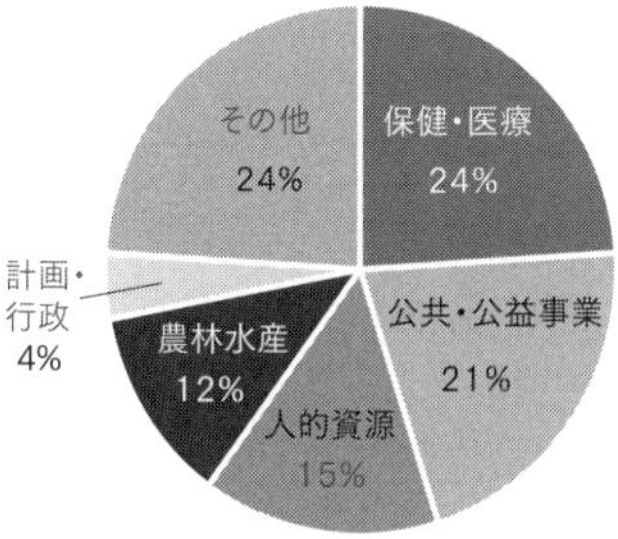

直近5年間（2018-2022）のセクター別技術協力実績
出所：JICA

開発指標をみると、近年かなり改善していると言える。かつては中南米の最貧国であったが、一人当たりＧＤＰは２００２年の８８８・２ＵＳドルから２０２２年には３５２３・３ＵＳドル（世界銀行）と20年間で約4倍になり、着実に成長している。世銀の所得階層分類では低所得国から低中所得国へと上位のカテゴリーに区分されている。貧困率も２０００年前後は60％を超えていたのが２０１８年には34・6％にまで改善し、極貧困層も減少している（ＵＤＡＰＥ）。保健・医療の指標も新生児死亡率13・71（対１０００出生）、5歳未満児死亡率25・63（対１０００出生）や妊産婦死亡率１６９（対10万出生、２０２０、ＷＨＯ）など、着実な改善傾向にある。

他方で、課題も多く存在する。貧困率や医療など指標は、都市部と農村部の格差が大きく、未だ社会サービスが十分に届いていない状況にある。また、サンタクルス、ラパスやエル・アルトなど急速に拡大している都市部でも開発に伴う新たな問題、例えば廃棄物処理や都市交通等が顕著になっており早急な対応が迫られている。鉱物以外の農業や工業などの産業開発・振興や民間セクター開発は必ずしも順調ではなく、国際競争力も低い。気候変動対策についても、再生可能エネルギー開発、森林保全、水資源管理、防災等、取り組むべき課題は多い。そして、ボリビアでは絶えず発生している政治的・社会的紛争や混乱が課題解決を難しくしている。また、統治する行政組織は中央・地方とも非常に脆弱である。

日本政府はボリビアにおける開発課題の状況を分析し、ボリビア政府と政策協議等を行いながら援助重点分野の設定やそれに基づく案件形成・実施を行ってきている。援助基本方針としては、持続的経済開発への貢献を重視し、包摂的な経済社会開発や環境管理・気候変動対策を重点的に取り組んでいる。具体的には、保健医療サービスの普及強化、包摂的な地域経済振興（農牧業、観光開発、運輸交通等）、持続可能な都市開発促進（水資源管理、都市交通、廃棄物処理、森林火災、災害等）、再生可能なエネルギー促進等を通じた、国民一人ひとりの生活の向上と生産基盤の整備・多様化に向けた協力を実施している。これに加えて、移住事業から継続する日系社会との連携を横断的な分野としている。

ボリビアへの日本の国際協力は２０２０年に60周年を迎えた。ボリビアにおける国際協力の成果は有形資産である施設のみならず、育成され協働してきた人材や、積み重ねてきたボリビア国民との信頼関係にあると言える。今後、国際協力の役割や協力課題は時代により変わっていく可能性はあるが、日本らしいアプローチとして、人と人とのつながりを重視し両国の信頼関係を維持・発展させていくと共に、両国がパートナーとして協働し、新たな課題の解決策を共創していくことが重要となる。

（小原学）

64

日本の国際協力②

★人と人とのつながりが紡ぐ持続可能な開発★

国際協力では異なる文化や個人の多様な価値観、意思を尊重しながら、人と人とがつながり、協働することで新たな価値を生み、成果や活動が持続していく。ボリビアにおける60年以上の協力の歴史の中にも、数多くの人のつながりが存在し、それが両国の良好な関係構築に貢献してきた。本章では代表的な人物を紹介したい。

友情の絆で結ばれた日本とボリビアの医師

「日本・ボリビア消化器疾患研究センター（ＩＧＢＪ）」はボリビアでの我が国最初のプロジェクトで、１９７９年の設立から40年以上にわたり、消化器疾患の診断や治療などの医療サービスを提供している日本の代表的な事業である。

このＩＧＢＪを、立ち上げ時から現在に至るまで、専門医、院長、そして教育者として、類まれなリーダーシップにより牽引してきた人物がビジャ・ゴメス医師である。ボリビアにおける日本の保健医療協力の「歴史の証人」とも言える人物だ。

ビジャ・ゴメス医師が初めて日本を訪れたのは１９７７年で、東邦大学の大学病院で学んだ。病院近くの大森に居を構え、ご夫人、お子さんも呼び寄せて、病院関係者とも家族ぐるみの付き合いをした。深い友情と固い絆で結ばれた人間関係を構築し、それがプロジェクト成功の基礎にもなる。

ビジャ・ゴメス医師は、日本人の「規律を重視し完璧を追求することへの価値」に大きな衝撃を受けたという。自分自身を律して努力する個人の存在が、高い技術や強い組織につながっていると感じ、それを母国にも伝えたいと考えた。

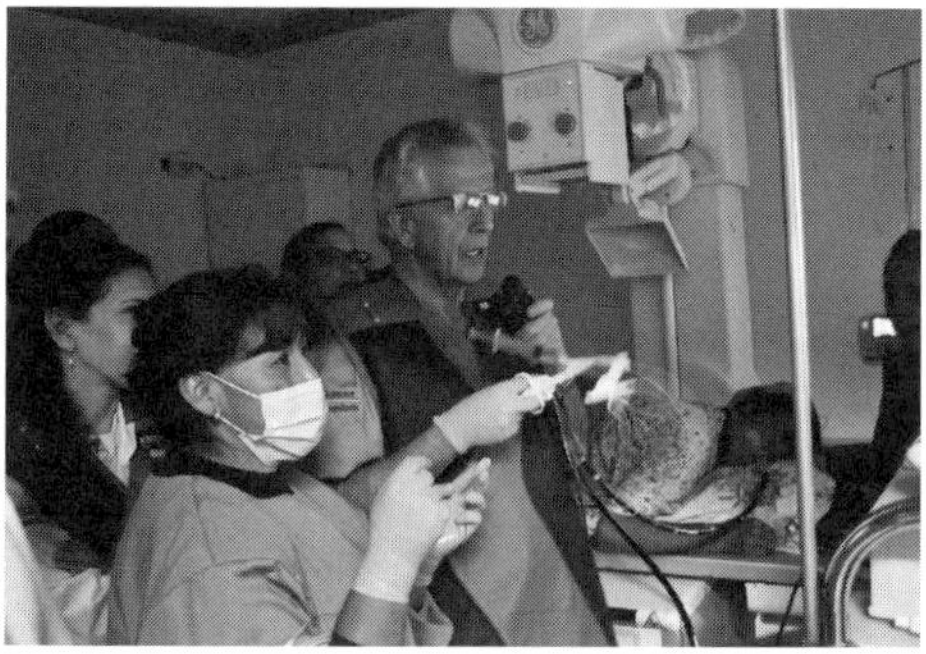

IGBJで指導するビジャ・ゴメス医師

ＩＧＢＪは数多くの関係者の尽力により、ボリビア国内で最高レベルの消化器疾患専門病院となった。また、２００５年に世界消化器疾患機構（ＷＧＯ）から中南米で初めて地域拠点研修センターとして認証され、これまで約20ヵ国６００人以上に研修機会を提供した。日本から移転された医療技術をボリビアのみならず中南米に広める役割も果たしたのである。

ビジャ・ゴメス医師は「ＩＧＢＪには日本の技術だけでなく、哲学が受け継がれている」と言う。それは、患者重視の姿勢、時間やルールの厳守、他者への敬意とチームワークなどにも表れている。50年以上前に感じ取った日本人の価値である。「日本の友人との深い絆があったから、自分の責任を果たすことができた」と半世紀の医師としての活動を振り返った。

ティティカカ湖の養殖場で指導する濱満氏

ティティカカ湖でのニジマス養殖の普及

ティティカカ湖やアルティプラノの湖沼ではニジマス養殖が盛んである。もともと内陸国のボリビアでは魚を食べる習慣はあまりなかったが、今ではニジマス料理を提供するレストランも多くなった。日本食レストランではニジマスの刺身やお寿司を食べることもできる。そのニジマス養殖の普及に貢献してきたのが、日本の技術協力である。

日本政府は、ＪＩＣＡを通じてアンデス高地の生息環境に適したニジマスの養殖開発を支援するため１９７７年に専門家、１９８４年にボランティアの派遣を始めた。１９８８年にはティティカカ湖畔に「水産開発研究センター」の設立を支援し、２０００年代前半まで技術協力を継続した。その間、多くの専門家やボランティアが協力してきたが、合計12年にわたって従事したのが、濱満靖氏である。

濱満氏は１９８６年にボランティアから活動を始め、その後専門家となった。濱満氏の活動は、地元民による現場参加型のアプローチをとっていた。「アルティプラノの人々は寡黙だが真面目。信頼関係を構築するには時間もかかるが、自分の性格にもあっていた」という。アイマラ語を学び、サッカーや村の祭りにも積極的に参加した。時には、電気や水道もない村に泊めてもらって交流を深めたことで活動が進んだ。

また、一緒に働くボリビア人技師の存在にも助けられたという。中でも、長年、苦楽を共にしてきた技師がサンティアゴ・モラレス氏だ。村人への研修では「ボリビアは鉱山資源が豊富だけど、金や銀は採っちまうと終わるんだ。でも君たちの湖は、鉱山と違ってうまく利用すると、何年もニジマスという金を生産してくれるんだよ」と熱く語ってくれた。「自分の想いがボリビア人にも伝わったと感じた」と最も感動した言葉だと濱満氏は言う。

「水産開発研究センター」では日本の協力期間中、1700名以上に対して技術研修を行った。人を育てて技術を普及した。このインパクトはかなり大きい。今でもボリビア各地の養殖現場や村落などを訪問するとセンターで研修を受けたという人物に会うことがよくある。その際に必ず言われるのが「セニョール・ハマミツにはお世話になった」である。彼らはボリビアの養殖事業の推進者であり、日本の協力の優良な資産でもある。

濱満氏は自身の活動について「ここまでニジマス食が普及するとは当時想像していなかったが、養殖産業を支える『人づくり』には貢献できたと思っている」と振り返った。

日本での研修成果を活かした環境改善への取り組み：ECO TOMODACHI

ボリビアからこれまで約6400名がJICA研修に参加しており、帰国研修員の様々なネットワークが存在する。その一つが環境や廃棄物管理の研修を受けたボリビア人を中心に2017年に結成されたECO TOMODACHI（エコ・トモダチ）というグループである。有機ごみのコンポスト（堆肥化）の実用化と普及をはじめとして、地方公共団体、民間企業やNPOなどを巻き込み、各地で廃棄物管理や衛生環境の改善、環境教育の促進など様々な活動を展開している。そして、ウユニ塩湖やティティカカ湖、イリマニ山などにおいて持続可能な観光開発への支援も進めており、JICAもその活動を支援している。

コチャバンバ県のウンベルト・サンチェス知事も帰国研修員であり、「日本の環境技術の普及と地域住民への啓発を期待する」として、サカバ市長時代からECO TOMODACHIの活動を支援してきた。また、ECO TOMODACHI結成時のメンバーであるエンシナス・エドイン氏は「日本で習得した廃棄物管理とコンポストの技術は自然環境への負荷が低く適用性が高い」と評価し、有機ごみやエコトイレのコンポスト化にも成功した。

ECO TOMODACHIの活動にはJICAボランティアや経験者も積極的に参加している。ボリビア在住の城井香里さんもその一人。コンポストアドバイザーとして、日本の高倉式や橋本式コンポストを指導しており、「一人ひとりが環境への責任を持ち、自然と調和した美しいボリビアを守りたい」と語る。ECO TOMODACHIの活動の調整役を担うのがJICAボリビア事務所の渡辺磨理子職員だ。ボリビア生まれの日系人として両国の橋渡し役でもある。「ECO TOMODACHIのメンバーは、日本で得た知見を持ち帰り、各自のイニシアティブで活動しネットワークを広げている。こうした自発的なネットワークの輪をさらに広げていきたい」と意欲を示す。持続的な開発が重視される時代だからこそ、日本とボリビア双方が新たな価値を共創しながら、よりよい未来に向かってチャレンジしている。

（小原学）

コンポスト作成の現場で活動する渡辺氏

65

日本で暮らすボリビア人

★オキナワ移住地とつながりあう鶴見のコミュニティ★

京浜工業地帯の中核に位置づき、歴史的に朝鮮半島・沖縄出身者を多く受け入れてきた横浜市鶴見区——東京の品川駅から電車で南へ20分ほど揺られ到着するこの街を歩いてみると、すぐに気づくことがある。それはブラジルやペルー、そしてボリビアといった南米料理の店が、そこかしこにあることである。実はこの地域（とくに工場地帯のある海側）は、東京近郊には珍しく南米系住民が多く暮らす街なのである。国籍の上では約２８００人の南米国籍者がここで暮らしているといわれるが（２０２２年末現在）、日本国籍を有する南米系住民（とくにボリビア系）も少なくないことを踏まえると、南米系住民の規模はこの数字以上だと考えられる。

南米料理店の看板やメニュー表を改めて眺めていると、もう一つ気づくことがある。それは「沖縄・ラテン料理」と書かれ、南米と沖縄の料理を同時に供する店があることである。これは一体どうしたことであろうか。実はこの地域に暮らす南米系移民の多くは、沖縄ルーツの人々なのである。例えば筆者が家庭教師を務めていたボリビア系の家庭では、玄関にシーサーが飾られ、リビングにも沖縄の伝統楽器である三線が置かれ、夕飯にはボリビア料理に加えて沖縄料理が出されており、かれらが沖縄ルーツであることが随所に感じられた。

しかしなぜ、この地域に沖縄ルーツの南米系移民が集住したのであろうか。ここには、ボリビアのオキナワ移住地の存在が深くかかわっている。1950～60年代に沖縄からの計画移住がなされ、現在は大規模農業経営が行われているこの移住地からは、1980年代以降、多くの人々（とくに若い世代）が日本へと送り出されてきたのである。その背景にはもちろん、沖縄系2世の若者に日本・沖縄のことを学んでほしいという1世の願いや、2世自身が抱いていた日本への憧れがあることは間違いない。しかしもう一つ大きいのは、この時期に進行していた世代交代をめぐる問題である。基本的に農地を親から継承できるのは一人の子ども（主に長男）のみで、そのほかの子どもは農業以外の職を探さねばならないが、オキナワ移住地においてそれは簡単なことではない。そうした状況の中、上述の願いや憧れも重なり、日本へと移住する人々が出てきたのである。

こうして日本にやってきたオキナワ移住地の人々が集住したのが、ほかならぬ鶴見であった。なぜ鶴見だったのか。それは、鶴見が京浜工業地帯の中核として多くの沖縄出身者を受け入れてきた歴史を持つからである。第二次大戦前に日雇い労働者として鶴見に集住した沖縄出身者は、戦後になると自ら建設関連業などで起業し、沖縄からさらに労働者を雇い入れるようになっていた。しかし1980年代にバブル景気が訪れると、それら沖縄系企業はもはや沖縄からの労働者だけでは人手が足りなくなった。そこで当時、日本に移住し始めていたオキナワ移住地の人々を雇用するようになり、移住地出身者が鶴見に集住するようになったのである。

第65章

日本で暮らすボリビア人

興味深いのは、移住地出身者が鶴見に集まると、ブラジルやアルゼンチンなど他の南米諸国に暮らす沖縄系の人々にも鶴見の情報が拡散されていったことである。第61章で触れたように、沖縄からボリビアへの計画移民の多くは、結果的に他の南米諸国へと転住することとなった。それゆえにオキナワ移住地と他の南米諸国の沖縄系コミュニティの間には強い人的なつながりがあり、そのつながりを介して鶴見の情報が南米各国へと広まったのである。それゆえ他の南米諸国から鶴見への移民のなかにも、親がオキナワ移住地からの転住者であったり、自身の（育ちは違っても）出生地がオキナワ移住地であったりする者は少なくない。このことから、鶴見に暮らすブラジル系移民には、オキナワ移住地からの転住者を多く受け入れてきたサンパウロ市ビラカロン地区の出身者がとりわけ多いという特徴がある。

こうして鶴見には、ボリビアをはじめとする南米各国の沖縄系コミュニティ出身者が集まるようになった。鶴見の沖縄系電気設備業者のなかには、バブル景気のなかで南米に直接募集をかけるようになった会社もあり、一時は400名を超える南米系労働者がその一社に雇われていたという。バブル景気が弾けるとその企業は倒産したが、元請け会社との関係を得たり専門的な技術を身に付けたりした南米系労働者は自ら電気設備業者として起業し、現在かれらは高層ビルや倉庫、タワー、鉄道、スタジアムなど首都圏のさまざまな電気設備インフラを支える存在となっている。こうして南米各国のオキナワ移住地につながる人々が集うようになった鶴見はしばしば、移住地を構成する第一・第二・第三移住地に続く「第四移住地」と呼ばれ、2024年現在もボリビアから鶴見に移住する若者は途絶えていない。

鶴見でボリビア出身者が営業するラテン・沖縄料理店

最後に、かれら南米系住民は鶴見の沖縄系コミュニティの活性化に関しても、重要な役割を担うようになっていることも指摘しておきたい。高齢化が進行していた横浜・鶴見沖縄県人会に多くの若い南米系住民が加入したことで、停滞しかけていたその活動が活発化するようになったのである。2023年現在、同会青年部部長を務めているのは、5歳までオキナワ移住地で育った後にブラジルに転住し、高校を卒業と同時に日本へ移住してきた人物である。彼はまた、鶴見の南米系電設業者を取りまとめるアソシエーションの会長も務め、出身国の差異を越えて南米系企業間で仕事の情報を共有し、社員研修も共同で実施することで、南米系企業の安定化をはかっている。

近年ではかれらの存在は区役所などによっても地域活性化の重要な資源とみなされるようになり、観光客に向けて「沖縄・南米タウン」として鶴見の周知がなされている。2016年から、ウチナー祭という大規模なイベントも「沖縄×南米」をテーマとして催されており、南米系住民が実行委員会に名を連ねたり出演・出店したりするなど、その存在は同イベントで欠かすことのできないものとなっている。ボリビアと沖縄、そして南米各国の沖縄系コミュニティのつながりを背景に、多様な人々が暮らすようになったこの鶴見という地域では、南米をキーワードに今も新しい取り組みが模索され続けている。

（藤浪海）

ボリビアを知るためのブックガイド

本文では言及がなかったが、読者がより深くボリビアを知るために役立つ書籍なども含めた。

全体に関わるもの

真鍋周三編『ボリビアを知るための68章』明石書店、２００６年

真鍋周三編『ボリビアを知るための73章【第2版】』明石書店、２０１３年

I　自然環境と地理

江口まゆみ文、小のもとこ絵『チリ・ペルー・ボリビア酒紀行！』アリアドネ企画、１９９６年

樺山紘一編『アンデス高地都市――ラ・パスの肖像』刀水書房、１９８１年

実松克義『アマゾン文明の研究――古代人はいかにして自然との共生をなし遂げたのか』現代書館、２０１０年

関野吉晴『チチカカ湖めざして』（グレートジャーニー・人類5万キロの旅2）小峰書店、１９９５年

高野潤『アンデス――風と霧の聖跡』集英社、１９９８年

ナオミ・クライン／幾島幸子・荒井雅子訳『これがすべてを変える――資本主義vs気候変動（上）』岩波書店、２０１7年

『ナショナルジオグラフィック日本版』２０１８年3月号（第24巻第3号通巻２７６号）

ヘンリー・シュックマン／佐藤知津子訳『ボリビア・アンデスの旅――謎だらけのティアワナコ』心交社、１９９１年
水野一晴編『アンデス自然学』古今書院、２０１６年
水野一晴『気候変動で読む地球史――限界地帯の自然と植生から』ＮＨＫブックス、２０１６年
山本紀夫『高地文明――「もう一つの四大文明」の発見』中公新書、２０２１年
吉川賢『森林に何が起きているのか――気候変動が招く崩壊の連鎖』中公新書、２０２２年
Ayabe, Makoto, Luis Pocorey, *Investigaciones sobre el Desarrollo del Altiplano "Intercambio Cultural y Tecnologico entre Bolivia y Japón"*, WALKING GRAF. SRL., 2020.
Ayabe, Makoto, Marco Antonio Ruiz Gutiérrez, *Proyectos de Desarrollo del Altiplano y Actividades Educativas en Japón*, EURO EXPRESS IMPRESIONES SRL., 2019.
Gisbert, Carlos y otros, *Enciclopedia de Bolivia*, OCEANO GRUPO Editorial, 2000.
Ministerio de Medio Ambiente y Agua, *ESTRATEGIA NACIONAL para la Prevención, Control y Combate de Incendios Forestales y Post Evento 2022*, 2022.
Sánchez C., Walter, Alejandra Ramírez S., Gretel Lambertín, Franz Flores, Carlos Vacaflores y Pilar Lizárraga, *Narrativas y políticas de la identidad en los valles de Cochabamba, Chiquisaca y Tarija*. Fundación UNIR Bolivia, 2008.

II　多民族社会の諸相と社会問題

アントニオ・パレーデス・カンディア／丸岡匡孝訳『ボリビアの伝説』エピック、１９９４年
牛田千鶴編『ラテンアメリカの教育改革』行路社、２００７年
梅崎かほり「ボリビア「複数ネーション国家」の展望――アフロ系ボリビア人の事例から」永野善子編『帝国とナショナリズムの言説空間――国際比較と相互連携』御茶の水書房、２０１８年

梅崎かほり「『アフロボリビア語』は成立するのか？――ボリビアの複数の言語政策に関する一考察」『神奈川大学評論』第１０５号、２０２４年
大貫良夫、木村秀雄編著『文化人類学の展開――南アメリカのフィールドから』北樹出版、１９９８年
金子亜美『宣教と改宗――南米先住民とイエズス会の交流史』風響社、２０１８年
木村秀雄『水の国の歌』東京大学出版会、１９９７年
トーマス・Ｈ・エリクセン『エスニシティとナショナリズム――人類学的視点から』明石書店、２００６年
中野隆基『ボリビアの先住民と言語教育――あるベシロ語（チキタノ語）教師との出会い』風響社、２０１９年
三原幸久編『ボリビア・ラパスの口承説話』関西外語大学三原研究所、２００４年
柳原透、清水達也、藤田護『アンデス高地先住民への協力』国際協力機構、２００９年
Adelaar, Willem F.H., Peter C. Muysken, *The Languages of the Andes*, Cambridge University Press, 2004.
Albó, Xavier (comp.), *Raíces de América. El mundo aymara*, Alianza Editorial, 1998.
Arnold, Denise Y., *Los eventos del crepúsculo. Relatos históricos y hagiográficos de un ayllu andino en el tiempo de los españoles*, Plural Editores e Instituto de Lengua y Cultura Aymara, 2018.
Arnold, Denise Y., Juan de Dios Yapita, *Lengua, cultura y mundos entre los aymaras. Reflexiones sobre algunos nexos vitales*, Plural Editores, 2009.
Berg, Hans van den, Norbert Schiffers (comp.), *La cosmovisión aymara,* Hisbol y Universidad Católica Boliviana, 1993.
Cardenas Plaza, Cleverth Carlos, *La chola en el imaginario de la ciudad: decolonialidad y resistencia en Los Andes bolivianos*, Estudios Artisticos: revista de investigacion creadora, 4 (4), 2018.
Consejo Educativo de la Nación Quechua (CENAQ), *Currículo regionalizado y armonizado*, Ministerio de Educación del Estado Plurinacional de Bolivia, 2016.
Crevels, Milly, Peter Muysken (eds.), *Lenguas de Bolivia. Tomo I: Ámbito andino*, Plural Editores, 2009.

Crevels, Milly, Peter Muysken (eds.), *Lenguas de Bolivia. Tomo II: Amazonía*, Plural Editores, 2012.
Crevels, Milly, Peter Muysken (eds.), *Lenguas de Bolivia. Tomo III: Oriente*, Plural Editores, 2014.
Crevels, Milly, Peter Muysken (eds.), *Lenguas de Bolivia. Tomo IV: Temas nacionales*, Plural Editores, 2015.
Villar, Diego, Isabelle Combès (eds.), *Las tierras bajas de Bolivia: miradas históricas y antropológicas*, El País, 2012.
Instituto Nacional de Estadística (INE), *Censo de población y vivienda 2012 Bolivia: características de la población*, Estado Plurinacional de Bolivia, 2015.
Guitian, Javier, Carla Ascarrunz Mendivil, Christine Leyns, María Patricia Rodriguez Herbas and Daniel Vladimir Eid Rodriguez, *Memoir 2020-2023: Results of the Exploration and Comprehensive Health Approach to Reduce the Impact of COVID-19 in the Markets of the Municipality of Sacaba (Cochabamba, Bolivia)*, 2023.
Zambrana B., Amílcar (coord.), *El pueblo afroboliviano: historia, cultura y economía.* FUNPROEIB Andes y CONAFRO, 2014.

III　古代と植民地時代

青木康征『南米ポトシ銀山――スペイン帝国を支えた〝打出の小槌〟』中公新書、2000年
佐藤吉文「「宗教国家」ティワナク――その出現から衰退まで」山本睦・松本雄一編『アンデス文明ハンドブック』臨川書店、2022年
シエサ・デ・レオン／増田義郎訳・注・解説『インカ帝国史』（大航海時代叢書第Ⅱ期15）、岩波書店、1979年
島田泉、篠田謙一編『インカ帝国――研究のフロンティア』東海大学出版会、2012年
関雄二『アンデスの考古学　新版』同成社、2021年
高橋均、網野徹哉『ラテンアメリカ文明の興亡（世界の歴史18）』中公文庫、2009年

寺田和夫『インカの反乱――血ぬられたインディオの記録』筑摩書房、１９６４年
ナタン・ワシュテル／小池佑二訳『敗者の想像力――インディオのみた新世界征服』岩波書店、１９８４年
フランクリン・ピース、増田義郎『図説インカ帝国』小学館、１９８８年
真鍋周三『トゥパック・アマルの反乱に関する研究――その社会経済史的背景の考察』（神戸商科大学研究叢書ＬＩ）神戸商科大学経済研究所、１９９５年
山本紀夫『ジャガイモとインカ帝国――文明を生んだ植物』東京大学出版会、２００４年
Kolata, Alan L., *The Tiwanaku: Portrait of an Andean Civilization*, Blackwell, 1993.
Lane, Kris, *Potosí: The Silver City That Changed the World*, University of California Press, 2019.
Murra, John V., Natahn Wachtel and Jacques Revel, *Anthropological History of Andean Polities*, Cambridge University Press & Editions de la Maison des Sciences de l'Homme, 1986.
Penry, S. Elizabeth, *The People Are King: The Making of an Indigenous Andean Politics*, Oxford University Press, 2019.
Thomson, Sinclair, *We Alone Will Rule: Native Andean Politics in the Age of Insurgency*, The University of Wisconsin Press, 2002.
Vranich, Alexei and Charles Stanish, *Visions of Tiwanaku*, Cotsen Institute of Archaeology, 2013.

Ⅳ　共和国の時代

伊藤滋子「フアナ・アスルドゥイ――新生ボリビアの苦悩」『女たちのラテンアメリカ（上）』五月書房新社、２０２１年
エドウィン・アーリ他／増田義郎監修・訳『大陸別世界歴史地図４　南アメリカ大陸歴史地図』東洋書林、２００１年
大貫良夫、落合一泰、国本伊代、福嶋正徳、松下洋『ラテンアメリカを知る事典』（新訂・増補版）平凡社、１９９９年
加茂雄三『ラテンアメリカの独立』講談社、１９７８年

ジョン・ヘミング／国本伊代、国本和孝訳『アマゾン　民族・征服・環境の歴史』東洋書林、２０１０年
シルビア・リベラ・クシカンキ／吉田栄人訳『トゥパック・カタリ運動——ボリビア先住民族の闘いの記憶と実践（１９００～１９８０年）』御茶の水書房、１９９８年
中川文雄、松下洋、遅野井茂雄『ラテンアメリカ現代史Ⅱ　アンデス・ラプラタ地域』山川出版社、１９８５年
ハーバート・S・クライン／星野靖子訳『ケンブリッジ版世界各国史——ボリビアの歴史』創土社、２０１１年
ハイメ・エイサギルレ／山本雅俊訳『チリの歴史——世界最長の国を歩んだ人びと』新評論、１９９８年
増田義郎編『ラテン・アメリカ史Ⅱ　南アメリカ』山川出版社、２０００年
丸山浩明『アマゾン五〇〇年——植民と開発をめぐる相克』岩波新書、２０２３年
リチャード・N・アダムス／石川章、中川文雄、山田睦夫訳『革命期のラテンアメリカ』新世界社、１９７２年
Barragán Romano, Rosana, Ana María Lema Garrett, Pilar Mendieta Parada (coordinadoras), *Bolivia, su historia, tomo IV, los primeros cien años de la República 1825-1925*, La Razón, 2015.
Cajías de la Vega, Magdalena, Florencia Durán de Lazo de la Vega, Ana María Seoane de Capra (coordinadora), *Bolivia, su historia, tomo V, gestación y emergencia del nacionalismo 1920-1952*, La Razón, 2015.
Condarco Morales, Ramiro, *Zarate, El "Temible" Willka. Historia de la rebelión indígena de 1899 en la república de Bolivia*, Editorial El País, 2011.
Mesa Gisbert, Carlos D., *La historia del mar boliviano, el largo camino a casa (tercera edición)*, Editorial Gisbert y Cia S.A.,2018.
Mesa, José de, Teresa Gisbert, Carlos D. Mesa Gisbert, *Historia de Bolivia (Quinta edición actualizada y aumentada)*, Editorial Gisbert y Cia S.A., 2003.

V　多民族国にむけての政治

エルネスト・チェ・ゲバラ／高橋正訳『ゲバラ日記』（改版）角川文庫、１９９９年
エルネスト・チェ・ゲバラ／三好徹訳『チェ・ゲバラの声』原書房、２００２年
舛方周一郎、宮地隆廣『世界の中のラテンアメリカ政治』東京外国語大学出版会、２０２３年
宮地隆廣『解釈する民族運動――構成主義によるボリビアとエクアドルの比較分析』東京大学出版会、２０１４年
レジス・ドブレ／安部住雄訳『ゲバラ最後の闘い――ボリビア革命の日々』（新版）新泉社、１９９８年

Anria, Santiago, *When Movements Become Parties: The Bolivian MAS in Comparative Perspective*. New York: Cambridge University Press, 2018.

Eaton, Kent. *Territory and Ideoglogy in Latin America: Policy Conflicts between National and Subnational Governments*. Oxford University Press, 2017.

Madrid, Raul, *The Rise of Ethnic Politics in Latin America*, Cambridge University Press, 2012

Malloy, James, and Eduardo Gamarra. *Revolution and Reaction: Bolivia 1964-1985*. Transaction, 1988.

Mayorga, Fernando, *Dilemas: Ensayos sobre democracia intercultural y Estado Plurinacional*. La Paz: CESU-UMSS; Plural, 2011.

Muñoz-Pogossian, Betilde, *Electoral Rules and the Transformation of Bolivian Politics*, New York: Palgrave Macmillan, 2008.

Postero, Nancy. *The Indigenous State: Race, Politics, and Performance in Plurinational Bolivia*, University of California Press, 2017.

PNUD, *El estado del Estado en Bolivia*, La Paz: PNUD, 2007.

Rodríguez Ostria, Gustavo. *Con las armas: El Che en Bolivia*. Plural, 2023.

Schavelzon, Salvador. *El nacimiento del Estado Plurinacional de Bolivia: Etnografía de una asamblea*

constituyente. La Paz: Plural/CLACSO/ IWGIA/ CEJIS. 2012.
Yashar, Deborah. *Contesting Citizenship in Latin America: The Rise of Indigenous Movements and the Postliberal Challenge*. Cambridge University Press, 2018.
Zuazo, Moira, *¿Cómo nació el MAS?* La Paz: FES-ILDIS, 2008.

VI　経済・資源・外交

岡田勇『資源国家と民主主義――ラテンアメリカの挑戦』名古屋大学出版会、２０１６年
上村直樹『アメリカ外交と革命――米国の自由主義とボリビアの革命的ナショナリズムの挑戦、１９４３年～１９６４年』有信堂高文社、２０１９年
ドミティーラ・バリオス、モエマ・ヴィーゼル／唐澤秀子訳『私にも話させて――アンデスの鉱山に生きる人々の物語』現代企画室、１９８４年
Conaghan, Catherine M., and James M. Malloy, *Unsettling Statecraft: Democracy and Neoliberalism in the Central Andes*, University of Pittsburgh Press, 1995.
Crabtree, John, and Laurence Whitehead eds., *Unresolved Tensions: Bolivia, Past and Present*, University of Pittsburgh Press, 2008.
Espinoza Morales, Jorge, *Minería boliviana: su realidad*, La Paz: Plural, 2010.
Hummel, Calla, *Why Informal Workers Organize: Contentious Politics, Enforcement, and the State*, Oxford University Press, 2022.
Oporto, Henry ed. *Los dilemas de la minería*. La Paz: Fundación Vicente Pazos Kanki, 2012.
Sachs, Jeffrey ed. *Developing Country Debt and the World Economy*. University of Chicago Press, 1991.
Spedding, Alison, Bernardo Huanca y David Llanos. *Kawsachun coca: Economía campesina cocalera en los*

Yungas y el Chapare. 3ra edición, Mama Huaco/ PIEB, 2019.

VII　思想と文化

石橋純編『中南米の音楽――歌・踊り・祝宴を生きる人々』東京堂出版、２０１０年

ウォルター・モンテネグロ、町田業太編『ボリビア――概観と現代の文学』芸林書房、１９７７年

太田昌国編『アンデスで先住民の映画を撮る――ウカマウの実践40年と日本からの協働20年』現代企画室、２０００年

オスカル・アルファロ／菱本早苗編訳『タリーハの太陽の下――オスカル・アルファロ詩選集』らくだ出版、２００４年

兒島峰『アンデスの都市祭礼――口承・無形文化遺産「オルロのカーニバル」の学際的研究』明石書店、２０１４年

シネマテーク・インディアス編『ウカマウ映画の現在――ベアトリス・パラシオス追悼』シネマテーク・インディアス、２００４年

ジャック・ジョゼ／高見英一・鼓直訳『ラテンアメリカ文学史』白水社、１９７５年

『第一の敵』上映委員会編『第一の敵――ボリビア・ウカマウ集団シナリオ集』インパクト出版会、１９８１年

『第一の敵』上映委員会編訳『ただひとつの拳のごとく――ボリビア・ウカマウ集団シナリオ集』インパクト出版会、１９８５年

友枝啓泰、染田秀藤編『アンデス文化を学ぶ人のために』世界思想社、１９９７年

パス・ソルダン、エドゥムンド／服部綾乃、石川隆介訳『チューリングの妄想』現代企画室、２０１４年

ファーブル、アンリ／染田秀藤訳『インディヘニスモ――ラテンアメリカ先住民擁護運動の歴史』白水社、２００２年

ベアトリス・パラシオス／唐澤秀子訳『「悪なき大地」への途上にて』編集室インディアス、２００８年

ホルヘ・サンヒネス、ウカマウ集団／太田昌国訳『革命映画の創造――ラテンアメリカ人民と共に』三一書房、１９８１年

García Linera, Álvaro, Ráquel Gutiérrez, Raúl Prada y Luis Tapia, *El retorno de la Bolivia plebeya*, Muela del

Diablo Edtores, 2000.
Rivera Cusicanqui, Silvia, *Qhateras y tinterillos. Comercio y cultura letrada en la formación histórica de las élites bolivianas*, Carrera de Literatura e Instituto de Investigaciones Literarias, UMSA, y Plural Editores, 2022.
Rivera Cusicanqui, Silvia, *Un mundo ch'ixi es posible. Ensayos desde un presente en crisis (segunda edición)*, Piedra Rota, 2023.
Rocha Monroy, Ramón, *Todos los cominos conducen aroma*, Editorial El País, 2007.
Tapia, Luis, *La condición multisocietal*, Muela del Diablo Editores, 2003.
Zavaleta Mercado, René (comp.), *Bolivia, hoy*, Siglo XXI Editores, 1987.

Ⅷ　日本とボリビア

石田甚太郎『アンデスの彼方の沖縄と日本――ボリビア移民聞書』現代企画室、１９８６年
伊藤一男『明治海外ニッポン人』ＰＭＣ出版、１９８４年
外務省『対ボリビア多民族国 国別開発協力方針』２０１８年
国本伊代『ボリビアの「日本人村」――サンタクルス州サンフアン移住地の研究』中央大学出版部、１９８９年
国際協力機構（ＪＩＣＡ）『ボリビア 国別援助研究会報告書 ――人間の安全保障と生産力向上をめざして』２００４年
国際協力機構（ＪＩＣＡ）『ボリビア多民族国ＪＩＣＡ国別分析ペーパー』２０２４年
瀬尾幸『ドクトール・ビエホのボリビア物語』ゆみる出版、１９９２年
東北大学文学部心理学研究室編『南米ボリビアのオキナワ村――移民の社会心理学的研究（中間報告書）』東北大学文学部心理学研究室、１９９８年
『南米・ボリビアの青空に舞う』編集委員会『南米・ボリビアの青空に舞う――心をむすぶ保健医療協力の歩み』悠光堂、２０１４年

日本人ボリヴィア移住史編纂委員会『日本人ボリヴィア移住史』1970年
平島創『21世紀の黄金郷——ボリヴィア』ロングセラーズ、1999年
ペドロ・シモセ／細野豊訳『ぼくは書きたいのに、出てくるのは泡ばかり』現代企画室、2012年
ボリビア日系協会連合会／ボリビア日本人移住100周年移住史編纂委員会『日本人移住100周年誌　ボリビアに生きる』2000年
宮城徳昌他編『うるまからの出発』コロニア・オキナワ入植四十周年記念誌編纂委員会、1995年
三山喬『還流する魂——世界のウチナーンチュ120年の物語』岩波書店、2019年
向一陽『奥アマゾン探検記』（上下巻）中公新書、1978年
向一陽『アンデスを越えた日本人　聖母の川を下る』中公新書、1980年
松下冽、田巻松雄、所康弘、松本八重子編『日本の国際協力 中南米編——環境保全と貧困克服を目指して』ミネルヴァ書房、2021年
若槻泰雄『発展途上国への移住の研究——ボリビアにおける日本移民』玉川大学出版部、1987年
渡邉英樹『ボリビア開拓記外伝』琉球新報社、2022年

藤田護（ふじた・まもる）［10, 14, 49 ～ 53, 56］
慶應義塾大学環境情報学部専任講師
専攻：アンデス人類学、アイヌ語・アイヌ語口承文学研究、スペイン語教育
主な著書・論文:「『よく生きる（ブエンビビール）』という理念を問い直す——先住民の言葉と視点から何を学ぶことができるか」（桑原武夫、清水唯一朗編著『総合政策学の方法論的展開（シリーズ総合政策学をひらく）』慶應義塾大学出版会、2023 年）、"El gobierno de Evo Morales y el fantasma del nacionalismo revolucionario del 52 en Bolivia. Hacia una 'indianización' y pluralización del concepto de poder dual de René Zavaleta Mercado." *EntreDiversidades* 9(1), 2022.

藤浪海（ふじなみ・かい）［61, 65］
関東学院大学社会学部准教授
専攻：国際社会学
主な論文・訳書：「『世界のウチナーンチュ』と越境的ネットワーク」（『移民政策研究』14 号、2022 年）、「越境する生活史と当事者支援」（『移民研究』19 号、2023 年）、P. コリンズ『インターセクショナリティの批判的社会理論』（共訳、勁草書房、2024 年）。

本間賢人（ほんま・よしひと）［8］
ProjectoYOSI 代表、南米ナチュラリストガイド、ウユニ塩湖ウェディングフォトグラファー
持続的な観光と環境教育・保全事業を軸に活動。

宮地隆廣（みやち・たかひろ）［31 ～ 39, コラム 5, コラム 6］
東京大学大学院総合文化研究科教授
専攻：比較政治学
主な著書：『解釈する民族運動：構成主義によるボリビアとエクアドルの比較分析』（東京大学出版会、2014 年）、『世界の中のラテンアメリカ政治』（舛方周一郎との共著、東京外国語大学出版会、2023 年）

ロペス・U、ジュディス（Judith López Uruchi）［56］
人類学者、国立サンアンドレス大学講師などを歴任
主な著書:*De ayllu a gremio, de gremio a comparsa y fraternidad: danza de Ch'utas y Patak Pulliranis en Chuqi Yapu*. Chuqiyapu (La Paz): Taller de Historia Oral Andina, 2023.

唐澤秀子（からさわ・ひでこ）［コラム 8］
編集者・ラテンアメリカ文化研究
主な訳書・講演：『ドミティーラ／ヴィーゼル『私にも話させて――アンデスの鉱山に生きる人々の物語』（現代企画室、1984 年）、ベアトリス・パラシオス『「悪なき大地」への途上にて』（編集室インディアス、2008 年）、「ペルーアンデスで『ワロチリの神々と人びと』に出会うまで」（『口承文芸研究』41 号、2018 年、日本口承文芸学会）。

小森豪ディエゴ（こもり・ごう・ディエゴ）［42, 43］
在ボリビア日本国大使館政務・総務高等クラーク、ボリビア日本人移住資料館補佐
専攻：日本・ボリビア外交、日本人移住史、ボリビア経済史
主な著書:『ラパス日本人会 90 年の記録』（共編著、ラパス日本人会 90 年史編纂委員会、2012 年）。

佐藤信壽（さとう・のぶとし）［3, 4, 7, 58］
元ボリビア日系協会連合会事務局長、1999 年の「日本人ボリビア移住百周年」実施調整のためにボリビア各地日系人所在地を 1994 年から巡廻調整した。初期の日本人ボリビア入国者の足跡などを調査中。

佐藤正樹（さとう・まさき）［17 ～ 23, コラム 3］
慶應義塾大学経済学部専任講師
専攻：歴史学、アンデス植民地史
主な論文：“Local Links behind a Global Scandal: The Audiencia de Charcas and the Great Mint Fraud, ca. 1650.” Rossana Barragán R. and Paula C. Zagalsky (eds.), *Potosí in the Global Silver Age (16th-19th Centuries)*, Leiden: Brill, 2023; “Las fronteras étnicas y geopolíticas coloniales en el antiguo señorío de Pacajes: un ensayo a partir del litigio de tierras en Tiahuanaco (1669).” *Historia y Cultura (La Paz)*, No. 43, 2022.

タピア・ロペス、インティ（Inti Judith Tapia López）［56］
人類学者、経営工学者、料理研究者

椿賢一郎（つばき・けんいちろう）［46］
住友商事株式会社鉄鋼原料ユニット副ユニット長（現職）
2019 年 4 月から 2023 年 3 月まで、住友商事（株）にてサンクリストバル鉱山事業を主管する事業部部長を担う。

中島敏博（なかじま・としひろ）［6, 60］
独立行政法人国際協力機構 JICA ボリビア事務所企画調査員
サンタクルス在住、長年にわたりサンタクルス県における開発協力を担当。

中野隆基（なかの・りゅうき）［12, 15］
明星大学教育学部教育学科（全学共通教育委員会）常勤准教授
専攻：文化人類学、言語人類学、教育人類学
主な著書・論文:『ボリビアの先住民と言語教育――あるベシロ語（チキタノ語）教師との出会い』（風響社、2019 年）

〈執筆者紹介および担当章〉（＊は編者）

アスカルンス・メンディビル、カルラ（Carla Ascarrunz Mendivil）［16］
ボリビア国立サンシモン大学教授、ボリビア国立サンシモン大学社会科学研究所（INCISO-UMSS）所長（2019-2023）
専攻：社会学
主な著書・論文：*Chimoré hecho a fuego: historias de colonizadores y grupos originarios,* Cochabamba: Universidad Mayor de San Simón, Centro de Estudios de Población, 2007; Ascarrunz Mendivil, Carla et al. *Diagnóstico Integral y plan de salud con enfoque cardio metabólico de las personas de barrios y comunidades en Sacaba. 2023-2024*, Cochabamba: Gráfica “J.V.”, 2024.

梅崎かほり（うめざき・かほり）［5, 9, 11, 13, 16, コラム 2, 54, 55］
神奈川大学外国語学部准教授
専攻：ラテンアメリカ地域研究、ボリビア社会史
主な著書・論文：“"La saya es nuestra": los pasos sonoros hacia la reivindicación de los afrobolivianos”, *EntreDiversidades* 9, 1(18), 2022;「歌と言葉とフィールドワーク――ボリビアとの 10 年を考える」（清水透、横山和加子、大久保教宏編著『ラテンアメリカ出会いのかたち』慶應義塾大学出版会、2010 年）

＊ 大島正裕（おおしま・まさひろ）［1, 2, コラム 1, 24 ～ 30, コラム 4, 57, 59, 62］
編著者紹介を参照。

大沼宏平（おおぬま・こうへい）［44, 45, コラム 7］
元在ボリビア大使館専門調査員、現在は環境経営コンサルタント

岡田勇（おかだ・いさむ）［40, 41］
名古屋大学国際開発研究科教授
専攻：比較政治学、ラテンアメリカ政治
主な著書・論文：“What procedures matter to social acceptance of mining? A conjoint experiment in Peru,” *World Development* 183, 2024、“Improving Public Policy for Survival: Lessons from Opposition-Led Subnational Governments in Bolivia,”（『ラテン・アメリカ論集』54, 2020 年）、『資源国家と民主主義――ラテンアメリカの挑戦』（名古屋大学出版会、2016 年）

荻原孝裕（おぎわら・たかひろ）［47, 48］
外務省勤務、2010 年 2 月～ 2015 年 12 月外務省南米課課長補佐（ボリビア担当）、2020 年 7 月～ 2024 年 9 月、在ボリビア日本大使館参事官。

小原学（おはら・まなぶ）［63, 64］
独立行政法人国際協力機構（JICA）中南米部長
JICA では、２度、合計 7 年のボリビア勤務（1999-2002、2018-2022）を経験。また、中南米部において、ボリビア担当や日系社会連携事業を担当した。

〈編著者紹介〉

大島正裕（おおしま・まさひろ）

2001 〜 2004 年、在グアテマラ日本国大使館専門調査員。2006 年から一般財団法人日本国際協力システムに勤務。2014 〜 2017 年、在ボリビア日本国大使館一等書記官（開発協力班）として出向。国際協力に従事しつつ、明治大学島嶼文化研究所客員研究員、立教大学ラテンアメリカ研究所研究員及び青山学院大学非常勤講師も務める。

専攻分野は、ラテンアメリカ近現代史、日本人移民史。

論文に“Primeros inmigrantes japoneses a Bolivia en 1899”, *FUENTES,* Vol.12, No. 56, La Paz: Biblioteca y Archivo Histórico de la Asamblea Legislativa Plurinacional, Junio de 2018,「日本とグアテマラ――グアテマラ日本人移民と移民論（1893-95 年）（『京都ラテンアメリカ研究』11 号、2011 年)。「ボリビア・リベラルタとともに生きた日本人――下瀬甚吉」で第 5 回 JICA 海外移住「エッセイ・評論」部門最優秀賞受賞。

エリア・スタディーズ　54

ボリビアを知るための 65 章【第 3 版】

2006 年 4 月 25 日　初　版第 1 刷発行
2013 年 2 月 28 日　第 2 版第 1 刷発行
2025 年 1 月 20 日　第 3 版第 1 刷発行

編 著 者　大 島 正 裕
発 行 者　大 江 道 雅
発 行 所　株式会社 明 石 書 店
〒101-0021 東京都千代田区外神田 6-9-5
電　話　03-5818-1171
FAX　03-5818-1174
振　替　00100-7-24505
https://www.akashi.co.jp/

組版／装幀　明石書店デザイン室
印刷／製本　日経印刷株式会社

（定価はカバーに表示してあります）　ISBN978-4-7503-5873-4

エリア・スタディーズ

1 **現代アメリカ社会を知るための60章**
明石紀雄、川島浩平 編著

2 **イタリアを知るための62章【第2版】**
村上義和 編著

3 **イギリスを旅する35章**
辻野功 編著

4 **モンゴルを知るための65章【第2版】**
金岡秀郎 著

5 **パリ・フランスを知るための44章**
梅本洋一、大里俊晴、木下長宏 編著

6 **現代韓国を知るための61章【第3版】**
石坂浩一、福島みのり 編著

7 **オーストラリアを知るための58章【第3版】**
越智道雄 著

8 **現代中国を知るための54章【第7版】**
藤野彰 編著

9 **ネパールを知るための60章**
日本ネパール協会 編

10 **アメリカの歴史を知るための65章【第4版】**
富田虎男、鵜月裕典、佐藤円 編著

11 **現代フィリピンを知るための61章【第2版】**
大野拓司、寺田勇文 編著

12 **ポルトガルを知るための55章【第2版】**
村上義和、池俊介 編著

13 **北欧を知るための43章**
武田龍夫 著

14 **ブラジルを知るための56章【第2版】**
アンジェロ・イシ 著

15 **ドイツを知るための60章**
早川東三、工藤幹巳 編著

16 **ポーランドを知るための60章**
渡辺克義 編著

17 **シンガポールを知るための65章【第5版】**
田村慶子 編著

18 **現代ドイツを知るための67章【第3版】**
浜本隆志、髙橋憲 編著

19 **ウィーン・オーストリアを知るための57章【第2版】**
広瀬佳一、今井顕 編著

20 **ハンガリーを知るための60章【第2版】** ドナウの宝石
羽場久美子 編著

21 **現代ロシアを知るための60章【第2版】**
下斗米伸夫、島田博 編著

22 **21世紀アメリカ社会を知るための67章**
明石紀雄 監修　赤尾千波、大類久恵、小塩和人、
落合明子、川島浩平、高野泰 編

23 **スペインを知るための60章**
野々山真輝帆 著

24 **キューバを知るための52章**
後藤政子、樋口聡 編著

25 **カナダを知るための60章**
綾部恒雄、飯野正子 編著

26 **中央アジアを知るための60章【第2版】**
宇山智彦 編著

27 **チェコとスロヴァキアを知るための56章【第2版】**
薩摩秀登 編著

28 **現代ドイツの社会・文化を知るための48章**
田村光彰、村上和光、岩淵正明 編著

29 **インドを知るための50章**
重松伸司、三田昌彦 編著

30 **タイを知るための72章【第2版】**
綾部真雄 編著

31 **パキスタンを知るための60章**
広瀬崇子、山根聡、小田尚也 編著

32 **バングラデシュを知るための66章【第3版】**
大橋正明、村山真弓、日下部尚徳、安達淳哉 編著

33 **イギリスを知るための65章【第2版】**
近藤久雄、細川祐子、阿部美春 編著

34 **現代台湾を知るための60章【第2版】**
亜洲奈みづほ 著

35 **ペルーを知るための66章【第2版】**
細谷広美 編著

36 **マラウィを知るための45章【第2版】**
栗田和明 著

37 **コスタリカを知るための60章【第2版】**
国本伊代 編著

38 **チベットを知るための50章**
石濱裕美子 編著

39 **現代ベトナムを知るための63章【第3版】**
岩井美佐紀 編著

40 **インドネシアを知るための50章**
村井吉敬、佐伯奈津子 編著

41 **エルサルバドル、ホンジュラス、ニカラグアを知るための45章**
田中高 編著

42 **パナマを知るための70章【第2版】**
国本伊代 編著

43 **イランを知るための65章**
岡田恵美子、北原圭一、鈴木珠里 編著

44 **アイルランドを知るための70章【第3版】**
海老島均、山下理恵子 編著

エリア・スタディーズ

45 **メキシコを知るための60章**
吉田栄人 編著

46 **中国の暮らしと文化を知るための40章**
東洋文化研究会 編

47 **現代ブータンを知るための60章【第2版】**
平山修一 著

48 **バルカンを知るための66章【第2版】**
柴宜弘 編著

49 **現代イタリアを知るための44章**
村上義和 編著

50 **アルゼンチンを知るための54章**
アルベルト松本 著

51 **ミクロネシアを知るための60章【第2版】**
印東道子 編著

52 **アメリカのヒスパニック＝ラティーノ社会を知るための55章**
大泉光一、牛島万 編著

53 **北朝鮮を知るための55章【第2版】**
石坂浩一 編著

54 **ボリビアを知るための65章【第3版】**
大島正裕 編著

55 **コーカサスを知るための60章**
北川誠一、前田弘毅、廣瀬陽子、吉村貴之 編著

56 **カンボジアを知るための60章【第3版】**
上田広美、岡田知子、福富友子 編著

57 **エクアドルを知るための60章【第2版】**
新木秀和 編著

58 **タンザニアを知るための60章【第2版】**
栗田和明、根本利通 編著

59 **リビアを知るための60章【第2版】**
塩尻和子 編著

60 **東ティモールを知るための50章**
山田満 編著

61 **グアテマラを知るための67章【第2版】**
桜井三枝子 編著

62 **オランダを知るための60章**
長坂寿久 著

63 **モロッコを知るための65章**
私市正年、佐藤健太郎 編著

64 **サウジアラビアを知るための63章【第2版】**
中村覚 編著

65 **韓国の歴史を知るための66章**
金両基 編著

66 **ルーマニアを知るための60章**
六鹿茂夫 編著

67 **現代インドを知るための60章**
広瀬崇子、近藤正規、井上恭子、南埜猛 編著

68 **エチオピアを知るための50章**
岡倉登志 編著

69 **フィンランドを知るための44章**
百瀬宏、石野裕子 編著

70 **ニュージーランドを知るための63章**
青柳まちこ 編著

71 **ベルギーを知るための52章**
小川秀樹 編著

72 **ケベックを知るための56章【第2版】**
日本ケベック学会 編

73 **アルジェリアを知るための62章**
私市正年 編著

74 **アルメニアを知るための65章**
中島偉晴、メラニア・バグダサリヤン 編著

75 **スウェーデンを知るための64章【第2版】**
村井誠人 編著

76 **デンマークを知るための70章【第2版】**
村井誠人 編著

77 **最新ドイツ事情を知るための50章**
浜本隆志、柳原初樹 著

78 **セネガルとカーボベルデを知るための60章**
小川了 編著

79 **南アフリカを知るための60章**
峯陽一 編著

80 **エルサルバドルを知るための66章【第2版】**
細野昭雄、田中高 編著

81 **チュニジアを知るための60章**
鷹木恵子 編著

82 **南太平洋を知るための58章** メラネシア ポリネシア
吉岡政德、石森大知 編著

83 **現代カナダを知るための60章【第2版】**
飯野正子、竹中豊 総監修 日本カナダ学会 編

84 **現代フランス社会を知るための62章**
三浦信孝、西山教行 編著

85 **ラオスを知るための60章**
菊池陽子、鈴木玲子、阿部健一 編著

86 **パラグアイを知るための50章**
田島久歳、武田和久 編著

87 **中国の歴史を知るための60章**
並木頼壽、杉山文彦 編著

88 **スペインのガリシアを知るための50章**
坂東省次、桑原真夫、浅香武和 編著

89 **アラブ首長国連邦（UAE）を知るための60章**
細井長 編著

エリア・スタディーズ

90 コロンビアを知るための60章
二村久則 編著

91 現代メキシコを知るための70章【第2版】
国本伊代 編著

92 ガーナを知るための47章
高根務、山田肖子 編著

93 ウガンダを知るための62章【第2版】
吉田昌夫、白石壮一郎 編著

94 ケルトを旅する52章 イギリス・アイルランド
永田喜文 著

95 トルコを知るための53章
大村幸弘、永田雄三、内藤正典 編著

96 イタリアを旅する24章
内田俊秀 編著

97 大統領選からアメリカを知るための57章
越智道雄 著

98 現代バスクを知るための60章【第2版】
萩尾生、吉田浩美 編著

99 ボツワナを知るための52章
池谷和信 編著

100 ロンドンを旅する60章
川成洋、石原孝哉 編著

101 ケニアを知るための55章
松田素二、津田みわ 編著

102 ニューヨークからアメリカを知るための76章
越智道雄 著

103 カリフォルニアからアメリカを知るための54章
越智道雄 著

104 イスラエルを知るための62章【第2版】
立山良司 編著

105 グアム・サイパン・マリアナ諸島を知るための54章
中山京子 編著

106 中国のムスリムを知るための60章
中国ムスリム研究会 編

107 現代エジプトを知るための60章
鈴木恵美 編著

108 カーストから現代インドを知るための30章
金基淑 編著

109 カナダを旅する37章
飯野正子、竹中豊 編著

110 アンダルシアを知るための53章
立石博高、塩見千加子 編著

111 エストニアを知るための59章
小森宏美 編著

112 韓国の暮らしと文化を知るための70章
舘野晳 編著

113 現代インドネシアを知るための60章
村井吉敬、佐伯奈津子、間瀬朋子 編著

114 ハワイを知るための60章
山本真鳥、山田亨 編著

115 現代イラクを知るための60章
酒井啓子、吉岡明子、山尾大 編著

116 現代スペインを知るための60章
坂東省次 編著

117 スリランカを知るための58章
杉本良男、高桑史子、鈴木晋介 編著

118 マダガスカルを知るための62章
飯田卓、深澤秀夫、森山工 編著

119 新時代アメリカ社会を知るための60章
明石紀雄 監修 大類久恵、落合明子、赤尾千波 編著

120 現代アラブを知るための56章
松本弘 編著

121 クロアチアを知るための60章
柴宜弘、石田信一 編著

122 ドミニカ共和国を知るための60章
国本伊代 編著

123 シリア・レバノンを知るための64章
黒木英充 編著

124 EU（欧州連合）を知るための63章
羽場久美子 編著

125 ミャンマーを知るための60章
田村克己、松田正彦 編著

126 カタルーニャを知るための50章
立石博高、奥野良知 編著

127 ホンジュラスを知るための60章
桜井三枝子、中原篤史 編著

128 スイスを知るための60章
スイス文学研究会 編

129 東南アジアを知るための50章
今井昭夫 編集代表 東京外国語大学東南アジア課程 編

130 メソアメリカを知るための58章
井上幸孝 編著

131 マドリードとカスティーリャを知るための60章
川成洋、下山静香 編著

エリア・スタディーズ

132 **ノルウェーを知るための60章**
大島美穂、岡本健志 編著

133 **現代モンゴルを知るための50章**
小長谷有紀、前川愛 編著

134 **カザフスタンを知るための60章**
宇山智彦、藤本透子 編著

135 **内モンゴルを知るための60章**
ボルジギン・ブレンサイン 編著　赤坂恒明 編集協力

136 **スコットランドを知るための65章**
木村正俊 編著

137 **セルビアを知るための60章**
柴宜弘、山崎信一 編著

138 **マリを知るための58章**
竹沢尚一郎 編著

139 **ASEANを知るための50章【第2版】**
黒柳米司、金子芳樹、吉野文雄、山田満 編著

140 **アイスランド・グリーンランド・北極を知るための65章**
小澤実、中丸禎子、高橋美野梨 編著

141 **ナミビアを知るための53章**
水野一晴、永原陽子 編著

142 **香港を知るための60章**
吉川雅之、倉田徹 編著

143 **タスマニアを旅する60章**
宮本忠 著

144 **パレスチナを知るための60章**
臼杵陽、鈴木啓之 編著

145 **ラトヴィアを知るための47章**
志摩園子 編著

146 **ニカラグアを知るための55章**
田中高 編著

147 **台湾を知るための72章【第2版】**
赤松美和子、若松大祐 編著

148 **テュルクを知るための61章**
小松久男 編著

149 **アメリカ先住民を知るための62章**
阿部珠理 編著

150 **イギリスの歴史を知るための50章**
川成洋 編著

151 **ドイツの歴史を知るための50章**
森井裕一 編著

152 **ロシアの歴史を知るための50章**
下斗米伸夫 編著

153 **スペインの歴史を知るための50章**
立石博高、内村俊太 編著

154 **フィリピンを知るための64章**
大野拓司、鈴木伸隆、日下渉 編著

155 **バルト海を旅する40章**　7つの島の物語
小柏葉子 著

156 **カナダの歴史を知るための50章**
細川道久 編著

157 **カリブ海世界を知るための70章**
国本伊代 編著

158 **ベラルーシを知るための50章**
服部倫卓、越野剛 編著

159 **スロヴェニアを知るための60章**
柴宜弘、アンドレイ・ベケシュ、山崎信一 編著

160 **北京を知るための52章**
櫻井澄夫、人見豊、森田憲司 編著

161 **イタリアの歴史を知るための50章**
高橋進、村上義和 編著

162 **ケルトを知るための65章**
木村正俊 編著

163 **オマーンを知るための55章**
松尾昌樹 編著

164 **ウズベキスタンを知るための60章**
帯谷知可 編著

165 **アゼルバイジャンを知るための67章**
廣瀬陽子 編著

166 **済州島を知るための55章**
梁聖宗、金良淑、伊地知紀子 編著

167 **イギリス文学を旅する60章**
石原孝哉、市川仁 編著

168 **フランス文学を旅する60章**
野崎歓 編著

169 **ウクライナを知るための65章**
服部倫卓、原田義也 編著

170 **クルド人を知るための55章**
山口昭彦 編著

171 **ルクセンブルクを知るための50章**
田原憲和、木戸紗織 編著

172 **地中海を旅する62章**　歴史と文化の都市探訪
松原康介 編著

173 **ボスニア・ヘルツェゴヴィナを知るための60章**
柴宜弘、山崎信一 編著

エリア・スタディーズ

174 チリを知るための60章
細野昭雄、工藤章、桑山幹夫 編著

175 ウェールズを知るための60章
吉賀憲夫 編著

176 太平洋諸島の歴史を知るための60章 日本とのかかわり
石森大知、丹羽典生 編著

177 リトアニアを知るための60章
櫻井映子 編著

178 現代ネパールを知るための60章
公益社団法人 日本ネパール協会 編

179 フランスの歴史を知るための50章
中野隆生、加藤玄 編著

180 ザンビアを知るための55章
島田周平、大山修一 編著

181 ポーランドの歴史を知るための56章【第2版】
渡辺克義、白木太一、吉岡潤 編著

182 韓国文学を旅する60章
波田野節子、斎藤真理子、きむ ふな 編著

183 インドを旅する55章
宮本久義、小西公大 編著

184 現代アメリカ社会を知るための63章【2020年代】
明石紀雄 監修 大類久恵、落合明子、赤尾千波 編著

185 アフガニスタンを知るための70章
前田耕作、山内和也 編著

186 モルディブを知るための35章
荒井悦代、今泉慎也 編著

187 ブラジルの歴史を知るための50章
伊藤秋仁、岸和田仁 編著

188 現代ホンジュラスを知るための55章
中原篤史 編著

189 ウルグアイを知るための60章
山口恵美子 編著

190 ベルギーの歴史を知るための50章
松尾秀哉 編著

191 食文化からイギリスを知るための55章
石原孝哉、市川仁、宇野毅 編著

192 東南アジアのイスラームを知るための64章
久志本裕子、野中葉 編著

193 宗教からアメリカ社会を知るための48章
上坂昇 著

194 ベルリンを知るための52章
浜本隆志、希代真理子 著

195 NATO（北大西洋条約機構）を知るための71章
広瀬佳一 編著

196 華僑・華人を知るための52章
山下清海 著

197 カリブ海の旧イギリス領を知るための60章
川分圭子、堀内真由美 編著

198 ニュージーランドを旅する46章
宮本忠、宮本由紀子 著

199 マレーシアを知るための58章
鳥居高 編著

200 ラダックを知るための60章
煎本孝、山田孝子 著

201 スロヴァキアを知るための64章
長與進、神原ゆうこ 編著

202 チェコを知るための60章
薩摩秀登、阿部賢一 編著

203 ロシア極東・シベリアを知るための70章
服部倫卓、吉田睦 編著

204 スペインの歴史都市を旅する48章
立石博高 監修・著 小倉真理子 著

205 ハプスブルク家の歴史を知るための60章
川成洋 編著

206 パレスチナ／イスラエルの〈いま〉を知るための24章
鈴木啓之、児玉恵美 編著

207 ラテンアメリカ文学を旅する58章
久野量一、松本健二 編著

208 コンゴ民主共和国を知るための50章
木村大治、武内進一 編著

209 インド北東部を知るための45章
笠井亮平、木村真希子 編著

210 アジア系アメリカを知るための53章
李里花 編著

211 ロシアの暮らしと文化を知るための60章
沼野充義、沼野恭子、坂上陽子 編著

212 ベリーズを知るための60章
国本伊代、木下雅夫 編著

——以下続刊

◎各巻2000円（一部1800円）

〈価格は本体価格です〉